# 数据要素
## 与社会治理现代化

尹巧蕊 著

**数据资源**不仅是**数字科技应用**的产物
更是**数字经济成长**的要素

群言出版社
QUNYAN PRESS
·北京·

图书在版编目（CIP）数据

数据要素与社会治理现代化 / 尹巧蕊著. -- 北京：群言出版社，2024. 10. -- ISBN 978-7-5193-1004-2

Ⅰ．D63

中国国家版本馆CIP数据核字第20246F9N11号

责任编辑：李　群
封面设计：李士勇

出版发行：群言出版社
地　　址：北京市东城区东厂胡同北巷1号（100006）
网　　址：www.qypublish.com（官网书城）
电子信箱：qunyancbs@126.com
联系电话：010-65267783　65263836
法律顾问：北京法政安邦律师事务所
经　　销：全国新华书店

印　　刷：北京九天万卷文化科技有限公司
版　　次：2024年10月第1版
印　　次：2024年10月第1次印刷
开　　本：710mm×1000mm　1/16
印　　张：16.25
字　　数：240千字
书　　号：ISBN 978-7-5193-1004-2
定　　价：98.00元

【版权所有，侵权必究】

如有印装质量问题，请与本社发行部联系调换，电话：010-65263836

# 序

九层之台，起于垒土。

随着人类对世界认知、适应、改造、创新能力的不断增强，活跃而强劲的信息科技革命将社会前进的轨迹推向数字化轨道、智能化空间，数智化的人类社会得以孕育。顺应时代大势、立足社情民意，党的二十大擘画了以中国式现代化全面推进中华民族伟大复兴的宏伟蓝图，而当前的数字化经济长足发展、智慧化社会持续构建、数智化法治开拓进取，不仅是驱动中国式现代化奋进的新契机，也是提速中国式现代化的新引擎，还是铸就数字中国领航的新征程。这其中极为重要的就是围绕数据作为数字时代的新型生产要素，在生产力提高、生产关系优化、产业结构转型、数字人权保障等领域中，构筑保障数据资源安全有效、"可用不可见"的社会治理机制，进而合法合规地激发数据要素的潜能充分释放并实现价值续造的"数尽其用"，开启数泽民生、法安天下的中国式现代化之旅。

欲筑室者，先治其基。

数据作为新型生产要素，已成为"数字中国"建设中推动经济社会高质量发展的基础性战略资源。渗透式融入生产、消费、流通、分配和社会服务管理等各环节的海量数据，在深刻改变生产生活方式、思维观念行动的同时，撬动了机械工业时代下社会治理的原生机制。由此，社会治理现代化在数字时代衍生出更为丰富的使命，数据治理的意义、数据权属的讨论、数据风险的规避、数据价值的兑现，既是社会治理现代化的新支点，又是中国式现代化的新元素，还是数字中国与智慧法治的新起点。故此，探讨数据要素与社会治理现代化的议题恰逢时宜。

初心如磐，使命如炬。

数字技术的应用、数据权益的确认其终极目的是要为人们创造更均衡、更充分的美好生活。所以，探讨数据要素与社会治理现代化的议题时，本书始终秉持"以人民为中心"的初衷立场，聚焦于数据生成与流转、安全与利用等数字化权益保护及法治社会风险的理论阐释与实践评析，力图寻求数智型社会治理现代化的良法善治之路。据此，希望本书能够对读者有所帮助，为读者更好地理解数据要素在社会治理现代化中的价值、功能、意义提供拓展性认知与多维度理解。同时，希望本书能为政府治理创新、企业精准决策、数据权益保障等提供参考，还可用于数据要素产业相关单位、科研院所、高校数据相关专业师生的培训用书。

鉴于数据要素研究仍处勃兴之际，且数据治理实践又处于迭代深化之中，而社会治理现代化的指标与向度也在不断丰富的拓展中，加之写作时间较紧，难以呈现"致广大而尽精微"的效果，可能不免有欠缺疏漏之处，望各位读者与专家不吝赐教。

尹巧蕊

2024 年 4 月

# 目 录

## 第一章 数据要素与数据治理 … 1
### 1.1 数据要素的概念解读与价值逻辑 … 3
### 1.2 数据治理与相近概念的关系梳理 … 11
### 1.3 数据治理的二重意蕴 … 15

## 第二章 数据治理于社会治理现代化的驱动与制动 … 19
### 2.1 驱动——基于技术范式与战略布局 … 20
### 2.2 制动——"数据主义"异化的隐忧 … 40

## 第三章 政务数据治理的机制与进路 … 48
### 3.1 政务数据特征及发展历程 … 49
### 3.2 政务数据开放共享的机制建立与持续健全 … 52
### 3.3 数字政府背景下数据交易项目的实施策略 … 64
### 3.4 促进政务数据市场化运作的多维同向路径 … 75

## 第四章 企业数据治理的轴心及布局 … 83
### 4.1 企业数据类型 … 83
### 4.2 企业数据资产入表 … 88
### 4.3 企业数据治理的意义、问题及全过程 … 94
### 4.4 企业数据治理实践 … 100

## 第五章 个人数据治理的对比及剖析 … 106
### 5.1 欧美个人数据治理的经验及镜鉴 … 107
### 5.2 我国个人数据治理的本土化探索 … 115
### 5.3 个人数据治理实践的共性化悖论 … 124

## 第六章 公共数据治理的再辨与升级 ……………………… **131**
 6.1 公共数据概念的界定争鸣……………………………… **132**
 6.2 公共数据治理的现实逻辑……………………………… **143**
 6.3 "数据利他"的探索尝试 ……………………………… **150**

## 第七章 政务数据与公共数据治理的法治化 ……………… **162**
 7.1 政务数据治理的法治化………………………………… **164**
 7.2 公共数据治理的法治化………………………………… **178**

## 第八章 企业数据及个人数据保护的法治化 ……………… **195**
 8.1 企业数据保护的法治化………………………………… **195**
 8.2 个人数据保护的法治化………………………………… **211**

## 第九章 构建技术化与社会化的协同治理机制 …………… **224**
 9.1 优化算法向善策略 遏制"算法霸权"的伦理失衡 …… 225
 9.2 依托于区块链赋能 型塑"价值互信"的数据生态链 … 236
 9.3 强化公民数据素养 弥合"数字人权"的意识缺失 …… 245

# 第一章 数据要素与数据治理

在数字科技理念与应用的全方位辐射、多场景嵌入、深层次推进下,以"数字全球化"为标识的"新全球化"正在迫近,由此"数据化"晋升为人类社会的新常态,这就触发围绕数据应用的相关理论研究与治理实践,已不再囿于某一学科或单一行业的独享性议题,而是成为跨界性议题的"新宠",甚至启迪着超越特定知识背景与社会领域进而成为回答全球治理大发展、人类文明新思考的世界之问与时代之问。当下正是与"新全球化"大势相遇之际,中国依托于信息技术的进步、交易模式的创新、产业形态的换代及人口红利的释放,迅速积聚无论于数量还是类型上的超级数据规模及融合需求,为中国式现代化、社会治理现代化开辟出"换道超车"的数据赋能之路。

2020年4月10日,《中共中央 国务院关于构建更加完善的要素市场化配置体制机制的意见》中首次正式明确将数据列为与土地、劳动、资本和技术相并列的生产要素,相比于其他四类生产要素,数据作为新兴生产要素,既符合传统生产要素市场化配置的一般规律,但也呈现出更多新特征。这就为数据治理的必要性、重要性、特殊性埋下了伏笔。

2022年12月,中共中央、国务院发布《关于构建数据基础制度更好发挥数据要素作用的意见》（以下简称《数据二十条》），已从数字产权、流通交易、数据分配和数据治理四个维度系统化布局我国数据基础制度体系的"四梁八柱"①，并提出建立数据资源持有权、数据加工使用权、数据产品经营权等数据三权分置的运行机制，这为数据产权制度体系构建提供了具有突破性进展的方案参照及逻辑起点。

2023年2月，中共中央、国务院印发《数字中国建设整体布局规划》，突出"两高"和"两实"的鲜明特征。"两高"即规格高与目标高，该规划由中共中央和国务院发布，是对数字中国建设规格最高的战略规划，且设定数字中国建设到2035年要实现数字化发展水平进入世界前列的重大目标；"两实"即责任实和内容实，提出在党中央集中统一领导下，中央网络安全和信息化委员会加强对数字中国建设的统筹协调、整体推进、督促落实，且在整体布局数字中国建设中既要即夯实数字基础设施和数据资源体系"两大基础"，又要推进数字技术与经济、政治、文化、社会、生态文明建设"五位一体"深度融合，还要强化数字技术创新体系和数字安全屏障"两大能力"等②。

2023年3月，中共中央、国务院印发《党和国家机构改革方案》，部署组建国家数据局，明确了国家数据局的使命：负责协调推进数据基础制度建设，统筹数据资源整合共享和开发利用，统筹推进数字中国、数字经济、数字社会规划和建设等。10月25日，国家数据局正式揭牌。这凸显了数据治理在国家治理中的重要性、在社会治理中的特殊性。

2024年1月，国家数据局等17部门联合印发《"数据要素×"三

---

① 这里的"四梁八柱"是指为了更好地发挥数据要素的作用，促进数据合规高效流通使用并赋能实体经济，进而围绕数据产权、流通交易、收益分配、安全治理等重点领域，构建体系化的数据基础制度的核心要素和基本框架，以确保数据资源的合理利用和价值实现，同时保障国家安全和公共利益的可持续发展。

② 中共中央、国务院印发《数字中国建设整体布局规划》，中央网络安全和信息化委员会办公室，2023年2月27日。来源：新华社 http://www.cac.gov.cn/2023-02/27/c_1679136694986243.htm.

年行动计划（2024—2026年）》，旨在充分发挥数据要素乘数效应，赋能经济社会发展。①其中，提出既要提升数据供给水平、完善数据资源体系、优化数据流通环境、提高交易流通效率，又要加强数据安全保障、落实数据安全法规制度、完善数据分类分级保护制度、加强个人信息保护，简言之，要严守开放融合、安全有序的数据治理底线原则。②这充分彰显了"以推动数据要素高水平应用为主线，以推进数据要素协同优化、复用增效、融合创新作用发挥为重点，强化场景需求牵引，带动数据要素高质量供给、合规高效流通，培育新产业、新模式、新动能，充分实现数据要素价值，为推动高质量发展、推进中国式现代化提供有力支撑"的数据治理目标。③

由此，展开有关数据及数据要素的概念内涵、价值逻辑等基础理论的阐释，概括性地说明数据治理的独特意蕴与效能机制。

## 1.1 数据要素的概念解读与价值逻辑

### 1.1.1 数据的概念与存在形式

**1. 数据的概念**

数据是指通过观察、实验或测量所获取的事实、观点、数字、文字、图像、声音等形式的信息。数据是对客观事物的描述和记录，是对现实世界的抽象和表示。数据在信息科技大爆炸的时代获得前所未有的被关注与重视，除了在生成、存储、传播、利用等诸多环节中呈现出"亲民

---

① 《"数据要素×"三年行动计划（2024—2026年）》发布，2024年1月4日。来源：人民网 http://finance.people.com.cn/n1/2024/0104/c1004-40152919.html.
② 国家数据局等部门关于印发《"数据要素×"三年行动计划（2024—2026年）》的通知，来源：国家数据局 https://mp.weixin.qq.com/s/YyhLQo4IZIFNMiyupdv01A.
③ 《中国网络与数据法治领域2023年十大事件》，https://mp.weixin.qq.com/s/wJbqD3031FUwiufk-2qRtw.

化"的快速便捷外，更是广泛被应用于科学研究、商业运营、政府管理等各个领域。

数据的概念包含多个方面。第一，数据是事实和观点的描述。它可以是客观的数据，如天气记录、人口统计数据等，也可以是主观的数据，如调查问卷中的意见和看法。不论是客观还是主观的数据，它们都是对现实世界的描述和记录，反映了一定的事实和观点。第二，数据是通过观察、实验或测量所获取的信息。数据的获取过程通常需要使用特定的方法和工具，如问卷调查、实验设计、传感器测量等。这些方法和工具可以帮助我们收集和记录数据，以便后续的分析和应用。第三，数据的获取过程需要遵循一定的规范和程序，以确保数据的准确性和可靠性。

当然，作为数字经济社会生产要素的数据还应具备以下基础禀赋：

一是数据具有信息的潜质。通过对数据的汇聚、梳理及处理，可以从中提取有用的信息和知识，揭示事物之间的关系和规律。数据是信息的基础，可以为人们高效、精准地理解、分析现实世界提供认知本源。

二是数据具有决策的价值。通过对数据融合、对比及分析，评估不同方案的优劣，进而作为人们科学、合理决策的"计算化"依据。在一定意义上，数据驱动的决策可以消除主观偏见、保持中立客观、促进公平正义，提高决策的理性化、降低试错的经验化代价。

三是数据具有创新的潜力。通过对数据的挖掘、跟踪及反馈，可以发现新的问题、新的关联和新的机会。数据驱动的创新可以帮助市场发现新的商业模式、改进产品和服务，推进社会治理创新动力与需求。

## 2. 数据的存在形式

数据存在的形式可以是数字数据，如温度、人口数量等；也可以是文本数据，如文章、报告等；还可以是图像数据、声音数据等。不同类型的数据具有不同的特点和用途，需要使用不同的方法和技术进行处理和分析。

一是数字，这是最基本的数据形式，可以表示整数、小数、正数、负数等。在计算机中，数字可以用不同的编码方式表示，如二进制、十进制、十六进制等。

二是字符串，这是由字符组成的序列，可以包含字母、数字、符号等。在计算机中，字符串通常用字符数组表示，每个字符都有对应的编码值。

三是文件，这是计算机中存储数据的一种形式，可以包含文本、图像、音频、视频等不同类型的数据。在计算机中，文件通常以二进制形式存储。

四是数据库，这是用来存储和管理大量结构化数据的系统，可以支持数据的增删改查等操作。常见的数据库类型有关系型数据库（如 MySQL、Oracle）和非关系型数据库（如 MongoDB、Redis）等。

五是图像，这是由像素点组成的二维矩阵，每个像素点表示图像上的一个点的颜色信息。在计算机中，图像可以以不同的格式存储，如 JPEG、PNG、BMP 等。

六是音频，这是由声音信号组成的数据，可以表示声音的频率、振幅等信息。在计算机中，音频可以以不同的格式存储，如 MP3、WAV、FLAC 等。

七是视频，这由一系列连续的图像帧组成的数据，可以表示动态图像的信息。在计算机中，视频可以以不同的格式存储，如 AVI、MP4、MKV 等，并可以在计算机中以不同的方式进行存储和处理。

## 1.1.2 数据与信息的关系

一方面，数据和信息之间存在着密切的联系。

数据是信息的基础、原材料，没有数据就没有信息。信息是对数据加工、解释、分析后获得的有意义的内容和表达，为决策提供支持和指导。同时，数据和信息又能相互转化。数据可以通过筛选、加工、分析转化为信息，而信息也可以通过总结和归纳以数据形式得以呈现。数据和信息的相互转化是信息系统的核心功能，并且共同构成了信息系统的基础，从这一点来讲，数据与信息对于个人、组织和社会的决策和运营都起着重要作用，而在数字时代的数字化经济与数据化生活中，数据较于信息则更具有基础性、本源性意义。因此，数据成为当前及未来信息科技社会竞争中关键性的生产要素与基础性的战略资源。

另一方面，数据与信息在性质、意义、形式和应用等方面存在明显区别。

性质不同。数据是客观存在的、原始的、无组织的符号或符号集合，反映了事物的某种属性、特征或现象；而信息是经过对数据加工和分析后获得的有意义的、有用的、有结构的内容和表达。

意义不同。数据本身没有明确的含义和解释，需要经过加工和分析才能获得信息；而信息可以是指向特定含义或包含一定价值的，是为决策提供支持和指导的。

形式不同。数据可以是数字、文字、图片、音频、视频等形式的记录；而信息可以是知识、见解、观点、规则、规范等形式的内容。

应用不同。数据主要用于记录和传输，可以作为信息系统的基础和原材料；而信息是要被人类理解和使用，帮助人们认识和理解事物的本质和规律，是决策和行动的基础。

数据和信息虽然存在一定的区别，但又密切相关，相互转化。数据是信息的基础和来源，信息是对数据的加工和解释，数据和信息的集和分析可以帮助人们从大量的数据和信息中提取有用的内容和结论，帮助人们认识和理解事物的本质和规律，为决策提供支持和指导。

## 1.1.3 作为生产要素的数据及其价值逻辑

在信息科技革命的场域中，无论于国家、组织还是个人而言，数据的有无、量的大小、质的优劣、存储能力的强弱、挖掘水平的高低、利用功效的良莠等,都日趋成为主体自身能否获取或保持核心竞争力的重要屏障。数据利用的实践能力与现实价值已然成为高度信息化社会中不可回避的新型竞争力,这其中主要有赖于以数据为支点所撬动并传递的价值新势能原动力。数据即成为一种新兴崛起的生产要素,而防止数据资源的流失或沦陷尤其是对其合理确权及有力掌控,势必上升为不容小觑的国家战略。[①]

在我国,2015年10月,"实施国家大数据战略"在党的十八届五中全会中就正式提出,由此明确将大数据作为国家战略性资源。之后,党的十九届四中全会在肯定数据对数字经济成长的关键性作用时,首次提出将数据作为生产要素参与分配,由此数据被赋予了新的社会使命。

之后,2020年3月30日,中共中央、国务院发布《关于构建更加完善的要素市场化配置体制机制的意见》中正式将数据列为与土地、劳动力、资本、技术并立的五大生产要素。2021年《"十四五"数字经济发展规划》提出在2025年初步建立数据要素市场体系。2022年12月我国首份专门针对数据要素的基础性文件《关于构建数据基础制度更好发挥数据要素作用的意见》提出,探索建立数据产权制度,推动数据产权结构性分置和有序流通,结合数据要素特性强化高质量数据要素供给;在国家数据分类分级保护制度下,推进数据分类分级确权授权使用和市场化流通交易,健全数据要素权益保护制度,逐步形成具有中国特色的数据产权制度体系。把安全贯穿数据治理全过程,构建政府、企业、社会多方协同的治理模式,创新政府治理方式,明确各方主体责任和义务,完善行业自律机制,规范市场发展秩序,形成有效市场和有为政府相结合的数据要素治理格局。

---

[①] 尹巧蕊:《数据要素与数据治理——数权世界的双核驱动》,载《学术交流》2022年第2期。

实际上，生产要素既是经济学上的基本概念也是社会发展的历史范畴。一般意义上的资源主要是指自然资源，经济学意义上的资源则着重指与人类的有效开发和利用能力密切相关的资源。在农业社会中，生产要素的核心就是土地和劳动力，工业革命之后，资本就凸显为重要的生产要素，而当信息科技时代到来时，数据则兴起为效率空前提高、价值无限可能的新型生产要素。但事实上，数据这一客观事物却并非信息时代的"特产"。追溯人类发展史，从"从上古时代的'结绳记事'，到文字发明后的'文以载道'，再到近现代科学的'数据建模'，数据一直伴随着人类社会的发展变迁"①，只是在不同的经济形态下，数据的产生机理、呈现形态、作用发挥受特定社会生产条件尤其是技术手段等多重复杂因素的影响。显而易见，数据也并非是从一开始就成为生产要素的。

所谓生产要素，是"社会在生产经营活动中所需的各种资源，是维系国民经济运行及市场主体生产经营过程中具有基础性、先导性、全局性的重要因素，其结构和形态会随着经济转型而升级更替"②。那么，数据之所以成为数字时代重要的生产要素，首先表现为数据在数字经济环境下是举足轻重的"商业命题"，当然从物质生产条件来看，则得益于在互联网商用、数据涌流之后，是在技术赋能的条件下，人们掌握数据、处理数据的能力取得了质的跃升，数据中的价值才逐步显现出来，以此既为根源也为契机。③这说明，数据与价值具有耦合性。数据需要且一定是能对社会关系的部分或全部映射，而价值的本质是社会评价，是人们交换劳动而形成的社会关系，且主要体现为经济关系。因此，能够作为生产要素的数据，则应该是指由互联网活动乃至硅基空间中所生

---

① 闫德利：《数据何以成为新的生产要素》，腾讯研究院，https://www.tisi.org/14408。
② 尹巧蕊：《数据要素与数据治理——数权世界的双核驱动》，载《学术交流》2022年第2期。
③ [日]繁人都重著，张敬惠等译：《制度经济学回顾与反思》，西南财经大学出版社2004年版，第60页。

成的具有海量异构、动态分布、即时更新、快速生成等特点的各种结构性与非结构性且负载相应社会性价值信息的数据记录。

概括而言，数据在信息化时代与科技型社会中举足轻重，它不仅是市场主体角逐的筹码甚至成为企业竞争的资产，也是社会治理、政府决策的依据，还是改变既有学科知识框架的导向，可见数据已成为人类社会科学化运转与发展的重要工具。同时，数据的收集、存储、管理和分析也成为组织和个人必备的"新型现代化"能力。第一，数据在科学研究中发挥着重要作用。科学研究需要大量的数据来支持和验证理论和假设。通过对数据的分析和比较，科学家可以发现规律和趋势，进而制定和验证新的理论和模型。数据还可以帮助科学家解决复杂的问题，如天气预测、疾病诊断等。因此，数据被视为科学研究的重要资源和工具。第二，数据在商业运营中起着重要的作用。随着电子商务和互联网的兴起，大量的企业数据被生成和积累。这些数据反映了消费者的需求、市场的变化和竞争的态势。通过对数据的分析和挖掘，企业可以了解客户的偏好和需求，优化产品和服务的设计，并制定精准的市场营销策略。数据还可以帮助企业发现新的商机和创新点，推动企业的发展和增长。

但尤其需要重点强调的是，数字化时代下的社会治理及公共决策，正是凭借大量数据融合汇总得出的信息来及时掌握社会经济动向和民众需求。数据既为社会发展的重大决策提供整体性依据，又为决策评估概率性的风险预判，进而在提高公共决策的科学性、效率性和准确性的同时，最大限度地保障公共资源的优化配置与精准利用。足见数据在当下社会安全、环境保护、交通管理、教育发展、医疗服务等公共领域的关键性治理价值，即数据本身可以赋能社会治理的效能倍增且数据又是社会治理内容的重要范畴，因为数据的乱用、泄露、垄断等本身就是对数字社会中公平正义维护的掣肘，甚至影响社会治理的导向迷失、公共决策的依据失衡。这恰恰说明，数据的应用在实践中确实存在着一些亟待面对的问题与挑战。例如，数据的质量和准确性是根本。若无数据存在错误或偏差，将会导致分析和决策的不准确和错误。再如，数据的隐私和安全也是关键。随着数据的存储和传输越来越便捷，数据泄露和滥用的风险也在增加。因此，需要进一步探讨制定相应的法规政策和得当有效的措施，不仅需要保护数据的隐私和安全，还要有利于数据的流通与利用。

毕竟，数据的价值根源就在于"叠加式"使用过程中所携带的海量信息，以及由此生成以相关性逻辑揭示事物之间的关系和规律，进而才能呈现为可以用以选择、判断、分析、解释的决策依据。从这一角度讲，数据作为生成要素其所具备与可能释放于经济发展与社会治理的正向效能，取决于数据自身特有的价值生成逻辑与规律。因为，"从数据作为资源的层面讲，数据是典型的只有不断使用才能衍生或积聚价值最大化的'用生资源'。数据的反复利用不存在导致自身资源性的消耗或价值的贬损，反而有益于数据的迭代升级与即时更新。也就是说，数据资源的价值本质即在于被最大限度、最高频次的反复性、共享化地使用"[①]。同时，无论是对互联网上的痕迹数据、社交媒体用户的生成数据等的收集、存储、利用，还是针对政府开放数据和企业组织内部的结构化数据的分析预判、追踪共享，挖掘数据价值的深度和广度都将有利于释放数据资源可开发利用的巨大潜力。这一潜力更是提升了自然资源、劳动力、资本、技术等的配置效率与利用空间，这正是数据资源实现价值增值的主要环节，并释放了数据资源的强劲动能甚至加速优化生产技术组织的变革，从而拉动了时代发展的跨越性变迁。

此外，数据要素也是经济预测和趋势分析的重要工具。通过对历史数据要素的分析和趋势建模，可以预测经济的未来发展方向和趋势，为个体和组织提供决策和策略的参考。

总之，数据作为生产要素并有效发挥基础性资源的价值，不仅彰显

---

[①] 尹巧蕊：《数据要素与数据治理——数权世界的双核驱动》，载《学术交流》2022年第2期。

于继土地、劳动力、资本、技术之后最活跃的生产要素层面，而且对经济发展、国家战略、社会治理、民众生活等都产生着全局性的深远影响，甚至成为影响国际关系与国际竞争力的风向标。在全球化竞争中，"井喷式"发展的信息科技刺激数据呈现爆发式增长，据 IDC 公司测算，2010 年全球产生的数据量仅为 2ZB，而到 2025 年将达到惊人的 175ZB 。[①]在我国，数字化的触角已全面延展于社会生活运转的各个领域，数据要素正在成为驱动中国社会创新发展与深化改革的新引擎，数字化率先助力我国经济领域的发展由高速度劲升为高质量的阶段。因此，迎来数字经济时代的中国，必须善于积极把握有利的发展时机，发挥各类数据资源的有效能量，借助"数智"施以"数治"，实现"数字善治"而立于国际博弈中的主动地位。

## 1.2 数据治理与相近概念的关系梳理

### 1.2.1 数字治理与数据治理、智能治理、智慧治理

#### 1. 数字治理

数字治理是指利用数字技术和信息化手段来改变管理方式和决策方式，实现信息的网络化和共享，提高管理效率和决策准确性的治理方式。随着信息技术的迅猛发展和普及，数字治理已经成为现代社会治理的重要手段和途径。

数字治理的特点之一是依赖于数字技术的支持和应用。数字技术包括互联网、云计算、大数据、人工智能等，这些技术的发展和应用为数

---

[①] IDC（国际数据公司）：年均增速 30%，2025 年中国将以 48.6ZB 领跑全球数据圈 [EB/OL]. [2019-03-12]. https://www.sohu.com/a/300791581_324615。 此外，IDC 发布的《数字化世界——从边缘到核心》白皮书以及《IDC：2025 年中国将拥有全球最大的数据圈》白皮书都有相关统计与预测。

字治理提供了强大的支撑。通过数字技术的应用，可以实现信息的快速传递和共享，提高决策的准确性和效率。数字治理的另一个特点是注重信息的网络化和共享。通过互联网和其他信息技术手段，可以实现信息全球范围内的共享和传递。这种信息的网络化和共享可以促进各方之间的合作和协同，提高决策的科学性和准确性。

数字治理的实施需要建立健全的数字基础设施和数据治理机制。数字基础设施包括网络基础设施、信息安全设施等，这些基础设施的建设和完善是数字治理的基础。数据治理是数字治理的重要组成部分，包括数据的采集、存储、管理和应用等环节。通过数据治理可以实现数据的有效管理和利用。数字治理的目标在于提高管理效率和决策准确性，同时，数字技术的应用可以提供更多的数据和信息，支持决策的科学性和准确性。

### 2. 数据治理

随着数据的快速增长和广泛应用，数据治理不仅是组织和企业管理的重要环节，还是社会有效运转与公共决策达成的理性依据。所以，数据治理可以理解为对数据进行规范、管理和应用的过程，旨在确保数据的质量、安全和合规性，提高数据的市场价值和社会利用效益。

数据治理的特点之一是注重数据的规范和管理。数据治理包括数据的采集、存储、管理和应用等环节，通过对数据的规范和管理，可以确保数据的质量和安全。数据的规范和管理包括数据的分类、命名、格式、权限等方面的规定，通过这些规定可以提高数据的一致性和可靠性。数据治理的另一个特点是关注数据的应用和价值。数据的应用是数据治理的重要目标，通过对数据的应用，可以提高数据的价值和利用效率。数据的应用包括数据的分析、挖掘、共享等方面，通过这些应用可以实现数据价值的最大化。

数据治理的实施需要建立健全的数据治理机制和数据管理体系。数据治理机制包括数据的规范和管理规定；数据管理体系包括数据的采集、存储、管理和应用等环节。通过建立健全的数据治理机制和数据管理体系，可以实现数据的有效管理和利用。由此，数据治理则是数字治理的基础，数字治理的实施需要数据提供资源性保障与支持，且数据治理又是数字治理的重要组成，它包括数据的采集、存储、管理和应用等环节，通过数据治理可以实现数据的有效管理和利用。

### 3. 智能治理

智能治理是指利用人工智能和大数据分析等技术手段来优化决策过程和管理方式，提高决策的准确性和效率的治理方式。随着人工智能和大数据技术的不断发展和应用，智能治理已经成为现代社会治理的重要手段和途径。

智能治理的特点之一是依赖于人工智能技术的支持和应用。人工智能技术包括机器学习、深度学习、自然语言处理等，这些技术的发展和应用为智能治理提供了强大的支撑。通过人工智能技术的应用，可以实现数据的分析和决策的优化。智能治理的另一个特点是注重数据的驱动和应用。智能治理注重以数据为基础进行决策和管理，通过数据的收集、分析和应用来优化资源的配置和整合。数据的驱动和应用可以通过大数据分析和人工智能技术的应用来实现，通过这些应用可以提高决策的准确性和效率。可见，智能治理以数据治理为基础，数据治理是智能治理的重要组成部分。通过数据治理可以实现数据的有效管理和利用，为智能治理提供更为有效的智能应用。

智能治理的实施需要依托于智能化技术和管理体系的完善化体系。智能化技术包括人工智能技术、大数据分析技术等，这些技术的应用可以体现决策的个性化、实时化和智能化。管理体系包括决策的优化和资源的整合，通过智能化技术的应用可以实现资源的优化配置和管理的协同。

### 4. 智慧治理

智慧治理是指利用物联网、云计算、大数据和人工智能等技术手段，实现城市、社区和组织的智能化和可持续化发展的治理方式。随着物联网、云计算、大数据和人工智能等技术的发展和应用，智慧治理已经成为现代城市和社区管理的重要手段和途径。

智慧治理的特点之一是注重多维数据的分析和应用。智慧治理关注多维度的数据分析和应用，通过多维数据的分析和应用来获取全面的信息、支持和管理决策。多维数据的分析和应用可以通过大数据分析和人工智能技术的应用来实现，通过这些应用可以提高决策的科学性和准确性。智慧治理的另一个特点是强调实时感知技术的应用。智慧治理强调通过物联网和传感器等技术来实时获取和收集各种数据，反映真实的情况。实时感知技术的应用可以帮助决策者及时了解问题和需求，及时采取相应的措施和决策。

智慧治理的实施需要智慧化的基础设施和平台。智慧化的基础设施包括物联网、云计算和大数据等技术设施，通过这些设施可以实现数据的采集、传输和存储。智慧化的平台包括智能化的管理系统和决策支持系统，通过这些系统可以实现数据的分析和决策的优化。智慧治理的实施需要数据的支撑与提供，所以数据治理也是智慧治理的基础与重要组成。

由上可知，这些近似概念即是信息科技时代引领社会形态转变下的衍生概念。通过梳理数据治理与相关概念的区别及联系，不仅说明数据治理与其他数字科技发展中的治理活动存在互为基础和相互促进的关系，而且证明数据治理于数字化大厦的系统性、稳固化构筑而言具有轴心性的重要意义。相关概念说明数据治理是科技型数字社会创新发展的"内驱力"。

## 1.3 数据治理的二重意蕴

### 1.3.1 依托数据的治理赋能

依托数据的治理赋能是指通过相关体制、技术和设施支撑有效管理和利用数据资源，推动数据类型划分标准、权属确认依据、开放共享模式，进而激发数据要素的价值释放，以数据要素赋能国家治理且为科技型社会发展提供创新驱动和决策支持的治理效能。数据治理涉及数据采集、存储、处理、分析、共享和安全等环节，旨在确保数据的质量、可信度、可用性和安全性。在科技型社会中，数据的产生和积累呈爆发式增长，因此，如何高效地开展数据治理，发挥数据的价值和潜力，成为科技型社会创新发展的关键问题。

依托数据治理的赋能体现在五个方面。

第一，数据治理赋能科技型社会的创新驱动。数据作为创新的基础和资源，通过数据治理可以充分挖掘和利用数据的潜力，推动创新的发展。通过数据的收集、整合和分析，可以获得关键的信息和洞察力，发现新的机会和问题，并为创新提供有力支撑。例如，在智能城市领域，通过数据治理可以实现交通管理的智能化，提高城市交通的效率和安全性；在医疗健康领域，通过数据治理可以实现个性化的医疗服务，提高疾病预防和治疗的效果。

第二，数据治理赋能科技型社会的决策支持。在科技型社会中，决策的依据和效果往往与数据的质量和可靠性密切相关。通过数据治理，可以提高数据的准确性、完整性和时效性，为决策提供更可靠的依据和支持。数据治理可以处理数据的冗余和重复，确保数据的一致性和可信度。同时，通过数据的分析和挖掘，可以发现数据中的关联性逻辑或规律，为决策提供尽可能全面、立体、周详且敏锐的依据。例如，在金融行业中，通过数据治理可以进行风险评估和投资决策，提高金融机构的管理及盈利能力。

第三，数据治理赋能科技型社会的协同创新。在科技型社会中，跨界合作和共同创新的需求越来越迫切。通过数据治理，不同部门、机构和领域可以共享数据资源，开展联合研究和创新。通过数据的共享和整合，可以发现新的创新机会和挑战，促进不同领域间的互动和合作。例如，在智能制造领域，通过数据治理可以实现设备间的数据共享和协同决策，提高生产效率和质量；在城市治理领域，通过数据治理可以实现城市各部门间的数据共享和协同行动，提高城市管理的效率。

第四，数据治理赋能科技型社会的价值提升。数据的治理赋能事实上构造了社会治理的新场域，这迫使治理主体需要以一种新的观念和视角去重新审视既有的社会治理模式、路径、方式、渠道等，并按照数据时代所呈现出的新特征推动社会治理的创新变革，并在开发和应用数据资源的过程中自觉依照数据价值创生规律去安排和开展社会治理规范机制，这就会为社会发展层级、利益增长机制带来更多元化、多维度性的再发展契机。例如，通过数据治理可以实现产品质量的提升和成本的降低，提高企业的竞争力和盈利能力；通过数据治理可以实现城市资源的优化和分配，提高城市居民的生活质量和幸福感。

第五，数据治理赋能科技型社会的安全保障。在科技型社会中，数据的安全性是至关重要的。通过数据治理，可以建立完善的数据安全控制机制，包括数据的访问权限控制、数据隐私保护、数据加密等，确保数据的安全性和机密性。数据治理可以加强对数据的安全管理和风险控制，预防数据泄露和滥用的风险。数据的安全保护可以增强用户和组织对数据的信任和依赖，促进数据资源的充分利用和共享。例如，在电子商务领域，通过数据治理可以加强用户数据保护和防范网络安全风险意识，提高消费者的信任和满意度。

## 1.3.2 针对数据的治理新域

针对数据的治理新域是在传统的数据治理基础上，面对数据去中心化、分布式等新兴技术和应用场景的挑战，进行的针对性拓展和扩展。在传统的数据治理中，人们主要关注的是数据整合、数据清洗、数据质量管理等方面的问题。而在数据治理的新域中，我们需要考虑到数据的安全、隐私、伦理等更为复杂和敏感的问题。下面将从几个方面来论述针对数据的治理新域的内容。

首先，数据治理的新域需要关注数据的隐私保护。在大数据时代，个人和组织的隐私成为关注的焦点。伴随着数据的采集和利用，个人和组织的敏感信息容易被无意泄露或滥用。因此，数据治理的新域需要建立起一套完善的隐私保护机制，包括数据的加密、脱敏、去标识化等技术，以及隐私政策和隐私法规的制定和执行。在数据治理的新域中，需要对数据的采集、存储、处理和传输过程中的安全问题进行全面的考虑和规划，确保数据的隐私不受侵犯。

其次，数据治理的新域需要关注数据的伦理问题。随着数据的广泛采集和应用，伦理问题也日益成为数据治理的新领域。数据的收集、使用和分享必须遵守伦理原则和道德规范，不能侵犯个人和社会的权益。例如，人工智能技术的发展和应用，需要对涉及个人隐私、人类价值观等方面的问题进行深入的思考和讨论。在数据治理的新域中，需要制定相关的伦理准则和规范，指导数据的采集和应用。

再次，数据治理的新域需要关注数据的去中心化和分布式管理。传统的数据治理主要基于中心化的数据架构和管理模式，而随着区块链、边缘计算等新兴技术的兴起，数据的分布式管理成为趋势。在分布式的数据管理中，数据的安全、一致性和可用性面临着更多的挑战。因此，在数据治理的新域中，需要研究和探索分布式数据管理的方法和技术，包括去中心化的数据共享、数据一致性保证、分布式数据备份和恢复等方面的问题。

最后，数据治理的新域需要关注数据的开放与共享。在以往的数据治理中，数据的开放与共享一直是一个难题。数据的开放与共享可以促进数据资源的充分利用和共同发展，但也可能导致数据的滥用和泄露。在数据治理的新域中，需要建立起一套安全、可控、可信任的数据共享机制，通过数据共享的方式推动科技型社会的创新和发展。

总体而言，针对数据的治理其治理对象是明确的、治理目标是升级的，即治理对象就是数据本身以及基于数据而产生的相关数据权属、数据风险、数据人权、数据伦理、数据责任等，治理目标就是要擅于利用更为高尖、智能的数字化工具与智能化流程，对围绕数据而形成的可能具有同构性关联影响、螺旋式演进趋势的社会问题进行协同化治理与同步性回应。这就对数据治理本身提出了进行数据类型划分基础上的分类区别治理的必要。因此，就衍生出诸如政务数据、企业数据、个人数据以及公共数据等差异性但又互促的数据治理层面。

# 第二章 数据治理于社会治理现代化的驱动与制动

回首人类社会漫长的历史旅程，传统农业社会的发展是以稳定性与封闭性为典型特质，社会整体的分工协作与细化程度较低，社会公共事务的同质性、简单化特征明显，因此社会调控的类型、手段、目标相对单一化。进入工业社会后，借助机械、电气等新技术的发明与应用，人类社会的生产能力与生活领域得以极大丰富与扩展，促进了社会各要素的流动性与关联性增强，由此不仅使得社会公共事务在范围、种类、数量上激增，而且对社会管理的层级、效能、标准提出了更为复杂、多样的新要求。尽管如此，人们仍然可以通过建立一套完备的科层管控体制，或者以支配性的地位掌控技术变革带来的社会问题，来应对工业化发展向社会治理提出的挑战。

而当以互联网、人工智能、大数据、区块链、云计算、物联网等信息科技引发的数字化产业革命来临时，"算力"成为新型生产力，"算法"成为新型生产关系，"数据"成为新型生产资料，由此"算力+算法+数据"便构筑了数字经济时代的"三驾马车"，并将社会发展样态与人类生存空间推向了虚实共生、创新迭代、风险叠变、利弊多极的数之"治"与"智"的轨道上，数据必然成为渗透于生产生活、牵制于治理机能的基础要素、存在方式、重要资源。不仅社会公共事务日益呈现知识性与科技化交织共进的趋势，而且社会治理的辐射面越发超越工业时代的覆盖面，数字时代已降，数据世界也从构想转换为实践。只是这一转换过程，触发了社会治理生态的颠覆性变革，引致社会治理实践面临严峻的行动困境、效能乏力、价值异化等考验。概言之，脱胎于工业经济背景下的管控型"权力中心化"与支配型"技术应用化"的社会治理模式在有效回应并实现数据世界中治理创新所需的正向阈值时，难免力有不逮。可见，数据治理为社会治理现代化的推进提供助力效能的驱动，同时为社会治理现代化的创新埋下掣肘隐患的制动。

## 2.1 驱动——基于技术范式与战略布局

社会治理由于涉及生产、生活的各个具体行业和广泛领域所以具备治理辐射面的宏观视野，社会治理现代化的活跃实践则往往能够为创新发展提供更多拓展现实可能性的微观方案。一言以蔽之，社会治理现代化在国家治理维度中具有不可替代的支柱地位，在治理机制中发挥着"承上启下"的枢纽作用。同时，社会治理自身就是一种复杂多样的系统化工程，尤其是在当今数字化社会中，数据治理的良莠已然成为社会治理的体系升级与能力精进的重要标志。数据治理的技术范式还能增进和丰富社会治理现代化的效能扩展，因此，在数字科技主导社会发展的当下，社会治理现代化更要充分挖掘新的发展空间与平衡新的治理范式，从而促进并实现社会资源更充分、更均衡地满足当前人民群众对美好生活的更高追求。而数据治理更要有效释放作为社会治理现代化的子系统的正向效能，通过数据治理驱动技术应用与制度调整之间的合力，实施数据资源的质量提高、权属确认、分配利用，从而更好地服务于数字时代的社会治理现代化发展，最终推动国家治理现代化的整体前进。

## 2.1.1 数据治理的技术范式补强社会治理现代化的"效能倍增"

在数字经济场景下,数据被比拟为社会发展的"新石油"并不为过,数据所特有的资源性价值随着数字化社会的升级而凸显。一方面,在持续更新的技术迭代应用与不断跟进的制度保障加持下,数据不仅仅是某类企业的资产,而且是政府部门、多类型协会组织、公民个人的重要资产之一,数据已然成为重塑社会构架与运转的关键性战略资产,甚至是现代国家发展与竞争的一种基础性战略资源。另一方面,与工业经济场景下的诸多资源不同的是,数据的资源性价值并不止于其本身,重点更在于数据的流动与共享,由此作为生产要素的数据在数字经济发展中才能迸发出其所蕴含的刺激社会整体价值增长的指数级效能。所以,旨在确保数据的真实可靠、数据流转的安全有序、数据共享的合法合规等诸多环节的数据治理是不可或缺的。

但在社会治理现代化的场域下,数据治理的概念范畴不再囿于源自企业界管理中涉及数据的数量与质量、可用性与易用性、一致性与可靠性等内部问题,而是已然外溢于围绕数字时代下公共职责重塑、权益诉求迭代、议事流程再造、决策机制更替等辐射于社会治理综合实践中的过程性、标准化的外部问题。

具体而言,正是集成化的数字信息技术广泛且深入地嵌入社会治理的发展实践中,从而现实化地形成了基于数据生成采集、数据质量评估、数据价值挖掘、数据安全流动、数据合规运维、数据风险预控等全生命周期的数据循环应用场景,这就必然要求构建融合技术、法律、行政、教育、道德等多维化的治理策略,合力达到"以数据为证、用数据决策、让数据服务"的治理创新效果,实现数据治理在微观层面上专注于合法合规范围内的数据高效利用和商业利益的最大化。中观层面上则是彰显数字经济条件下数据要素自身的生产价值及对其他生产要素效率的倍增作用；宏观层面上则要超越机械工业时代的治理模式进而助推社会治理现代化在体系转型优化、能力创新升级上的"数智化"导向。

首先，数据治理体现为数字化技术的工具性特征付诸实践的过程与结果，如 Google 表单作为数据收集的问卷调查工具，可以用来创建和发送问卷调查，收集用户的反馈意见；网络爬虫工具则是用于从网页中自动提取数据，可以帮助平台或部门收集大量的数据，进行分析和挖掘，进而判断用户需求；移动应用分析工具 Google Analytics，则用于分析移动应用的用户行为和使用情况，帮助平台或部门了解用户情绪并优化应用体验；自然语言处理、深度合成技术的机器学习等人工智能工具，可以帮助平台自动化收集和分析数据，提高数据处理的效率性和准确性。

其次，数据治理还蕴含着数字技术的创生理论、设计观念、开发方式、价值期待等涉及方法论内容的技术范式，反过来技术范式又规定着数据治理的领域、程序和任务，界定了数据治理将要满足的需要及标准，并对数据治理所必备的各种技术变量间进行多维权衡，进而倾向于关注数据治理的实践价值与社会影响。如通过数据清洗进行包括但不限于去除重复数据、缺失数据、异常值等数据处理，并将清洗后的数据以数据仓或数据湖技术加以汇聚与共享，提高以供后续使用的数据的质量及安全性，并为展开衍生性应用的设计与开发奠定创新基础。

再次，在整个数据应用过程中，都会使用数据分析工具和技术对数据进行关联性、趋势化的研判，并基于这些数据分析的结果将其转化为可视化状态，从而便于人们理解并及时应用到实际业务中，如推荐系统、风险评估、营销策略等。

最后，数据监控则是对数据应用过程中数据效果和性能的监测，并及时对数据优化、调整甚至在必要时进行控制，由此确保应用数据的精准性与合规性，不仅发挥包括数据隐私、数据安全、数据保护等数据治理的直接作用，也起到了数据治理的间接作用，即为运行在数据集上的数据算法模型提供更安全可靠的"依据"，从而生成更富有价值的"信息型"知识。

简言之,数据治理的技术范式对社会治理现代化具有了从流程导向的"管理变革"到思维转换的"价值跃升"的驱动性意义。

第一,"数据驱动"聚焦流程再造。数据治理的技术范式在如何有效地将技术的理论基础、设计理念、应用效果等付诸实践的同时,也对于提高应对现代社会风险的预判力与效率性等治理领域产生深远影响,而这都是围绕数据的价值激发与效能释放展开的。作为数字时代下社会治理现代化重要组成部分的数据治理,依靠数据采集技术而囊括海量信息的数据仓库或数据湖,不仅为数字化技术的集成应用提供必不可少的基础性"原料",而且通过对这些数据的分类评估、分析监测,研判相关社会问题的发展规律和趋势,以前置预警状态将可能发生的风险点抑制在萌芽状态,弥补过去只有在社会问题发生中或发生后才予以反应与回应的不足。换言之,数据驱动的社会治理将现代社会的风险布控流程从倚重"事中""事后"模式转为突出"事前"兼顾"事中事后"的全流程模式。

第二,"技术赋能"聚焦风险治理。随着数字经济的高速运转,科学技术的跨域应用,利益结构的多元裂变,政策调整的疲乏滞后,越来越多新的社会问题凸显出来,并与积累未解的旧的社会问题交织而生从而加剧社会风险的复杂程度。如此,社会治理现代化更应具备化解风险的"未雨绸缪"之道。对此,数据治理作为社会治理子系统的存在,更强调治理过程中的技术支持和技术保障。一是对风险的全面预防。运用大数据、云计算、人工智能、区块链等技术监测各领域可能的风险,及时向公众提供风险信息。例如,在金融监管领域,利用科技手段进行实时、动态和透明的智能监管,提高监管效率,弥补传统监管方式面对科技创新的局限性,这也体现了数据治理负载的数字化技术本身的功能属性。二是对风险的及时控制。依托数据治理的技术范式、社会治理过程中的自生数据以及借助使用的他者数据,都可以通过数字化集成技术的综合运用,收集最大化规模的全样本数据,评估分析关联性信息,尤其以庞大、多样的数据"喂养"诸如 AI 等深度合成类的技术使用需求。保障制定、发布和实施的治理规则更为精准、细致、针对性强,获得更优化、有效的社会风险控制与治理效能。

第三,"建模思维"聚焦治理效果。随着风险社会的到来,社会治理所期望的效果不仅是如何妥善回应发展中的"定量"问题,还须要积极应对创新中的"变量"问题,否则社会的发展创新可能会面临掣肘不前甚至因噎废食的消极"怠工"状态。而"建模思维"作为数据治理的技术范式之一,能够对复杂系统中的定量与变量问题做出更具预判性的回答。"建模思维"注重的是将现实世界的各类数据予以抽象化组织,通过测量、建立和控制各单元数据和过程系统的定量与变量,从而分析、计算和定义与数据主体及利害关系者密切相连的风险点可能存在的概率、因素、影响等,其目标就是要实际性地映射现实问题且给出应有的解决之道。

在社会治理现代化的场域下,从定量的角度分析和研究社会发展中的实际问题时,仍需要深入调查并全面了解治理对象的相关信息,以便做出符合实践的逻辑假设与形势分析等保障治理效果的具体指标、改进措施,而这些无法更没有必要全部付诸现实性的"试错"行为,此乃社会资源有限且"试错"成本过高所无以常态化承担的,故而明智的做法便是借助数据治理中的"建模思维",这既降低了试错成本,又回避了唯经验论的技术范式。

况且,社会治理现代化的创新发展中面临更多的将是社会"变量"问题。为了满足新常态的新需求或为达到社会创新的新目标,社会治理机制就必须具备对"变量"问题的持续关注与切实洞察、跟踪监测与动态研判等过程性、预警化的调控效果。这进一步说明将数据治理中的"建模思维"嵌入社会治理现代化的创新机制则是明智之举。显而易见,依托数据驱动与技术赋能的"建模思维"将事前测算、预判社会创新发展的"变量"成本与收益。由此将促进社会治理现代化倾向于形成反馈及时、多方合力、综合应对、协同创新的治理效果,这不仅使社会发展创新中必须面对的"定量"与"变量"问题得以精准评估,而且有效集合政府治理的显性机制能量、释放多元主体协同治理的弹性空间、扩容公众参与治理的实质性程度,以"建模思维"的技术范式最大限度地避免公共价值在社会治理中的失衡、失灵、失效。

当然,数据治理的技术范式对社会治理现代化的驱动性意义,并非对机械工业时代下社会治理现代化模式的完全取代甚或全盘否定,而是更应突出"人本"导向、更能促进价值平衡、更需重塑主体构架,从而补强数字信息时代下社会治理现代化的效能升级。

首先,数据治理更应突出社会治理现代化的"人本"导向。数据治理之所以能够催生社会治理现代化的焦点由"管理变革"转向"价值跃升",就在于其技术范式的存在与演进。

就技术的本质而言,其自身并不具有能动性,技术是在人类的主观意识能动性下转化为客观实际的过程中发挥作用并成为人类协调社会关系、处理社会矛盾的工具或手段。数据治理所负载的数字技术从根本上讲也是如此。而某种新技术要生成技术范式,则是由市场主体需要与产业技术竞争所推动与演进的。一方面,只有适应市场需要、满足用户需求的技术,才能获得一定市场份额,成为企业追踪的对象。从这个意义上讲,可能最终生成技术范式的新技术不是纯粹在技术的某个单一维度上最优,而应是一个基于市场主体需要的技术统一体。说到底,正是人所需要的技术统一体随着人多样化需求的变化,不仅可催生技术范式产生,还会促进技术范式转移。另一方面,在产业技术竞争中,若企业开发的技术成为业内技术标准,就可使该企业处于产业竞争中的有利位置,并极大地影响将来几代产品的走向。但若企业支持的技术没有成为产业技术标准,则企业可能被迫采用新的技术标准,由此就会丧失自己在原创技术上的投资成本、学习成本。因此,企业总会通过各种手段使自己支持的技术成为产业技术标准。一旦该技术成为相应产业的技术标准，就会成为制造商和供应商参照的标准，并以此作为解决技术经济问题的模式，甚至成为化解其他社会问题的重要参考与借鉴。同时，产业技术竞争还能使竞争者根据新技术的利基市场开发出新的技术范式。可见，产业技术竞争既能推动技术范式的形成，又能创生出新的技术范式。同理可得，数据治理的技术范式生成及演进也有赖于市场主体需要与产业技术竞争所推动。所以，数据治理更应满足"以人为本"的市场需求与产业竞争，这样才更利于形成自身的技术范式并产生触及社会多个层面的有力影响。

就社会治理的角度看，提高社会治理效能、满足公众多样化需求、实现公共利益最大化是其根本目的。简言之，"以人为本"是社会治理的起点也是终点。从这个意义上讲，数据治理的技术范式生成与演进的路径与社会治理的根本目的是同频共行的，即都具有"以人为本"的导向。在社会治理现代化的进程中嵌入数据治理的技术范式，通过数据治理的技术范式完善社会服务体系、创新社会治理机制、增强社会治理能力，让社会大众享有更高层次的幸福感和获得感，实现以数据治理的赋能增效突出人本主义的倾向，将技术优势与人文需求、技术更新与人文进步有效融合于社会治理现代化过程中。

其次，数据治理更能促进社会治理现代化的价值平衡。数字经济时代下，数据治理必然是社会治理现代化的重要组成与体现，其自身的有效推进不仅有赖于各种数字信息科技的加持，更需要整个社会治理机制的价值体系确立、价值序列选择予以全过程引领，否则数据治理将容易存在"工具性有余而价值性不足"，甚至出现目的与手段之间本末倒置的隐患。

相对于社会管理而言，社会治理是一种优化、良性、多元、多角度、高层次的管理，一方面，社会治理理念决定了增进人民福祉的公平正义才是社会治理现代化的出发点和落脚点。通识化观点认为，公平正义是人类对社会利益、社会关系和社会形态理性化、合理化的应然要求，也是社会的崇高价值、理想和目标。另一方面，社会治理必然要具有效率性，这是由社会资源有限与发展欲求无限之间的紧张关系所决定。效率是经济学上经常使用的概念。而社会治理的效率是指社会治理能够使社会或人们以较少或较小的投入获得较多或较大的产出，它包括经济效率价值和社会效率价值两个方面。这里须予以重视的是，当有违公平正义尤其是过度的社会不平等或不正义存在时，它们将导致低效率的经济运转和缺乏创新活力的社会发展，因为明显甚或普遍的不公平、不正义现象，不仅使社会资源缺乏合理分配、正当使用的流向机会，而且会蔓延到社会制度层面，最终导致人们对社会权威组织的质疑甚至失去信任。一个缺乏公信力的社会体系是很难铸就有力的治理机制的，当然也就保证不了富有创新的社会活力，甚至于良好有序的社会安定。可见，公平与效率之间的关系定位始终是社会治理策略特别是治理实践中不能忽视的价值平衡问题，因为它关系到"以人为本"这一根本导向的最终实现程度及效果。

　　数据治理已然是当前数字时代下最具有前沿性、效率性、探索性的社会治理现代化的突出体现。健康良性的数据治理目标之一，就是通过集成化数字技术的高效应用，从而释放围绕数据资源的最大化利用，形成社会总体运行成本降低、治理收益提质增效的实践化过程。在这一过程中，数据治理不仅要快速积聚海量全样本数据资源，而且更注重改善数据质量、控制数据风险、增强数据安全等，从而保障应用环节的信息可信度、提高场景层面的最佳体验感、降低公共领域的风险外溢化。而当"数字化"正在渗透于甚至已经内嵌为社会发展的外在环境与内在理念时，数据治理就绝不是纯粹的技术场域问题。它在工具层面上可以对社会治理产生驱动效能，但在价值层面上则仍须与社会整体价值选择与定位保持协调，否则数据治理本身也会最终偏离其良好初衷。而诸如"数据鸿沟"等负效应现象的出现，不仅直接影响了社会公众的获得感和幸福感，而且有碍于数据资源所蕴含的能够激发国家利益、社会效益、公民权益等指数级增长的正效应，这本身对于数字时代资源分配与利用的充分性、平衡化而言就是最大的不正义，这即是关乎社会的公平正义问题。

需要特别提出的是，由于良好的数据治理既需要有数据治理的完备制度保障，又必须借助相应的集成化数字科技。所以，事实上，在有完备治理制度的规制前提下，数据治理是可以在有效提升效率的同时促进社会的公平与正义的实现的。在提高治理效率的同时形成更加公正合理的判断或预设，进而指引社会治理策略与措施的具体实施，达到有力促进社会治理定位从过去的"公平优先、兼顾效率"转向"通过效率更好实现公正"的价值平衡。

最后，数据治理更需重塑社会治理现代化的共治生态。数据治理之所以形成自身特有的技术范式，不仅在于数据治理可以为社会治理提供解决问题的工具性路径，还在于数据治理构建了观察、分析事物动态发展规律的创新性思维，更在于数据治理需要以"内增殖、外增效"的双向价值变现助推甚至是重塑社会治理现代化的主体构架和生态体系。当前的数字时代，数据在信息科技的加持下正在快速使人类赖以生存的自然环境和社会系统呈现出可计算、可度量的结构化状态，似乎一切都是倚重信息科技的利用而产生的数据化结果。尽管信息科技在数据治理中的重要性毋庸置疑，但纯粹的技术本身并不产生数据，当然更无法直接负载信息并转化为知识，数据仍然是信息的载体、信息是数据的内容且有价值的信息才可能转化为知识，最终才能成为促使社会进步的意识源泉，况且技术本身就是人类实践活动中的经验总结，只有经过人类的改造和使用，技术的价值也才能得以体现。

所以，即便是在数字时代中的数据，终究还是人的活动产物，是人的生存与发展轨迹在数字时代下的符号化表征与数字化记录，信息科技更侧重的是发挥加速数据产生、活跃数据利用、便捷数据流转、实现数据价值等过程的超级催化剂功能，数据本身才是贯穿于全部治理活动和治理过程的核心资源。这其中必然涉及两个基础问题：一个是数据应用主体的身份多重性问题；另一个是社会治理关系的结构重塑化问题。

就数据应用主体的身份多重性而言，由于本质上数据就是人活动的产物，这就决定了数据的状态一定是动态变化的而非静态不变的，而数据的价值增殖则必然依托于在信息科技构筑的网络平台中以传播实现迭代，又因流动达致变现，这就意味着在数据应用的不同场景下，数据的占有者、使用者可能同时是数据的传播者还是新数据的生产者、提供者甚至是数据的监管者。简言之，数据应用主体的多重性身份是由数据的产生机理与价值实现过程所决定的。

那么，这就引出社会治理关系的结构重塑化问题。由于当诸如云计算、大数据、人工智能、区块链、5G6G等数字基建已成为现代化社会发展的标配时，数据当然也就成为社会经济创新的重要生产要素，据此数据治理的技术范式必然渗透于社会治理现代化的场域下，这就需要且促使了政府、市场、社会等主体间关系从"中心－边缘"的结构向"多元－平等－协同"的构架转变。这种转变不仅有利于多元主体的资源整合，使其突破资源碎片化的桎梏从而进一步激发市场活力、社会创造力、公众参与度，而且更能凸显企业组织、社会公众等多维主体在社会治理中的主体地位与意义，反向强化对这些多维主体的赋权、增能，进而培育社会治理各领域有效形成"政府－社会－市场"多维化、协同性的共治生态体系。

## 2.1.2 数据治理的战略布局升级社会治理现代化的"数实融合"

党的十八届三中全会首次提出"创新社会治理体制"，由此在顶层制度设计中明确将社会治理正式纳入国家治理层面。党的十九届四中全会进一步强调，社会治理是国家治理的重要方面，必须加强和创新社会治理，完善党委领导、政府负责、民主协商、社会协同、公众参与、法治保障、科技支撑的社会治理体系。但遗憾的是，在社会治理前期实践中仍存在社会主体参与治理的协同能力不足、表达渠道不畅等问题。"政府独自行动，公众不参与、不行动"[①]成为社会治理的常态。不言而喻，这与国家治理现代化所期许的社会治理模式创新相去甚远。

## 1. 站位于工业经济基础之上的社会治理瓶颈

虽然治理的概念包含着丰富的多元权力观、多元中心论，并以整合政府与非政府、公共机构与私人团体等力量，形成贯穿中央、地方、民间的合作型、协同性、整体化的调控网络关系，通过运用综合性权威去引导、控制和规范社会各项活动，以追求最大限度地增进社会公共利益为共同行动目标。但是，既有社会治理的现代化进程仍是延续了工业经济基础之上的传统模式，在实践中展现治理概念本应有的优势时，就不免存在既有机制的瓶颈束缚。

首先，既有社会治理体系仍具有较强的倚重政府管制而轻于服务机制完善，对经济发展和社会需求的新形势回应力不足，对于提供优质充足的公共服务方面存在明显掣肘，权力部门的服务型定位落实不够。较为突出的是，一方面，对于社会治理的公共数据与决策信息的公开渠道未有效、充分地向民众开放提供，公共决策信息公开仍受制于时间、空间等地方化或部门化壁垒束缚，这势必影响社会组织、公众群体知情、参与、建言献策于社会治理的多元化效果；另一方面，政府各部门不仅整合联动的力道不足，未能实现治理链条中所必需共建、共享的相关数据打通，而且未能有效调动社会多元治理主体的联合发力，这明显有碍

---

① 陈伟东，陈艾：《居民主体性的培育：社区治理的方向与路径》，载《社会主义研究》2017年第4期。

于社会治理所需的协同化进程,尤其是平台化治理模式欠缺,未能从系统化角度去挖掘、重视海量数据汇聚可能带来有益于社会治理现代化效能提升的信息价值。

其次,基于工业经济社会所形成的官僚科层体制成为当前社会治理的基本框架,这种框架在治理实践中不仅存在更易于使决策倾向单极主导化、行政指令性的固有缺陷,而且还易于导致社会治理的信息传导机制不够畅通、开放且具有较强的封闭性。在信息不对称以及参与渠道局限性明显的条件下,官方组织和社会公众之间的意愿交流与互动、诉求表达与反馈等互动性程度较差,由此社会组织与公民群体参与社会治理的动力不足、机制不全、范围狭窄、频次较低、收效不高,最终使得社会治理现代化的发展进程缺失广泛而坚实的群众基础。这说明,以工业经济条件下所形成的官僚科层作为当前社会治理现代化的主体框架,在实践中并不利于形成现代"治理"目标所期望的服务意识主动化、处理问题精细化、信息获取开放化、社会组织扁平化的治理新格局,更没有形成满足"治理"理念本身所追求的那种包容多元治理主体的加入与官僚科层的接纳之间不断进行互动与重构的治理活力。

最后,伴随数字经济发展的强劲势头,数字产业化和产业数字化的"双向奔赴"式转型升级也成为评判各国社会治理现代化发展水平高低的重要指标之一。因为数字产业化可以充分激活信息技术这一生产要素,培育新产业新业态新模式,产业数字化可以对传统产业全要素升级、转型和再造,从而全面提升经济发展效能,二者的"双向奔赴"式转型升级进一步推动了数字经济和实体经济的深度融合。这就为打造具有国际竞争力的数字产业集群奠定良好的经济基础。这就要求有匹配适度的公共服务能力、科学有效的监督管理机制、灵活多样的政策供给渠道。但既有的社会治理机制由于受时间、空间和资源的限制,社会组织、企业团体、公民群体都不同程度面临"办事难、办事慢、办事繁"的困境,以政府部门为中心的治理模式所提供的社会公共服务的质量、效率、水平离社会治理现代化目标的要求还有很多亟待提升的空间。虽然近年来，我国很多省市地方已经在力推智慧城市建设，也确实部分缓解了"城市病"的负面影响，还通过建立"天眼系统"提高了各地社会治安水平，多地省市都先后推出政务数据平台的建设从而实现变"群众跑腿"为"数据跑路"等具有治理现代化意义的实例。但要从根本上解除传统官僚科层为基本架构的社会治理瓶颈束缚，就不仅是要对现有问题给出回应与化解之道，而且要对未来发展提供预设与规划之路，同时更要顺应数字时代的大势所趋，密切关注数据治理领域需要解决的新问题。这些新问题不仅可能触动并影响对整体社会治理的变革，而且数据治理领域中的有益经验与尝试本身就为社会治理现代化提供可资借鉴的创新思路及构建范式，实现社会治理现代化的进程得以制度保障与技术赋能的叠加效应。

## 2. 以"数字中国"破题社会治理的实践窘境

习近平总书记指出，数字技术正以新理念、新业态、新模式全面融入人类经济、政治、文化、社会、生态文明建设各领域和全过程，给人类生产生活带来广泛而深刻的影响。[①]社会治理现代化始终要遵循并贯彻习近平新时代中国特色社会主义思想，立足新发展阶段，完整、准确、全面贯彻新发展理念，构建新发展格局，推动高质量发展，深刻把握人类社会进入信息时代、迈向数字文明的发展大势，紧跟信息化、数字化、网络化、智能化所带来的发展机遇与风险挑战，这对于今后及未来充分认识并积极营造良好的中国数字生态而言意义重大、影响深远。

近年来，数字技术创新和迭代速度明显加快，在提高社会生产力、优化资源配置等方面的作用日益凸显。数据治理随着网络信息技术与数字经济发展的快速崛起，而成为社会治理现代化的重要组成部分。

---

① 李明：《数字赋能全民国防教育》，载《红旗文稿》2022年第15期。或参见网址：https://theory.gmw.cn/2022-08/21/content_35967544.htm。

数据治理所包含的**数据信息**与负载的**数字技术**，既是当前社会治理体系的新型领域及对象，又是当前社会治理能力现代化的实践工具。同时，数据治理有利于营造良好的数字生态，进而充分激发数字技术的创新活力、要素潜能、发展空间，释放引领和驱动经济结构调整、产业发展升级、消费需求增长、治理格局优化的正向效应，最终为加快建设数字经济、数字社会、数字政府提供良好环境和有力支撑。简言之，就是重视数据治理以打造数字优势，为社会治理现代化的升级创新赢得发展先机。

所以，若要破题工业经济条件下的社会治理窘境，就要依托"社会治理＋数据治理"的有机组合，才能有效纾解束缚社会治理现代化的效能瓶颈，真正落实社会治理现代化高质量发展的重要举措。毕竟，新的技术嵌入也意味着新的行为方式与思维方式的嵌入，在长时间循环式的技术治理中，国家治理所遵循的思想观念正在发生潜移默化的改变。[①] 2016年《国家信息化发展战略纲要》提出建设"数字中国"战略，要求提高社会治理能力；2017年党的十九大明确提出逐步提高社会治理智能化、专业化，推动智慧政府、智慧城市建设；2019年党的十九届四中全会强化社会治理的科技支撑力，首次增列了"数据"作为生产要素，把数据、科技放在同土地、金融等生产要素同等重要的位置，并进一步构建关键核心技术攻关新型举国体制。国家所制定的行动纲要和指导方针为各项数字技术在社会治理领域的应用提供了保障，也为深入研究数据治理场域中社会治理体系和治理能力现代化提供了顶层战略引导与支持。

2020年4月9日，中共中央、国务院发布了《关于构建更加完善的要素市场化配置体制机制的意见》，明确提出了土地、劳动力、资本、

---

① 邵娜、张宇：《政府治理中的"大数据"嵌入：理念、结构与能力》，载《电子政务》2018年第11期。

技术、数据这五大生产要素，并对五大要素的市场化配置改革提出纲领性的建议。但是，数据要素的价值实现在现实社会治理体系中还存在诸多挑战：一是数据要素服务的制度不健全。目前，我们尚未形成统一的数据确权、定价、交易、权益分配、安全等基础制度。在政务领域，跨委办局、垂管系统的数据共享一直是难点，数字化建设从国家到省到地方一直没有统一的建设部门，虽然各省有大数据局，但由于管理职能的限制，数据打通依然困难。通过国家数据局有望打通各垂直行业的数据壁垒，加大数据的共享开放。二是市场机制尚无法满足流通交易需求。当前数据要素流通市场单一，通过大数据交易所挂牌数据较少，从量和质上都无法满足数据市场的需求。同时，市场上存在大量的场外数据交易，缺乏有效监管和安全保障。整体上来看，数据要素流通缺乏以政府为主导的市场化的数据要素交易机构和服务平台，进行有效的数据归集、加工、供需对接，实现数据升值、数据变现，同时满足监管和安全要求。三是数据的供需对接不畅。数据的需求方和数据的拥有方当前没有合适的发现对接机制，市场没有形成上下游的关系。专利权和著作权有国家知识产权保护，数据权益当前缺少相应法律法规的保护。由于数据易复制的特性，数据提供给其他实体后，两者是价值关系，而不是一次性收益，如何确保应得的收益，获得持续的收益流是要解决的问题。四是数据要素服务的技术尚未成熟，缺少数据价值化的实践。从数据治理到数据应用的路线并不清晰，利用数据进行流程优化、决策优化的实践还比较少，需要打通数据的上下游及数据的供给和需求。各级组织及企业对数据要素流通的理解也不一致，企业也纷纷开发基于自身数据要素流通的解决方案。概言之，数据也需要有一个可交易的市场，既要让拥有数据的主体，诸如平台企业能获利，或者是让政府部门通过利用数据提高执政水平与服务质量，又要让需要数据的企业能方便地买到合法合规的数据。这就说明，数据的治理既是今后社会治理现代化的重要目标又是重要工具。

2023年2月，中共中央、国务院印发了《数字中国建设整体布局规划》，提出建设"数字中国"既是数字时代推进中国式现代化的重要引擎，又是构筑国家竞争新优势的有力支撑，而其中的数字技术、数据资源将是数字时代中转换新旧经济动能的核心要素。加快数字中国建设，对全面建设社会主义现代化国家、全面推进中华民族伟大复兴具有重要意义和深远影响。不仅如此，该规划还明确，数字中国建设按照"2522"的整体框架进行布局，即夯实数字基础设施和数据资源体系"两大基础"，推进数字技术与经济、政治、文化、社会、生态文明建设"五位一体"的深度融合，强化数字技术创新体系和数字安全屏障"两大能力"，优化数字化发展国内国际"两个环境"。

2023年3月7日，十四届全国人大一次会议举行第二次全体会议，审议《国务院机构改革方案》，其中提到组建国家数据局。2023年3月，中共中央、国务院印发了《党和国家机构改革方案》，组建国家数据局，负责协调推进数据基础制度建设，统筹数据资源整合共享和开发利用，统筹推进数字中国、数字经济、数字社会规划和建设等工作。由此，以组建国家数据局为重要契机，再次将"数字化建设"作为今后及未来中国社会发展新征程的起点。而"数字中国"的实践内核正是"数字化建设"，其包括作为"硬件"的数字基建和作为"软件"的数据资源体系两大部分。这就同时为"数字中国"的进一步落实规划了有关数据治理问题的自上而下的统一化组织保障。

总而言之，我们正式从"数字中国"的规划蓝图中寻求到了撬动社会治理体系运行方式、运行结构及运行思维等全方位的发展创新支点。

### 3. 数据治理战略拓展社会治理任务的数字化

如前所述，当前社会治理是要为"数字中国"的蓝图愿景而服务，数据治理也已经从操作层面上升到战略层面，并日益渗透于社会公共管理包括政府治理的范畴中。加之数字经济发展的强劲势头，这些共同作用促使社会治理现代化必须迈入并呈现"数实融合"的样态。这实际上就是在社会治理中植入以数字化建设为支点、以数据治理范式为杠杆的数字化基因，同时将社会治理对象和治理资源也数据化，并紧跟数字经济的发展节奏与需求指向，进而拓展社会治理现代化的任务空间，使其更具数字化趋势。

第一，维护数字经济秩序是社会治理现代化的根本任务之一。在信息科技革命带来社会整体变迁的新契机之时，数字经济成为把握产业变革新方向、推动经济高质量发展新选择的重要引擎。数字产业化的发达能够催生技术创新，提高我国的科技竞争力，而产业数字化的转型也促使传统产业的提质增效，产业整体在经过数字化、智能化水平的不断优化、转型过程中，不仅迅速提高我国数字经济的产出，而且带动社会经济整体的辐射性增长。

为此，一方面，即将准备涉入或已进入数字化发展的各大中型企业组织首先需要形成行业内良性健康的竞争秩序，政府也需要大力保护和激励科技创新，通过积极的产业政策和财税政策扶持科技企业发展。但实践中，由于相应的监管机制空白、调控手段疲乏甚至失灵，所以在数字经济活动中，就存在借助于技术的巧妙伪装或钻制度空子，以花样翻新的不正当竞争手段损害消费者权益、侵害劳动者和其他合法经营者利益的不良现象层出不穷。这不仅打乱、恶化了竞争秩序，而且有碍数字经济的健康发展，特别是在数字经济兴起之初，不同市场主体的控制力悬殊，无法实现企业、市场通过自发调节实现良性循环，这就需要从国家到政府再到社会组织，协同整合发力实现有效干预。为此，2022年中共中央、国务院发布《关于加快建设全国统一大市场的意见》要求"破除平台企业数据垄断等问题，防止利用数据、算法、技术手段等方式排除、限制竞争"，以及"加强对平台经济、共享经济等新业态领域不正当竞争行为的规制，整治网络黑灰产业链条，治理新型网络不正当竞争行为"。另一方面，国家更要从建设数字基础设施方面为数字经济发展提供雄厚的外部支持。我国《"十四五"国家信息化规划》提出"建设泛在智联的数字基础设施体系,全方位推动基础设施能力提升"。下一步,政府要统筹推进通信网络基础设施、算力基础设施、融合与创新基础设施等建设,聚焦5G、IPv6、卫星互联网、物联网、人工智能平台等重点领域,推进体系化建设、规模化部署、产业化应用,确立数字基础设施的生产、管理和使用机制。可见,当前社会治理现代化的根本任务之一就是有效维护数字经济秩序。

第二,推动数据安全流转是社会治理现代化的紧迫任务之一。数据不仅是数字经济发展的根本资源,也是保障各项数字化建设与信息技术应用所需的基础材料。所以,如何科学合理地对各项公私数据予以分级分类的保护,就不仅限于数据治理领域之内的技术层面,还需要社会治理进行系统化的统筹安排。这是因为在数据信息时代,人们的生活箴言就是"通过数据,认识自己……从认识你自己到量化自我"[1],所以人们日常在数字网络活动中留下的通信信息、购物记录、浏览轨迹甚至睡眠质量、体重变化等数据,不仅对于产生这些数据的本人而言关系密切,而且对于涉及网络通信服务的各种企业、平台甚至政府部门而言,也是极为重要的。同时"如果你体验到了什么,就记录下来。如果你记录下了什么,就上传。如果你上传了什么,就分享"[2],这也成为数字经济场景下人们的生活常态,而正是这种生活常态经过算法机制不仅可能成为新的商机,还存在新的风险。有人认为这些现象不过是技术手段应用的结果,但实质上它还能构成新型的信息"监控资本主义(surveillance capitalism)"的生产方式。这种新型的信息资本主义是以预测和操控人们的行为以达到获取利润、控制市场的目的为核心宗旨。可见,当前

---

[1] [以色列]尤瓦尔·赫拉利著,林俊宏译:《未来简史》,中信出版社2017年版,299-300页。
[2] [以色列]尤瓦尔·赫拉利著,林俊宏译:《未来简史》,中信出版社2017年版,352页。

数据治理之所以成为社会治理的重要组成，社会治理的现代化内涵与表征之所以亟待于将数据治理范式纳入自身体系，就是因为数据和算法的共谋化生态是当前及今后数字经济发展、数字社会生活不可避免的。社会整体运转与个体成长过程中始终伴随着各种数据及信息的产生、使用、传播等，而"数据垄断""算法操纵""信息茧房"等一旦出现便会存在对人的尊严侵犯、利益的操控甚至主体性的消解等社会风险。所以，社会治理的现代化选择中必须先将数据安全的保护作为紧迫性的任务之一，快速构建回应数字时代生活所需的数据安全体系，为公民数据、企业数据和公共数据提供全面有力的保护。

但与此同时，数字经济时代下数据价值就在于其不断地得以收集积累与活跃分享，越是海量全样的数据集，越是通过周而复始的传输迭代，越是能够具有产生指数级价值的效能。所以，社会治理现代化的另一项急迫任务还在于如何有效推动数据的有序流动，从而保障数据自身价值的充分释放，同时保证数据利用的合法合规。"数据"是数字时代最重要的生产要素，但若海量数据不能得以有效利用则会导致数据资源的巨大浪费，也会导致大量数据所负载的信息利益被漠视沉淀。当前社会治理实践中，就存在着不少政企之间数据分享水平较低、政府部门间仍存在信息壁垒等问题，这既不利于数据治理的正常开展与有力推进，又会阻碍数字经济的深度发展，还影响了社会治理的现代化进程。因此，社会治理现代化的改革创新还需将如何更好激发并推进有关政府、企业、公共服务机构等数据的有序开放、合理共享作为现实紧迫的任务加以重视。

第三，尊重数字人权发展是社会治理现代化的基础任务之一。数字社会的生存情境与发展规律是明显有别于机械工业社会的，诸如网络化的生活样态、数据化的生产要素、算法化的调整机制、代码化的规则生成等数字生态环境便再塑了人权的新形态——数字人权。从社会发展的阶段来看，数字人权可以作为从工业社会迈入数字社会所产生的新人权内容；从人权概念的层次来看，数字人权可以被看作在数字空间中延伸出人权的一系列下位基本权利；从权利生成的渊源来看，数字人权源于数字化科技的形塑并强调数字化属性而具备数据信息法益的人权演进结果。总之，"数字人权"在理论研究中是极富张力甚至颇具争议的学术概念，在此不再加以赘述。但事实上，"上网权、个人数据权、数字身份权、数字完整权等构成了数字人权的实在内容"[1]。这说明，一方面数字人权恰恰是人类活动与人类社会的产物，是人自身权利意识在数字化时代的深层次觉醒；另一方面数字人权的现实主张覆盖人在数字时代下的安全价值、尊严价值、平等价值等明显具备人权特质的基本权利属性。可见，因数字人权具有数字社会中人的基本权利属性，那么，尊重数字人权的发展当然是社会治理现代化的基础任务之一。

况且，数据在数字经济条件下本身就具有利润回报率持续增长的特性，尤其是在传统制度规范和监管机构对此的监督、问责等还处于"摸索"阶段时，这就无疑极大地刺激了那些能够获取海量数据并掌握数据应用能力的社会主体的谋利动机。这不仅成全了一些数字平台的野蛮生长与数字巨头的快速形成，而且这些数字巨头与数字平台又通过运用技术能力与影响力去制定符合自身利益的数字规则，进而具有了准公共属性的"私权力"，于是似乎谁占据数字技术高地、谁坐拥更多数据资源，谁就可以成为数据世界中的主宰者。与此相反的是，个人私权利的法益空间在这样的数字环境下则不断受到挤压，这就反向强化了数据垄断、数字寡头等新型"准权力"的无序扩张，那么漠视或直接侵犯数据主体正当权益的各种社会风险则不必避免。因此，在数字技术嵌入社会发展中、数据治理已经包含在社会治理中时，就更需要注重秉持数字社会的人权治理逻辑，提高对数字人权保护的法律位阶，进而在社会治理现代

---

[1] 郑智航：《数字人权的理论证成与自主性内涵》，载于《华东政法大学学报》，2023年第1期。

化的基础任务设定中彰显数字人权的重要地位。

由上，从宏观、中观、微观三个层面的多极化角度为社会治理现代化的升级改革探寻新的突破口，而各层级的治理任务即是社会治理现代化改革创新的"航向标"。在数字中国的蓝图愿景之下，这一"航向标"是需要以数字经济发展的动态规律为导引，并应满足数据治理的战略布局需求，最终推动数字经济、数字社会、数字中国的系统化进步，这就决定了体现在社会治理现代化领域中的任务层级需要更为丰富，进而才能弥合立足于工业经济时代下社会治理中存在的不足。

## 2.2 制动——"数据主义"异化的隐忧

信息技术的快速革新释放着数据资源活跃的商业价值，数据越来越成为人类生产和生活中不可或缺的重要元素，其不仅日益显见自身所拥有的使用价值和交换价值，而且已经演变成一种可交易的商品，其所带来的可观经济收益对社会生产生活的诸多方面产生了颠覆性的影响。可见，数据既可以赋能社会治理现代化的升级，同时又是社会治理现代化的新域。但是，关于数据在数字化经济成长与人的自我价值实现之间的关系定位问题，若不予以明确梳理与深入阐释，那么一旦出现"数据主义"的异化，则极易导致数字化风险扩散叠加的恶性循环与治理效果"亡羊补牢"的尴尬，反而形成阻却社会治理现代化进程尤其是针对数据资源如何释放社会价值的制动效应。因此，始终需要密切关注"数据主义"的异化存在侵蚀人本主义价值设定与目标实现的隐忧。

### 2.2.1 解读"数据主义"及其异化

随着信息科技在社会多样化场景下的渗透性应用，人类行为和社会活动也日益转换成网络在线量化的数据。虽然"数据化的观念、方法和实践由来已久，数据化与近代自然科学相伴相生"，但是随着"社会学等学科的产生和科学管理的兴起则是社会数据化的直接先驱"。①所以，"数据化"不再局限于自然科学意义上的专有术语，而是发展成为社会实践中人类生存的普遍样态，并对自然世界和人类社会具有描述、分析、评估、预测等全面而深远的影响，这就需要以不同于工业经济模式下的思维方式创造出一套契合"数据世界"的哲学理念。由此，"数据主义"得以产生并成为数据化和普适计算的哲学表达。

在数字经济蓬勃成长的当代，源于计算机科学和人工智能领域的"数据主义"已是一个广泛使用的概念。

在计算机科学中，"数据主义"最初是指一种关于数据处理和存储的方法，即通过对数据进行采集、存储、处理和分析，从中提取有价值的信息，以支持计算机系统的决策和推理。

在社会生活实践中，"数据主义"则不再是单纯的技术问题，而是以强调通过对数据的分析和利用，来服务于人的决策和行动的思维方式和实践方法，其核心理念是以"数据驱动"为主导。"数据主义"在超越网络虚拟空间而浸入物理现实世界的发展过程中，人们逐渐认识到，数据不仅仅是信息的载体，围绕数据的质量、采集、处理和分析等相关技术应用和方法理论，不仅对数据的价值和利用效果有着至关重要的影响，更是一种提高社会运行效率、优化人们生活质量的有益资源。于是，"数据主义"的应用范围不断扩大。在商业领域，"数据主义"被广泛体现在市场分析、产品设计、客户管理等方面，显现了提高决策效果和商业利润的重要性；在社会管理领域，"数据主义"又在社会调查、公共政策评估、风险预判等方面得以应用，展现了提高决策精准度和扩大社会效益的正效应；在医疗领域，"数据主义"则多呈现于疾病诊断、药物研发、预测患病率等方面，明显提高治疗效果和患者生存率；等

---

① 李伦主编：《数据伦理与算法伦理》，科学出版社2020年版，第4页。

等。但尽管如此，最初的数据主义并非主张数据至上、唯数据论等，它只是一种强调数据化过程与效能对社会整体发展极为重要的立场。"数据主义一开始也是一个中立的科学理论，但正逐渐成为要判别是非的宗教。"①

数字技术井喷式的更新换代，使数据应用与价值释放的社会场景越发丰富多样，于是数据万能的思潮就越发深入人心，数据和算法的至上观念似乎就显得更理所当然。由此，产生了以"推崇数据流量最大化和信息自由是至善"②为基本主张的"数据主义"异化。

在异化的数据主义理念下，人类社会的一切皆可且必须数据化，数据依赖或数据沉溺等则成为数据社会中人存在的常态。这不仅意味着数据的资源化、权力化甚至意识形态化，而且还可能将人的存在推向主体身份异化、精神意志异化、沟通交往异化、价值认知异化的发展危机中。因为异化了的数据主义不仅"把全人类看作单一的数据处理系统，而每个人都是里面的一个芯片"，而且"相信一切的善，包括经济增长，都是来自信息自由"。③本质上，"数据主义"异化其实就是唯科学主义在数字时代的变身，是夸大科学还原论对人类社会发展与行为关系的主导作用，由此将人作为"客体性"的物化对象，将系统性、整体化的社会进步与人际交往碎片化、流量化，而人本主义所秉持以人为本的"主体性"价值却沦为附庸。这种"数据主义"异化对人本主义侵蚀的隐忧，还将严重影响本应"以人为本"的社会治理现代化的良性发展。

---

① [以色列]尤瓦尔·赫拉利著，林俊宏译：《未来简史》，中信出版社2017年版，第346页。
② 李伦主编：《数据伦理与算法伦理》，科学出版社2020年版，第6页。
③ [以色列]尤瓦尔·赫拉利著，林俊宏译：《未来简史》，中信出版社2017年版，第344、第349页。

## 2.2.2 "数据主义"异化侵蚀人本主义治理的隐忧

首先,"数据极权"的防不胜防。在政治学中,极权的基本含义就是统治权力行使的广泛几乎已达公共与私人的全部领域,从而使人民的自由空间受到极大萎缩。在数字科技广泛普及的今天,似乎极权问题已被消除。但在异化的"数据主义"立场上,其实数据资源与数字技术应用于社会治理范围越广泛越深入渗透到民众生产生活方方面面的时候,"数据极权"就以更为隐蔽却更为强大的势头悄然而至。

一方面,在数字时代国家公权力主体是更容易掌握呈几何级数增长的数据占有者,民众的个人数据与信息最终还是向国家公权力部门聚集,数据资源与数字技术成为国家公权力的"强心剂"正是在数据机制的社会规训下,国家公权力对社会及公众的控制力将得到更为快速的渗透。

另一方面,由于数据生成、处理及应用的各项技术则主要由大型科技公司或私人资本控制,包括社会运转的很多领域通过代码与算法定义规则与标准已成为现实,包括掌握国家公权力的主体也不得不依赖科技巨头或资本实体控制的技术以完成社会治理。因此,在传统国家与公民两极下逐步衍生出依托垄断技术能力和占据数据资源的科创企业这一新的权力集合,其既不同于国家机关的公权力也有别于私人的权力自治,但因缺少对垄断型科创企业分类分级的有效监管,就使这些科创企业资本无序扩张、数据权力野蛮生长从而挤压社会其他主体的良性生长空间。可见,科创巨头也极为可能成为从数字空间延伸到社会空间的隐性权力主体,其通过不断进行全域样本数据的挖掘成为更具隐蔽性的数据垄断者,并以控制技术而实施相应层级的规则制定权,从而成为与传统公权力直接竞争的新型数据极权者。

可见,因"数据主义"异化而排斥以人为本的价值导向与功能设定,不仅助长传统公权力的膨胀,而且培植了新型数据垄断主体在市场中的极权作为,尤其是当数据成为连接政府、社会组织、市场主体和民众之间的媒介之后,"数据崇拜"不可避免,"数据极权"更是具有无孔不入的文化土壤。

其次,工具理性消解价值理性。工具理性(Instrumental Rationality)和价值理性(Value Rationality)是两种不同的人类行为理性。它们分别关注的是实现目标的手段和所追求的目的本身的价值。

工具理性指的是人们将行为目标定位于实现特定目的,并以此为目标来选择手段的一种理性。在工具理性的框架下,人们更关注行为的效果和效率,即工具的使用能否达成目标。工具理性关注的是行为本身的逻辑和实用性,而不是行为所追求的道德、情感或价值。相反,价值理性则更关注行为本身所代表的价值和意义。在价值理性的框架下,人们更关注行为所产生的影响和后果,即行为本身对于他人、社会、环境等方面的意义和价值。价值理性关注的是行为所带来的情感和精神上的收获,以及这种行为对于个体和社会的长远影响。

一般而言,人类的社会行为是由价值理性和工具理性所共同驱动的,只是不同的行为和同一行为不同的阶段存在一定的倾向性。所以,根据治理实践的情况变化与需求差异来平衡工具理性与价值理性的孰轻孰重,不仅是社会治理发展的客观需要,也是有益于人们获得更好的行为选择和决策收益的。

在数据化的社会治理中,无论是将数据作为治理对象还是将数据作为赋能工具,究其本质都遵循着以技术为中心逻辑的工具理性系统,只不过在形式上是以"数字化"予以演绎,而实质上这种数字化的技术工具系统是基于数据、代码、算法等进行计算、分析和决策从而发生对社会各个相关领域的影响作用。在这个意义上,针对数据的治理和依靠数据的治理似乎都是基于工具理性系统而得到的客观化结果,但与此同时这其中已经具有了知识和技术的垄断性特征。特别是在数据资源配置失衡、"算法黑箱"仍然存在的情况下,针对数据的治理和依靠数据的治理都偏向于运行程序上的封闭性和自足性,这既易于滋生传统权力获得规避公众监督的新温床,又助长坐拥优势数据资源的市场主体转化为新

第二章 数据治理于社会治理现代化的驱动与制动

型数字权力体。但对于社会大众而言，其直接的需求与目的却在享受数据化社会生活场景下数字科技带来的极大便利。于是，人们就会很现实地倾向于将数据资源与数字技术的工具理性持续放大以满足社会利益的最大化。在这种社会导向下，若再有异化的"数据主义"推波助澜，价值理性势必被工具理性驱逐，从而消解了社会治理现代化所追求的公共性增长、整体治理绩效提高、民主法治实现等人本主义的价值理性目标，这在一定程度上不仅偏离了社会治理现代化的价值初衷，无法真实有效地普惠人民群众对美好生活向往的获得感、幸福感，而且导致社会治理在数据化场景下陷入舍本逐末的尴尬境地，工具理性消解价值理性正是治理手段和治理目标的错位。

最后，"数字民主"的迷思干扰。数字化社会的形成是互联网空间的外溢也是升级，数据化的社会治理更离不开互联网运行的底层逻辑。互联网让人们获得信息、生产数据、表达意见等方面的门槛似乎更低，而且互联网的初衷也确实意欲构建一个"去中心化"的空间，这就直观决定了大多数人都认为互联网应是扩大民主最理想的现代化空间，因为互联网中汇集着并向世人展示着数量庞大的网络意见与丰富的数据显示。由此，"数字民主"似乎就成为数字时代下人们向往并达致新型民主的不二选择。不可否认，互联网、大数据、人工智能等确实可以将纷繁复杂的社会情境简化为数字符号、量化为数据标识，似乎以更客观、中立的立场在"计算着"人类生活以便使社会治理的运行更具便捷化、科学化、效率化，似乎主打的就是平等、普适等民主之思。

但事实是，一方面，几乎在每一网络利基领域，我们都会发现人们越来越压倒性地去关注两类站点：一小簇成功者，它们获得了流量的绝大部分份额；而一大群微型网站，它们加起来才获得大多数剩余的访客。这一现象被标识为"消失的中层"[①]。这说明，即便在网络虚拟世界中，

---

[①] [法]米歇尔·福柯著，刘北成、杨远婴译：《规训与惩罚》，三联书店1999年版，第230—235页。

网络精英仍然压倒性地占据着数据输出输入的资源端口，这投射到物理现实社会中，则并未对现实民主的状态形成根本触动或显著改变。何况一般用户在网络世界中的"能表达"并不等于"被听到"，一般用户与那些微型网站很可能继续成为网络空间与现实社会中的"集体失声"者，即便存在网络"意见领袖"的正义之声，也不能证成数字民主的实现。外加"消失的中层"这一现象的存在本已说明"数字民主"的幻化。另一方面，退一步讲即便网络流量配给不存在失衡、数据资源占有也能达到均衡，是否就意味着"数字民主"得以实现？回答当然是否定的。本质上讲，"数字民主"的想象是寄托于数字技术的信息生成与传播的迅捷性、规则和流程执行的自动化、数据驱动的决策优化、适应需求扩展的可调节性、减少重复劳动和错误率的高效性、化解问题结果的可视化等功效处于最理想化的释放状态，体现着明显对技术治理推崇与膜拜的倾向。实际上"技术治理并不能很好地重构社会秩序，我们的社会制度只是人类自发行为的结果，而不是人类提前设计好的"[①]，因为社会生活中人的行为复杂多变、情感丰富多样、利益追求不同，尽管数字信息的技术治理提高了人类社会的运转效率、丰富了活动空间，但被简化为数字符号、量化为数据标识的社会情境本身仍有其自身的复杂发生机理，特别是涉及人情世故的"情、理、法"之间的人性纠葛事实上很难接受被简化。正如有学者所言，技术治理强调科学化、数据化和规范化，但其与现实治理场景的多样化和社会行为的复杂不可预见性之间存在固有的矛盾。这种矛盾制造出"去政治化"和"泛政治化"等"技术迷思"现象，[②]以及因"技术治理以技术的视角实现对社会的复杂性化简，从而将社会情境简化为数字符号，存在严重的失真现象"[③]等问题。可见，

---

[①] [奥地利]哈耶克著，冯克利译：《经济、科学与政治——哈耶克思想精粹》，江苏人民出版社2000年版，第521页。

[②] 吕德文：《治理技术如何适配国家机器——技术治理的运用场景及其限度》，载《探索与争鸣》，2019年第6期。

[③] 彭亚平：《技术治理的悖论：一项民意调查的政治过程及其结果》，载《社会》2018年第3期

即便在"数字民主"的想象中也要内嵌以人为本的价值追求,对于"技术本质上是一种控制工具,技术的工具性使技术的使用者认为技术可以在各个领域普遍适用"的观点也只有以人本意蕴为其轴心目标时,才能达到"数字民主"对现实民主补充、完善等友好、优化的效果。反之,在"数据主义"异化立场上的"数字民主"不过是对民主改造的迷思甚或对现实既有民主进程的干扰,可能造成对社会正常治理秩序的负面影响。

总之,脱胎于数据化社会的"数据主义"始终应将"以人为本"作为价值起点与目标终点,将具有人本意蕴的数据伦理付诸数据治理与社会治理实践,从而更好地引导数据资源利用、数字经济发展、数字社会进步遵循由侧重工具理性转向尊重价值理性、由偏向以数为本回归服务人本的发展轨迹。因为"人本主义数据伦理有助于消除数据主义对数据自由和电子算法的崇拜,重新确立人在大数据时代的主体地位,尊重人的基本权利和数据权利,建构人与技术、人与数据的自由关系,维护人类自由,增进人类福祉"。[1]

---

[1] 李伦:《"楚门效应":数据巨机器的"意识形态"——数据主义与基本权利的数据伦理》,载《探索与争鸣》2018年第5期。

# 第三章 政务数据治理的机制与进路

近年来,在党和国家对数字中国和国家治理现代化战略部署的引领下,我国对数据资源体系的建设和数据共享利用的重视达到了前所未有的高度。自"十四五"规划提出建立健全国家公共数据资源体系,推动数据开放共享以来,一系列政策法规接踵而至,标志着我国政务数据管理与利用进入了崭新的历史阶段。在此背景下,探索并建设具有中国特色的政务数据资源体系,将政务数据从传统的封闭模式转向市场化运作,成为数智时代国家治理体系创新的关键抓手。本章将以政务数据为核心,剖析其市场化运作的内涵、挑战与实践路径,以及如何在确保数据安全的前提下,科学合理地推进政务数据的商品化和服务化,赋能经济社会高质量发展,助力数字中国建设迈上新台阶。

## 3.1 政务数据特征及发展历程

### 3.1.1 政务数据的概念

政务数据一般是指政府部门及法律法规授权具有管理公共事务职能的机构和组织在依法履职过程中收集和产生的各类数据，包括直接或者通过第三方依法采集的、依法授权管理的和因履行职责需要依托政务信息系统形成的信息资源等。

目前，我国政务数据目录体系已初步构建完成，涵盖国家、省、市、县等多个层级。依托全国一体化政务服务平台，各地区各部门已累计编制政务数据目录超过300万条，涉及信息项超过2000万个。同时，基础数据库建设取得初步成效，包括人口、法人、自然资源、经济等方面，为优化政务服务、改善营商环境提供了有力支撑。国务院各相关部门正积极推进医疗健康、社会保障、生态环保、信用体系、安全生产等主题库建设，以更好地履行政府职责，服务于经济运行、政务服务、市场监管、社会治理等领域。各地区也在积极探索政务数据管理模式，建设政务数据平台，统一归集、治理辖区内政务数据，实现数据共享，推动政府高效履职和数字化转型。截至2022年9月，全国范围内已建成26个省级政务数据平台、257个市级政务数据平台、355个县级政务数据平台，标志着我国政务数据治理体系不断完善，为实现国家治理体系和治理能力现代化奠定了坚实基础。

### 3.1.2 政务数据的多样化特征

第一，权威性及合法性。作为国家机器的重要组成部分，政府对政务数据的生成、管理和发布过程遵循严格的法律法规，并通过官方渠道确保其权威性和合法性。这类数据在政策制定、社会管理以及公共决策中起着决定性作用，其公信力直接关系到政府施政的有效性和公众信任度。

第二，保密性与安全性强化。鉴于政务数据涉及国家安全、商业秘密和个人隐私等诸多敏感信息，政府必须严格遵守《中华人民共和国保守国家秘密法》《中华人民共和国网络安全法》等相关法律要求，构建健全的数据安全防护体系，实施等级保护制度，确保数据在传输、存储、处理和销毁各环节的安全可控，防止任何未经授权的访问、泄露或篡改。

第三，共享开放与融合创新。随着"互联网+政务服务"理念的深入人心，政务数据的共享开放成为提升政府效能、推动社会治理现代化的关键举措。政府部门通过搭建统一的标准规范和数据共享交换平台，打破部门间的信息壁垒，实现跨层级、跨区域的数据整合与共享，为打造智慧政府、提供个性化服务创造条件。同时，政务数据的开放还能激发市场和社会创新活力，驱动数字经济和社会福利事业的发展。

第四，深度分析与洞察价值挖掘。政务数据蕴含着丰富的经济社会内涵，通过对海量数据进行深度挖掘、关联分析和模型预测，可以揭示出隐藏在表面现象下的深层次规律和趋势，为政策制定者提供精准的决策支持，助力政府实现科学化、精细化管理。此外，政务数据还可服务于各类研究机构、企事业单位乃至个人用户，帮助他们更好地理解和应对复杂多变的社会经济环境。

第五，实时更新与动态响应。政务数据反映的是现实世界的即时状态，其时效性强且需要不断更新以保持与实际情况的一致性。这使得政府能够快速感知社会变化，及时调整政策措施，高效回应民众需求，有效应对突发事件，提高危机管理能力。

第六，规模庞杂与结构多样性。伴随信息技术日新月异的进步，政务数据呈现出前所未有的增长速度和规模，涵盖多种类型和格式的数据源，如结构化表格、非结构化的文档文本、地理空间数据、多媒体数据等。面对如此庞大的数据体系，政府需运用先进的大数据技术和人工智能手段进行高效治理，包括数据清洗、标准化、集成整合及智能分析，从而提炼出真正有价值的信息，将政务数据转化为推动社会进步的强大动力。

## 3.1.3 我国政务数据的发展历程

### 1. 初步探索阶段（20世纪80年代至21世纪初）

从20世纪80年代的改革开放初期开始，我国政务数据治理逐步迈出了探索的脚步。1981年，"六五"计划明确提出推动计算机技术在政府管理和服务中的应用，标志着我国政府信息化建设的起步。国家发改委、财政部等中央部门率先设立了数据中心，进行基本的数据采集、处理和存储工作。然而，在这一阶段，由于信息技术发展尚处于初级阶段，且对数据资源价值的认识不足，政务数据治理主要局限于内部行政事务处理，缺乏统一的标准规范和跨部门数据共享机制，导致数据资源的潜力未能得到充分释放。

### 2. 成长丰富阶段（21世纪初至2016年前）

进入21世纪后，随着信息技术的日新月异和社会信息化水平的显著提升，我国政府部门对数据作为战略资源的认知逐渐深化。在此期间，政府着手系统性地规划和执行政务数据的采集、整合与深度利用，并通过电子政务工程推进信息系统的联通与融合。尽管在实际操作中，受制于部门分割的传统管理模式，仍存在较为严重的信息孤岛现象，但此时我国已开始构建数据质量管理及安全保障体系，通过制定相关法规政策，为打破数据壁垒、实现全面数据治理奠定了基础。

### 3. 发展落地阶段（2016年后）

自2016年起，我国政务数据治理步入了实质性的发展落地阶段。中共中央、国务院发布了一系列如《政务信息资源共享管理暂行办法》

等政策文件，明确了数据开放共享的重要性，并指导各地设立专门的数据管理部门和技术团队，推动数据资源的有效汇聚和整合。基于云计算、大数据等先进技术手段，搭建起覆盖全国范围、连接各级政府部门的共享交换平台，有力地促进了政务服务效能的提高和透明度的增强。同时，政务数据在辅助决策、优化服务等方面的作用日益凸显，使得数据真正成为驱动政府治理体系现代化的核心要素。

### 4. 深化拓展阶段（"十四五"时期及以后）

在"十四五"规划引领下，我国政务数据治理进入了更加深入和广泛的拓展阶段。不仅在传统的政务服务领域内持续深化数据驱动的服务创新和科学决策，而且将数据治理的触角延伸至城市治理、社会治理、公共服务等多个层面，构建起了一个全领域覆盖、高效协同的数据治理体系。此外，政府进一步强化了对政务数据资产的精细化管理，积极探索数据要素市场化配置的新路径，以确保数据安全合规流通，充分发挥数据对于经济社会高质量发展的倍增效应。这一时期，我国致力于打造全球领先的数字政府，依托先进的数据治理能力，积极推动新型智慧城市建设，让数据资源成为国家竞争力的重要源泉。

## 3.2 政务数据开放共享的机制建立与持续健全

### 3.2.1 政策法规的健全与完善

近年来，我国在政务数据资源管理与利用方面持续深化改革，以期通过构建开放共享的国家公共数据资源体系，推动数字政府建设、促进经济社会高质量发展，并落实国家治理现代化的战略目标。以下将结合2021年至2023年相关重要政策进行总结论述。

### 1."十四五"规划：奠定基础，健全体系

2021年，"十四五"规划和2035年远景目标纲要对我国政务数据

资源体系建设提出了明确的战略方向。在这一背景下，建立健全国家公共数据资源体系旨在构建一个覆盖全面、互联互通、安全可靠的数据生态系统。政府强调了数据作为新型生产要素的基石作用，要求强化数据基础设施建设，包括数据中心、云计算平台、大数据分析工具等，以提升数据从采集、整合到深度分析应用的全过程能力。同时，规划强调了推动数据开放共享的必要性，通过建立统一规范的标准体系，打破部门间的信息壁垒，实现跨部门、跨层级甚至跨地区的政务数据高效流通与利用。此举不仅有助于提升政府决策科学化水平和公共服务效能，更有利于激发社会创新活力，为数字经济的发展注入强大动力。

### 2.《关于加强数字政府建设的指导意见》：强化顶层设计，指引发展方向

2022年，国务院《关于加强数字政府建设的指导意见》进一步明确了构建开放共享的数据资源体系的具体路径和目标。该文件深入剖析了当前政务数据治理面临的问题和挑战，并提出了一系列具有针对性的解决方案。其中，特别强调了数据治理体系的顶层设计，要求各级政府部门建立和完善数据管理组织架构，优化数据生命周期各环节的制度规范。通过制定和实施统一的数据标准和政策法规，确保数据质量、安全性和合规性。同时，积极推动政务数据开放共享平台建设，鼓励数据服务市场的健康发展，引导数据资源在社会治理、公共服务以及企业创新等多个领域发挥关键支撑作用，从而为打造透明、高效、便捷的数字政府指明了方向。

### 3.《全国一体化政务大数据体系建设指南》：整合构建，聚力赋能

2022年国务院办公厅发布的《全国一体化政务大数据体系建设指南》，标志着我国政务数据资源整合利用进入了新的发展阶段。该指南详细阐述了如何构建一套集数据采集、汇聚、共享、处理、分析和应用

于一体的一体化政务大数据体系。其核心在于通过标准化手段促进数据融合，通过技术手段提高数据质量和可用性，通过机制创新保障数据安全与隐私保护，通过共享交换机制打破部门间的隔阂，使得数据能够在全国范围内实现有效流动和价值释放。在此基础上，充分发挥大数据分析预测、辅助决策等功能，赋能政务服务和社会治理现代化，进一步提升人民群众的获得感和满意度。

### 4.《数字中国建设整体布局规划》：打通循环，激活价值

2023年党中央、国务院印发的《数字中国建设整体布局规划》进一步凸显了数据资源大循环的重要性。该规划指出，夯实数据资源体系的关键在于畅通数据流通过程，形成数据创造价值、价值驱动创新的良性循环。具体来说，需要加快构建数据全链条生态，涵盖数据的产生、汇集、加工、交易、应用和销毁等环节，确保数据在整个生命周期中得到合理高效的管理和使用。此外，该规划还强调了发展数据市场、完善数据权益分配机制，以及探索数据资产定价、确权、交易等方面的政策制度，真正激活数据内在价值，让数据成为驱动经济社会高质量发展的新引擎。

### 5.《党和国家机构改革方案》：设立专门机构，强化统筹协调

2023年，中共中央、国务院印发的《党和国家机构改革方案》做出了组建国家数据局的重大决定。国家数据局是国家发展和改革委员会管理的机构，于2023年10月25日正式揭牌，由国家发展和改革委员会管理。此举旨在应对日益复杂的数据资源环境和数据治理需求，通过设立一个专门负责国家层面数据资源战略规划、政策制定、项目审批及监督执行的权威机构，加强对数据资源开发利用的统筹协调和高效管理。国家数据局将承担起解决数据碎片化、权责不清等问题的重要职责，致力于构建数据治理体系的顶层框架，推进政务数据资源共享共用，促进

全社会数据资源的安全高效利用，以此助力我国在数字化转型道路上阔步前行，实现国家治理现代化的宏伟目标。

## 3.2.2 统一数据标准体系的构建

政务数据标准体系的统一构建，是数字政府高效运作的核心要素，是推动数据要素市场化改革和国家治理现代化的战略举措。数据标准规范的制定，对于强化政务数据的全生命周期管理、流动、应用、归档，实现数据的融合汇聚、价值挖掘、高效协同以及安全有序等方面，具有至关重要的作用。目前，我国已发布涵盖数据治理规范、信息技术服务、信息安全技术、大数据服务安全等领域的数据标准规范。然而，由于各地区、各部门在生成政务数据时，所依据的技术标准和管理规范存在差异，导致缺乏统一且有效的标准化支撑。此外，部分地方和部门对标准规范的实施推广以及应用绩效评估重视不足，使得一些标准规范在实际操作中不易执行。因此，迫切需要对全国统一的政务数据标准进行完善，以提升数据质量，为数字政府的高效运作提供坚实支撑。根据《全国一体化政务大数据体系建设指南》要求，2023年年底前，全国一体化政务大数据体系初步形成，基本具备数据目录管理、数据归集、数据治理、大数据分析、安全防护等能力，数据共享和开放能力显著增强，政务数据管理服务水平明显提升。以下是统一数据标准体系的重要意义所在。

首先，构建统一的政务数据标准体系是实现数字政府高效运作的核心驱动力之一，也是推进国家治理体系和治理能力现代化的必由之路。在现实操作中，由于不同部门长期以来独立开发与维护各自的信息系统，导致数据格式各异、互不相通的问题日益凸显。建立一套全面而细致的数据格式标准化体系，不仅要求对各类政务信息进行深度梳理与整合，更需要从底层逻辑出发，设计出适用于各种业务场景、兼容多种类型数据的通用格式规范。这一体系一旦确立并执行，将极大程度上简化跨部门间的数据交换流程，降低沟通成本，大幅提升政府运行效能，并为后续的数据分析挖掘及应用创新奠定坚实基础。

其次，统一的数据接口标准是打通信息孤岛的关键通道。政府部门间的信息化协作犹如城市的交通网络，只有当每个交叉路口都按照一致的设计原则铺设道路，才能确保车辆（数据）可以顺畅无阻地通行。因此，在数据接口层面推行国家标准或行业标准至关重要，它能够保证不同信息系统之间的"对话"清晰有序，减少因对接问题产生的资源浪费和技术难题。同时，高标准的数据接口设计还应充分考虑未来技术发展趋势，以适应云计算、大数据、人工智能等新技术环境下政务数据处理的新需求。

再次，科学合理的分类编码体系是构建统一政务数据标准不可或缺的一部分。通过对纷繁复杂的政务数据进行精细化分类，并采用具有普适性和扩展性的编码规则，如同编制一张精准无误的经纬网，让每一项数据都能在其中找到独一无二的位置坐标。此举不仅能有效提升数据检索的效率和准确性，也有利于数据分析模型的构建以及多元应用场景的拓展，如政策制定时的数据支持、公共服务领域基于标签化数据的个性化服务提供等。为此，应结合国际先进经验和国内实际情况，不断完善和优化我国政务数据分类编码的标准体系，使其成为驱动政务数据价值释放的重要工具。

最后，对于政务数据的质量管理，必须建立一个涵盖数据采集、存储、加工、使用直至销毁全生命周期的严密体系。这意味着对数据源头进行严格的审查与核实，确保数据的真实性；实施定期且系统的数据清洗与校验机制，剔除错误、冗余或冲突的数据条目；并且通过自动化的更新机制和人工审核相结合的方式，持续保持数据的时效性与准确性。不仅如此，还需围绕数据质量建立起一套完整的评价考核制度，将数据质量管理纳入各级政府部门的绩效评估之中，形成内外部双重激励，促使全体政务人员重视并不断提升数据管理水平。

概言之，构建统一的政务数据标准体系是一项系统工程，涉及众多环节和参与方，既需要政策引导与法规保障，也离不开技术研发与实践探索。通过不断细化和完善数据格式、接口、分类编码等多方面的标准建设，以及建立健全数据质量管理体系，我们才能够真正打破政务数据共享壁垒，最大限度地发挥数据要素的价值，为建设智慧高效的数字政府和推动社会经济高质量发展提供有力支撑。

## 3.2.3 建设一体化的政务数据共享交换平台

建设一体化的政务数据共享交换平台是推动数字政府建设和提升国家治理能力现代化的核心支撑。这一平台承载着整合、汇聚并高效利用政务数据的重任，对于打破部门间信息孤岛、促进决策科学化和公共服务智能化具有深远意义。

第一，平台应具备强大的数据汇集功能。这意味着需要建立一套全面覆盖各级政府部门的接入机制，确保各类政务信息能够及时、准确地汇入平台，形成一个庞大的多维度、多层次的数据资源库；同时，为了应对大数据量的挑战，平台应采用高效的分布式存储系统和技术架构，实现海量数据的快速导入、持久化存储以及有效管理，确保数据的一致性和完整性。

第二，在数据处理方面，政务数据共享交换平台需依托云计算、大数据等先进技术手段，对收集到的原始数据进行深度加工与挖掘。云计算技术通过弹性扩展计算资源，支持实时或批量的大数据清洗、整合、分析工作，使数据从静态资料转变为动态洞察，为政策制定提供有力依据。此外，大数据技术如 Hadoop、Spark 等在处理大规模数据集时表现出卓越性能，助力政府部门精准识别问题、预测趋势及优化服务。人工智能技术在此过程中同样发挥关键作用，通过机器学习算法自动发现数据中的隐藏规律，结合自然语言处理技术解析非结构化数据，进一步丰富和完善决策信息。

第三，在数据发布与调用环节，平台需构建灵活便捷的接口体系，允许各部门根据授权权限方便快捷地访问所需数据，并能通过 API、SDK 等方式向其他业务系统或应用提供数据服务。这一过程必须严格遵循安全可控的原则，设立严谨的访问控制机制，保证数据按照合法合规的方式使用，防止数据泄露或被滥用。为此，平台需要具备精细的权限管理功能，基于角色、部门和任务设定不同级别的数据访问权限，以确保数据的安全流动。

第四，保障公民隐私和国家安全是政务数据共享交换平台设计与运行的基本前提。平台应当配备先进的加密技术和脱敏技术，对敏感信息进行有效保护，确保数据在传输、存储、处理全生命周期内的安全性。例如，在数据传输阶段采用 SSL/TLS 等加密协议，保证数据在网络中的传输安全；在存储环节实施多层加密策略，降低数据泄露风险；而数据脱敏技术则通过对涉及个人隐私或敏感信息的内容进行去标识化处理，在满足数据共享需求的同时，最大限度地保护公民隐私权不受侵犯。除此之外，平台还需建立健全全方位的数据安全管理体系，包括定期的安全审计、风险评估以及应急预案，确保一旦发生安全事件，可以迅速响应、有效处置，切实保障政务数据资源的安全稳定。

目前，我国电子政务外网的基础能力正持续增强，截至 2022 年 9 月，已全面覆盖县级以上行政区域，乡镇覆盖率亦高达 96.1%。政务云的基础支撑能力亦不断得到加强，全国 31 个省（自治区、直辖市）及新疆生产建设兵团已基本完成云基础设施的建设，超过 70% 的地级市已建立起政务云平台，政务信息系统正逐步迁移至云端，初步形成集约化的建设模式。

我国已建成全国一体化政务数据共享枢纽，依托全国一体化的政务服务平台和国家数据共享交换平台，构建了一个覆盖国务院各部门、31 个省（自治区、直辖市）及新疆生产建设兵团的数据共享交换体系。该体系初步实现了政务数据目录的统一管理、数据资源的统一发布、共享需求的统一受理、数据供需的统一对接、数据异议的统一处理以及数据应用和服务的统一推广。截至目前，全国一体化政务数据共享枢纽已接入各级政务部门5951个，发布了53个国务院部门的各类数据资源共计1.35万个，累计支撑全国共享调用超过4000亿次。

此外，我国国家公共数据开放体系的构建也在加速推进中，已有21个省市自治区成功建立了省级数据开放平台，为公众提供统一且规范的数据开放服务。

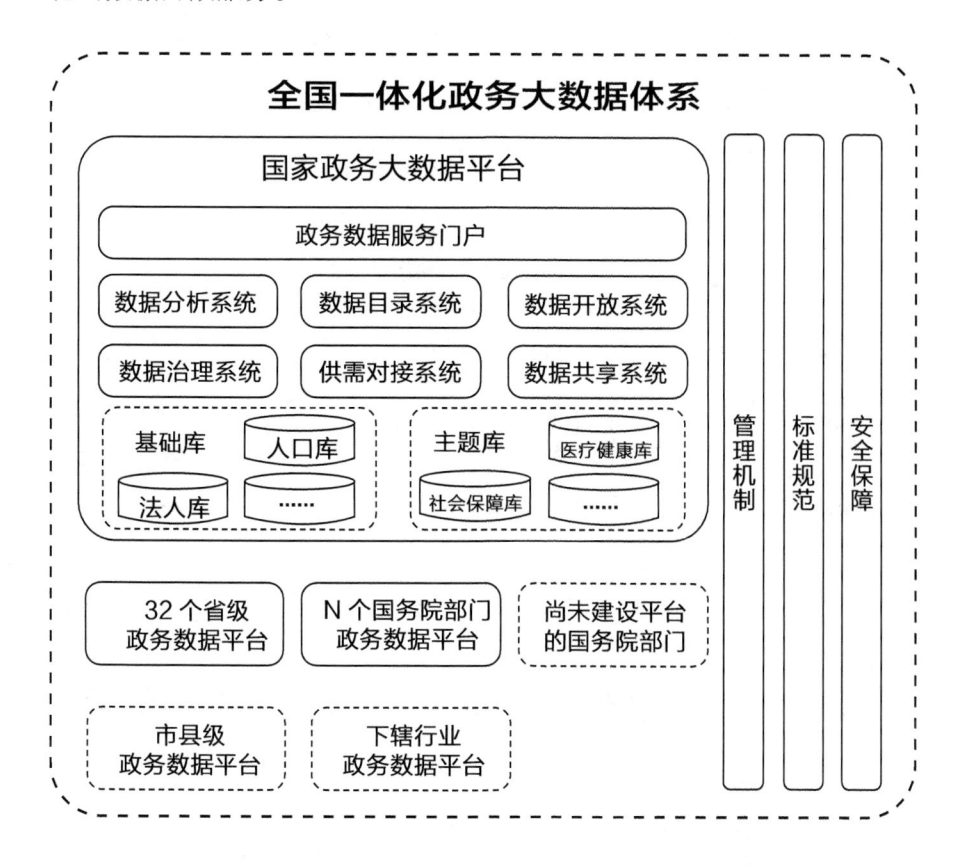

```
┌──────────────────────────────────────────────────────┐
│              全国一体化政务大数据体系                  │
│  ┌────────────────────────────────────┐ ┌──┬──┬──┐ │
│  │         国家政务大数据平台            │ │管│标│安│ │
│  │  ┌──────────────────────────────┐  │ │理│准│全│ │
│  │  │      政务数据服务门户          │  │ │机│规│保│ │
│  │  └──────────────────────────────┘  │ │制│范│障│ │
│  │  数据分析系统 数据目录系统 数据开放系统│ │  │  │  │ │
│  │  数据治理系统 供需对接系统 数据共享系统│ │  │  │  │ │
│  │  基础库 人口库    主题库 医疗健康库   │ │  │  │  │ │
│  │  法人库 ……       社会保障库 ……      │ │  │  │  │ │
│  └────────────────────────────────────┘ │  │  │  │ │
│  32个省级        N个国务院部门   尚未建设平台│  │  │  │ │
│  政务数据平台    政务数据平台    的国务院部门│  │  │  │ │
│  市县级          下辖行业                 │  │  │  │ │
│  政务数据平台    政务数据平台              │  │  │  │ │
└──────────────────────────────────────────────────────┘
```

同时，按照国务院办公厅《关于印发全国一体化政务大数据体系建设指南的通知》所提出的目标，预计到2025年，我国将全面建成更加完善的一体化政务大数据体系。在这一体系下，不仅政务数据的管理效率得到显著提升，所有政务数据资源将全面纳入目录管理体系，而且政务数据的质量也要得到明显提升,由此实现数据治理机制能够基本形成,并践行"一数一源、多源校核"等原则的遵循。当然,政务数据的标准规范和安全保障制度还将需要相关的法规制度、行业精进、业内规范的进一步完善,最终为数字政府建设储备充分的新质生产力要素来源。诸如,在数据共享方面,应建构普遍满足各部门的政务数据共享机制,实现数据资源的有序流通和高效配置,为数据安全保障体系提供支持,确保政务数据的安全性和可靠性;在数据应用方面,政务数据与社会数据的融合应用水平将大幅提升,大数据分析应用能力也将显著增强。这将为推动经济社会的可持续高质量发展提供有力支撑,助力我国实现数字化转型和升级。

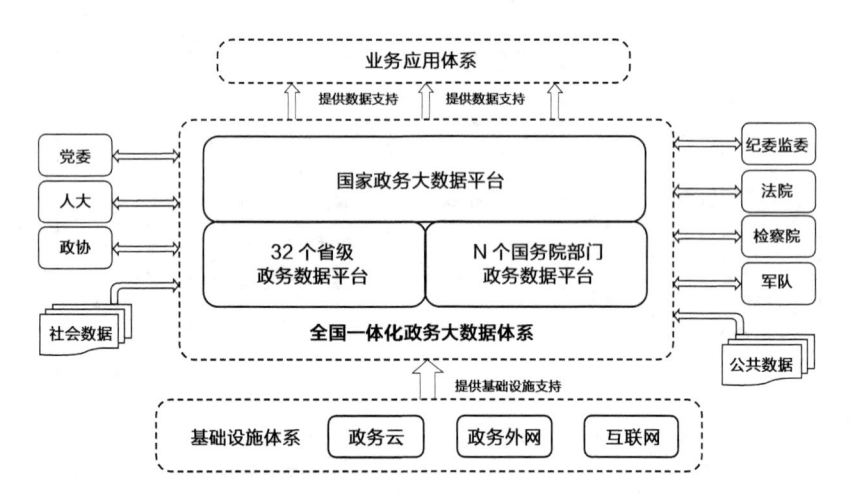

## 3.2.4 政务数据管理的机制创新及持续健全的实践

政务数据管理机制创新是推动政府职能转变、提升公共服务效能与国家治理现代化水平的重要途径。在这一过程中,核心在于构建并实施一套全面而精细化的目录化管理策略。

首先,在政务数据资源目录化管理策略方面,政府应深入探索和构建一套全面且精细的政务数据资源目录体系。这一体系不仅要详尽列明各级政府部门应当公开的数据类型、格式标准以及更新频率要求,而且要根据各类数据的重要性和敏感性进行分级分类管理，确保数据开放的透明度与合规性。例如，对于涉及国家经济发展、公共安全、社会福利等关键领域的数据，应明确其优先开放地位，并设定较高的更新频次；而对于含有个人隐私或商业秘密的信息，则需遵循相关法律法规，在去标识化处理后谨慎开放。为实现目录的有效执行和持续优化，政府还需要设立专门的数据管理机构，负责定期审核并更新数据目录内容，同时组织跨部门协调会议，解决在数据收集、归集、标准化过程中的矛盾与问题。此外，通过建立全国统一的数据资源目录查询平台，使公众、企业和社会组织能够便捷地获取所需信息，从而促进政务数据资源的社会价值最大化。

其次，将数据开放纳入绩效考核体系是推动政府部门主动参与政务数据开放的关键驱动机制。政府应当从政策层面制定科学合理且具有激励性的数据开放绩效指标，涵盖数据开放的数量、质量、及时性以及用户满意度等多个维度。对于主动公开优质、完整且实时更新数据的部门，不仅要在年度评估中给予表彰和奖励，还要将其作为申请财政预算支持、提升部门形象和影响力等方面的重要依据。同时，为了保证数据开放绩效考核制度的公正公平实施，政府需要建立严格的考核程序和监督机制，引入第三方评估机构参与评价，对各部门数据开放情况进行定期检查和反馈。针对考核结果不理想的部门，应及时提供技术指导和培训支持，帮助其改进数据管理工作，对于长期未达标的则采取必要的行政措施，如调整预算拨款、降低年度评优资格等，以强化数据开放工作的约束力。

最后，为了保障政务数据开放全过程的安全可控，政府需要建立健全从数据采集、存储、处理、发布直至使用的全链条管理制度。这包括但不限于对源头数据质量的严格把控，强化数据生命周期各环节的安全防护措施，以及加强对数据开放流程的实时监管，防止数据泄露、滥用等风险事件的发生。在此基础上，政府还应积极推动政务数据与社会需求的有效对接，鼓励社会各界基于开放数据进行二次开发和深度挖掘，催生更多优质的社会服务产品与创新解决方案。

总之，政务数据管理机制创新不仅关乎数据资源的目录化组织与标准化管理，更体现在将数据开放融入绩效考核体系以驱动政府部门积极性的政策导向，以及构建严密而灵活的数据安全管理制度以确保数据开放全过程的安全可靠。这一系列举措旨在打破传统的信息壁垒，充分释放政务数据的价值潜力，赋能政府决策科学化、社会治理精准化和服务公众个性化，从而实现我国政府治理体系与能力的现代化升级。同时，这也是一个涉及法规制度完善、技术手段革新、人才队伍建设等多个领域的系统工程，需要政府、市场和社会各方协同努力，共同推进我国政务数据管理工作迈向更高层次。

以广州政务数据管理创新为例。2023年以来，广东省政务服务各渠道收集用户评价数166 764 001条。其中，政务服务网收到评价数66 794 228条、短信评价数807 727条，粤省事收到评价数1 021 551条，粤商通收到评价数1 816条，各地政务服务APP收到评价数26 080 326条，实体大厅收到评价数65 607 061条，一体机收到评价数4 871 118条，热线服务收到评价数1 580 174条。截至2023年12月底，广东省政务服务事项为群众和企业提供政务服务超过186万项，除行政征收类事项外，其中可网上办理率为94.02%、最多跑一次率为99.94%、零跑动率为92.5%。全省政务服务事项实施清单共1 861 767项，从实施层级分布看，省级实施清单3 944项、市级55 001项、区县级233 814项、镇街级432 401项、村居级1 136 607项。

2023年11月28日，中共广州市委全面深化改革委员会印发了《关于更好发挥数据要素作用推动广州高质量发展的实施意见》（以下简称"广州数据20条"）。此次的"广州数据20条"在公共数据领域创新点有以下几个方面。

第一，公共数据管理与确权授权。"广州数据20条"明确提出，为确保数据采集的规范性和责任划分的清晰性，需编制公共管理和服务机构职能数据清单。同时，应完善数据共享协调机制和供需对接机制，以建立健全基于应用场景的公共数据有条件开放、授权运营管理制度。依托城市大数据平台，强化公共数据的治理和高质量供给，推动数据在跨部门、跨层级、跨领域的共享应用。

第二，公共数据与运营合作。"广州数据20条"倡导政府与企业合作，成立专门的公共数据运营机构，并制定相应的管理规则。通过搭建数据运营平台，为数据商提供安全可信的数据开发利用环境，促进公共数据与社会数据的融合应用。在保障个人信息和公共安全的前提下，以模型、核验等产品和服务的形式，优先支持工业、农业、城乡建设、交通运输、医疗健康、城市管理、普惠金融、教育等领域的公共数据开发利用。

第三，公共数据与跨境流动。实施意见强调，为推动数据跨境共享互通互认，需建立相应机制并打造数据跨境应用场景。同时，探索建立数据跨境流动监管合作机制，确保数据跨境流动的安全和合规性。加强与港澳在科研数据方面的合作，推动科研数据的跨境互联互通，构建数据跨境监管模式。

第四，公共数据与应用发展。根据"广州数据20条"，广州致力于促进经济发展和提升治理能力。通过推动数字产业化集群的壮大、优化超大城市数字化治理模式、促进商贸产业扩容提质等措施，公共数据的应用将助力数字经济的发展。同时，公共数据的应用还将赋能数字政府改革建设，实现全面数字化转型升级，提升城市治理的现代化水平，满足和适应城市治理的现代化发展需求。此外，公共数据的应用还将推动数字贸易的发展，促进内外贸一体化，实现商品、服务等方面与数据要素的深度融合，打造数字贸易的创新发展模式。

第五，公共数据与首席数据官制度。"广州数据20条"明确指出，首席数据官在公共数据管理中担任重要角色，负责公共数据的确权授权、开发利用、安全管控等方面的统筹工作。作为负责公共数据管理和运营的高级职位，首席数据官需确保公共数据的合法性和安全性，并推动其有效利用。公共数据的管理与首席数据官的角色紧密相连，首席数据官承担着对公共数据的综合管理和保障责任。

## 3.3 数字政府背景下数据交易项目的实施策略

### 3.3.1 全面的需求分析和项目立项

在数字政府建设的背景之下，政务数据交易项目的实施依赖于全面、深入的需求分析与科学合理的项目立项。需求分析作为一切工作的起点，对于揭示政务数据的真实价值和潜在应用空间具有决定性作用。

#### 1. 数据交易项目市场需求分析

在全面开展政务数据交易项目的需求分析时，必须紧密结合国家整体的数字化战略目标，这需要广泛而深入地调研和理解社会各领域对政务数据的真实需求。这种需求分析不仅仅限于政府部门内部的信息共享与业务协同层面，更应延伸至广大企事业单位以及社会公众在创新研发、市场运营和社会治理等多元应用场景中对政务数据的渴求。以公共服务领域为例，通过对教育、医疗、交通等具体场景进行细致入微的挖掘，我们可以深刻认识到政务数据对于优化资源配置、提升服务效能的关键作用。例如，在教育领域，政务数据可以反映教育资源分布状况、学生学情动态以及教育政策实施效果，为决策者提供科学依据，促进教育资源的公平配置；在医疗健康领域，政务数据有助于医疗机构实现精准医疗服务，提高疾病防控能力，同时可以为政策制定者提供实时准确的数据支撑，推动医疗体系改革和完善；而在交通管理方面，通过整合各类交通流量、事故统计、设施运维等政务数据，可有效指导城市交通规划，缓解交通拥堵，提高出行效率。此外，随着新兴科技领域的快速发展，如人工智能、区块链技术的广泛应用，政务数据开放共享的意义更加凸显。这些前沿科技的创新和发展往往离不开海量高质量数据的支持。政务数据作为涵盖经济社会各个方面的综合性资源，包含了丰富的信息内容和广阔的应用潜力。当政务数据得以开放共享，其不仅可以为人工智能算法训练提供真实可靠的数据样本，从而推动智能系统性能的提升与应用范围的拓展，还可以借助区块链技术确保数据安全透明传输，构建可信的数据交换环境，进而驱动新的商业模式和服务形态的创新与发展。

### 2.科学合理的项目立项

在基于详尽的需求分析成果的基础上，科学合理的项目立项是将理论层面的洞察转化为实际操作的关键转折点。这一过程要求我们在明确数据交易项目的总体目标时，必须确保其与国家战略规划保持一致，并能切实满足社会各领域对政务数据的实际需求。举例来说，一个可能设定的总目标就是构建一个高效畅通、覆盖广泛的政务数据共享交换平台，通过深度整合和广泛应用各类政务数据资源，以实现经济结构的转型升级以及社会治理模式的现代化变革。为了确保这一目标的顺利实施，项目立项阶段需进一步细化出一系列阶段性的任务指标，形成从数据采集、清洗到存储、交换直至最终应用的全链条执行路径。具体而言，在数据采集环节，需要详细规定数据源的选择标准、采集方式以及采集周期等关键要素；而数据清洗工作则应围绕提升数据质量展开，包括错误数据的剔除、缺失数据的补充以及重复数据的合并等步骤，旨在保证数据的真实性和可用性。对于数据存储阶段，需考虑采用何种数据库系统和技术架构来安全、高效地存储海量政务数据，并确保数据访问权限的合理分配与管控。接着，在数据交换过程中，应当建立标准化的数据接口和统一的数据交换规范，保障不同政府部门之间以及政府与企事业单位和社会公众之间的数据流通顺畅无阻。最后，在数据应用阶段，要明确各类应用场景下数据的具体用途及价值挖掘方法，同时设计一套严谨的数据安全保障体系，以保护公民隐私、企业商业秘密和国家信息安全。每一个阶段性任务都应明确规定完成的时间节点、负责部门或个人以及预期达成的效果，从而为整个项目按计划有序进行提供有力支撑。此外，项目立项时必须预设清晰且切实可达到的预期目标。这些目标不仅涵盖直接经济效益，如通过政务数据交易降低企业成本、提高公共服务效率、催生新的商业模式等；也包括间接的社会效益，如培育和发展数据服务产业、增强公众数据素养，以及完善数据安全保护机制、保障公民隐私权等。同时，考虑到项目执行过程中的不确定性因素，需对潜在风险进行评估预测，并制定相应的应对策略和应急预案，确保项目在推进过程中能够妥善处理各类问题，规避或减轻潜在风险的影响。

### 3.3.2 数据融合和增值加工

在政务数据交易项目中，数据资源整合不仅局限于物理层面的数据集成和汇聚，更深层次的意义在于逻辑层面上对数据进行深度融合与增值加工。这一过程是提升政务数据资源品质、挖掘其内在价值的关键环节，对于满足不同行业、应用场景对高质量数据产品和服务的多元化需求至关重要。

**1. 数据资源整合**

对原始数据进行深度且细致地梳理与净化是构建高质量信息资源体系的基础。这一过程旨在通过严谨的数据清理技术手段，彻底剔除那些无效、错误、重复以及不合规的数据元素，从而确保留存下来的数据内容具有无可置疑的真实性和准确性。为了达成这一目标，实际操作中会依赖于一系列先进的数据清洗工具和算法，其核心目的在于创建一个纯净无瑕、可靠稳定的基础数据池，为后续复杂的逻辑层面融合与增值加工工作铺垫坚实的基石。在数据清洗过程中，首先应用的技术手段之一便是自动识别并去除重复记录。由于政务数据来源多样，同一信息可能在不同系统中被多次录入，这不仅造成存储资源的浪费，还可能导致数据分析结果产生偏差。因此，借助高效的去重算法，能够快速比对各条记录之间的相似性，精确地识别出重复项，并依据预设规则保留唯一有效的数据实例。异常值检测是保证数据质量不可或缺的一环。通过对历史数据规律的理解和分析模型的应用，系统能够敏锐捕捉到不符合正常分布或逻辑关系的数据点，这些异乎寻常的数据极有可能源于录入错误、设备故障或其他非正常情况，及时将其标记并予以合理处置，有助于减少统计误差，提高后续分析预测的精准度。再者，缺失数据修复同样是提升数据完整性和一致性的关键步骤。政务数据在收集过程中难免出现空缺或遗漏现象，这对后续的数据分析及其产生的决策支持具有负面影响。在此情境下，利用现代机器学习及统计插补方法，可以根据已有的关联信息和模式推测出缺失值的合理取值，最大限度上恢复数据集的完整性，降低因缺失数据导致的不确定性风险。

### 2. 数据融合的核心价值

在政务数据资源管理和利用的过程中，数据融合的核心价值在于打破政府各部门间的信息壁垒，通过关联分析这一强有力的工具将来自不同源头、涵盖多种类型的政务数据进行深度融合与整合。这种跨部门、跨领域的数据联动和协同处理机制，能够揭示出单一数据集所无法展现的深层次规律和趋势，进而拓宽决策者的认知边界，提供更为宽广且深入的数据洞察视角。举例来说，教育、医疗、就业等多领域政务数据的整合与联动分析，能构建起一幅关于人口流动、教育资源配置以及社会保障体系运作状况的立体全景图。通过对这些多元数据进行深度挖掘与智能关联，政府部门可以清晰地掌握到不同区域间的人口迁移动态，深入了解教育资源分布是否合理，以及当前社会保障体系在服务不同人群时的效能表现等关键信息。在此基础上，政府得以精准定位各类社会问题的症结所在，依据科学的数据驱动策略制定相应的政策调整方案，并推动社会治理创新实践的有效落地。进一步而言，数据融合的核心价值还体现在其对复杂社会现象背后的因果关系的探寻上。通过有效整合各领域的政务数据，可以发现原本看似孤立事件之间的内在联系，如教育水平与劳动力市场供需、医疗服务供给与居民健康状况、地区经济发展与人才流动等诸多方面的影响因素及其相互作用。这不仅有助于提升政府决策的科学性和预见性，更能有力促进公共政策与社会需求的高度匹配，从而更好地服务于人民群众，助力国家治理体系和治理能力现代化建设。

### 3. 智能标注是数据增值加工的核心手段之一

这一过程充分利用了人工智能和机器学习的先进技术，通过对原始、杂乱的数据集进行深度学习驱动的分类与标签化处理，赋予原本无序的信息以明确的结构化特征和丰富的语义内涵，从而极大地提升了数据的价值和利用率。通过智能标注，原本难以直接利用的大量非结构化数据得以转化为便于分析挖掘的形式，为后续的复杂应用开发提供坚实的基础。举例来说，在地理空间数据的处理中，智能标注技术能够根据实际应用场景的需求，为各类地理信息添加如人口密度、交通流量、商业活动分布等多元属性标签。这样一来，原先静态的地图数据就被转换成了包含多维度信息的城市生活动态图景。这样的城市画像不仅形象生动，而且蕴含了大量的社会经济活动规律，对于城市规划部门而言，可以据此精确评估区域发展水平，合理布局公共设施，优化资源配置；同时能助力公共服务机构更准确地识别社区需求热点，提升服务效能，从而全方位推动城市管理精细化和社会服务现代化。此外，智能标注在各行各业均有广泛的应用前景，例如在医疗领域，可对医学影像进行病灶标记和病症分类，辅助医生诊断和制订治疗方案；在金融风控场景下，可通过客户行为数据标注，精准刻画用户风险画像，有效防控信贷风险。总体而言，智能标注技术以其强大的数据提炼和赋能能力，促进了大数据从海量资源向高价值洞察的有效转化，为各领域的决策支持、问题解决以及创新应用研究提供强有力的数据支撑。

## 3.3.3 建设高效且安全的数据交易平台

2022年12月出台的中共中央、国务院《关于构建数据基础制度更好发挥数据要素作用的意见》指出,统筹构建规范高效的数据交易场所。加强数据交易场所体系设计,统筹优化数据交易场所的规划布局,严控交易场所数量。出台数据交易场所管理办法,建立健全数据交易规则,制定全国统一的数据交易、安全等标准体系,降低交易成本。引导多种类型的数据交易场所共同发展。

建设高效且安全的数据交易平台是当今数字经济时代促进数据流通、释放数据价值的关键举措。在构建这样一个平台的过程中,首要任务是确保其功能完备且技术领先,能够满足各类用户和企业的复杂交易需求,并充分保障交易过程的透明度与安全性。

### 1. 健全的用户认证机制

在构建一个成熟的高效数据交易平台时,健全的用户认证机制及其所包含的各项细节性措施具有决定性的基础性作用。这一机制的核心目标在于通过严谨且全面的身份验证流程,确保所有参与平台活动的个人或企业的真实性和合法性,从而构筑起交易双方稳固的信任基石。实名制注册是该机制的第一道防线,要求每位用户在进入平台前必须提供真实有效的身份信息,包括但不限于姓名、身份证号码、联系方式等核心要素,并通过权威渠道进行核验。与此同时,对于入驻平台的企业用户,还应执行严格的企业资质审核程序。这不仅涵盖了对企业的基本信息核实,如营业执照、组织机构代码证、税务登记证等法定证明文件的审查,还包括对企业经营范围、信用状况、经营历史等多维度的综合评估,以确保其具备合法开展数据交易业务的资格和能力。为了进一步增强安全保障,平台还需采用先进的多因素身份验证技术,比如结合生物识别(指纹、面部识别)、手机短信验证码、电子邮件验证等多种方式,形成多重安全防护屏障,有效防止冒用、欺诈等不法行为的发生,切实保障交易环境的安全可靠。在此基础上，完善的用户认证机制还必须充分考虑到数据主体权益保护的关键议题。平台运营方应当遵循相关法律法规的要求，制定详尽的数据流转规则与隐私政策，在整个数据交易过程中始终尊重并维护用户的隐私权和个人信息权益。具体体现在：明确告知用户数据收集范围及目的，获取用户的知情同意；采取加密传输、匿名化处理等手段保护敏感信息；建立完善的权限管理体系，确保数据仅在授权范围内使用；设置便捷透明的数据删除和更正请求通道，赋予用户对自己数据的控制权。这些措施共同构建了一套严密的数据安全防护体系，为构建高效、安全、合规的数据交易平台奠定了坚实的基础。

### 2. 高效的数据检索功能和智能撮合引擎

在构建一个强大的数据交易平台中，高效的数据检索功能和智能撮合引擎扮演着至关重要的角色，它们共同构成了平台的核心竞争力，并在很大程度上决定了交易效率与市场流动性。首先，搭建先进的搜索引擎系统是提升数据检索能力的关键举措。该系统需具备强大的数据处理和分析能力，能够对海量的政务及其他类型数据进行精细化分类索引，通过科学合理的标签化管理手段，将复杂多样的数据资源以结构化、易于理解的方式呈现给用户。其次，平台应支持多元化的搜索选项，包括但不限于关键词搜索、组合条件筛选、时间范围限定等，以及精准定制化的搜索服务，确保买卖双方能快速准确地定位到所需的数据资源，从而显著提高交易过程的时效性和成功率。最后，为了进一步优化交易体验，降低交易成本并提升市场活力，高效的撮合引擎不可或缺。这一引擎利用了前沿的人工智能技术和算法模型，通过对供需双方的数据需求特征进行深度学习和智能匹配，能够在短时间内实现数据产品的自动对接，使合适的数据资源能够迅速找到其潜在买家或卖家。这种自动化且智能化的撮合机制不仅简化了传统交易中的烦琐环节，降低了信息不对称带来的交易壁垒，还能够持续激发市场的活跃度，吸引更多的参与者加入数据交易生态体系，进而推动整个数据交易市场的繁荣发展。

**3. 完善的数据交易流程管理和支付结算体系**

首先，在数据发布的环节，要求卖家按照规定的格式和标准提供详尽、准确的数据信息，并设定合理的定价策略。买家则可通过平台提供的强大检索功能快速定位所需数据资源，并发起询价或直接购买。其次，在询价议价阶段，双方可以通过平台内置的沟通工具进行实时交流，协商确定交易价格及附加条款，以达成共识并进入合同签订环节。合同签订作为交易流程中的重要节点，应确保所有约定内容清晰明了，符合相关法律法规的要求。通过电子签名技术保障合同的法律效力，保证交易行为的合法合规性。一旦合同签署完毕，买卖双方将进入交付确认阶段，卖方需按约交付数据产品，买方在确认无误后完成接收。同时，为了支撑整个交易流程的资金流转需求，平台必须集成安全便捷的线上支付渠道，支持多种支付方式，如银行卡快捷支付、第三方支付平台接入、数字货币支付等，满足不同用户的支付习惯，确保交易资金的安全转移和结算。最后，采用区块链技术进行分布式记账，为每一笔交易生成独一无二的时间戳记录，确保每一步操作可追溯、不可篡改，从而极大地增强交易的透明度和信任度。这种基于先进科技手段搭建起来的完整交易流程管理体系，不仅有助于提高数据交易效率、降低交易成本，还通过强化交易透明性和安全性，有力地促进了数据交易市场的公平竞争与健康发展，使参与者能够在有序规范的环境中充分发挥数据价值，共同推动数字经济时代的繁荣进步。

## 3.3.4 关于权益分配与收益返还

在当前数字化转型与大数据应用日益普及的时代背景下，政务数据的权益分配与收益返还机制构建成为推动数字政府建设、激活政务数据价值的关键环节。这一机制的核心目标在于建立一个公平合理的数据交易利益分享体系，明确界定数据提供者（政府部门）、平台运营商以及数据使用者之间的权利义务边界，并探索创新性的收益返还制度，确保参与数据开放共享的政府部门能够从市场化运作中获取实际经济回报，从而激发其持续深化数据开放共享的积极性。欧盟参照《关于开放数据和公共部门信息再利用2019/1024指令》（Open Data Directive），采取了授权许可证书的方式，允许公共部门通过行政许可机制向企业授予政务数据的使用权。这一举措确保了政务数据的合法、合规使用，并促进了数据资源的有效利用。2022年12月出台的中共中央、国务院《关于构建数据基础制度更好发挥数据要素作用的意见》指出，健全数据要素由市场评价贡献、按贡献决定报酬机制。结合数据要素特征，优化分配结构，构建公平、高效、激励与规范相结合的数据价值分配机制。坚持"两个毫不动摇"，按照"谁投入、谁贡献、谁受益"原则，着重保护数据要素各参与方的投入产出收益，依法依规维护数据资源资产权益，探索个人、企业、公共数据分享价值收益的方式，建立健全更加合理的市场评价机制，促进劳动者贡献和劳动报酬相匹配。对于政务数据收益分配应做到以下三点：

### 1. 明确政府对政务数据资源的权利

在政务数据价值链这一庞大而复杂的体系中，政府部门的角色举足轻重，其作为数据提供者的核心地位无可替代。政府部门通过日常行政运作和公共服务的实施过程，系统性地收集、整合与管理了覆盖社会经济各个领域的海量政务信息。这些经过精心处理的数据资源不仅具有广泛的社会价值，而且蕴含着巨大的经济效益。为了确保政府部门在数字化转型过程中的权益得到有效保障，必须赋予其对所拥有政务数据的初始确认权，即明确政府部门对其所产生或拥有的数据资源的所有权，并确立其使用权转让的决策权限，使得政府部门能够自主决定何时、何地以及何种条件下开放共享这些宝贵的数据资产。同时，政府部门应享有基于其所提供的政务数据进行收益索取的权利，这是激励公共部门持续投入人力物力以提升数据质量和服务水平的重要经济驱动因素。为此，在实际操作层面，需构建一套灵活且公正的利益补偿机制，该机制应能适应多变的市场需求及数据特性，通过对数据的质量、稀缺性、使用频率、时效性、深度挖掘可能性等多种维度进行综合评估，科学合理地确定数据交易的价格标准。这样既可保证政府部门在公开分享政务数据时能够获得与之相匹配的经济回报，又有利于引导市场参与者充分认识并尊重数据的价值，形成一种公平有序的数据交易环境。进一步而言，这种基于数据质量和价值的收益分配模式将有力推动公共部门内部的投入产出实现良性循环。一方面，政府部门通过出售或授权使用政务数据产生的收益，可以反哺到政务信息化建设与维护、数据安全防护、人员培训等方面，不断提升政务数据的采集、存储、分析与应用能力；另一方面，此种经济激励机制亦会激发政府部门主动发掘更多潜在的高价值数据资源，促进数据资源的整合优化与深度开发利用，从而进一步丰富政务数据市场的供给内容，提高全社会对于政务数据资源的利用效率。

### 2. 政务数据提供者与平台双赢的合作模式

在政务数据生态体系中，平台运营商作为连接政务数据提供者与使用者的枢纽角色至关重要。他们肩负着整合各类政务信息资源、构建安全高效的数据流通渠道的核心职责，从数据的汇集、存储、深度处理到最终发布，这一系列关键环节的操作均离不开平台运营商的专业支持和持续运维。尤其在保障数据安全与隐私保护方面，平台运营商不仅是技术把关者，更是规则制定和执行的重要参与者，对于维护数据交易市场的公平秩序起到决定性作用。鉴于其承载的服务内容和技术要求之高，以及所需承担的巨大责任，平台运营商理应有权收取一定比例的服务费或交易手续费。这些费用既用于覆盖日常运营成本，包括硬件设施维护、技术研发投入、安全保障升级等必要开销，同时也为运营商获取适度利润提供了合理来源。此种收费机制的建立旨在确保数据服务产业可持续发展，推动平台运营商不断提升服务质量，优化用户体验，并保持市场竞争力。此外，为了进一步激发平台运营商的积极性并强化其与政务数据提供者的紧密合作关系，可以设计一种双赢合作模式，在该模式下，部分由服务费和交易手续费产生的收益将按照事先约定的比例反馈给政务数据提供方。这种利益分享机制不仅能够有效调动政府部门共享数据资源的热情，鼓励他们提供更多高质量、高价值的数据，还能够促使平台运营商更加关注政务数据源的质量提升与更新频次，从而共同促进整个政务数据价值链的繁荣与发展。

### 3. 数据使用者理应承担支付相应费用

在政务数据开放共享的进程中，数据使用者，包括但不限于企业、研究机构和个人开发者等多元主体，在获取和利用政务数据资源的过程中扮演着至关重要的角色。他们通过深入挖掘、整合分析及创新应用这些数据，不断创造出新的社会价值与经济效益，推动了各行各业的发展进步和社会治理效能的提升。为了保障数据提供者——政府部门的权益，并确保数据资源市场化的有序运作，数据使用者理应承担支付相应费用以购买数据使用权的责任，同时严格遵守知识产权法等相关法律法规，尊重并保护数据提供者的合法权益。在实际操作中，数据使用者需通过透明公正的交易机制取得数据使用权，这一过程既是对政府公共服务投入的一种经济补偿，也是对数据价值认可的体现。而在数据使用者将政务数据应用于实践并成功转化为商业价值或产生显著社会效益时，可以引入增值分成机制，即按照预先设定的比例，从创造的价值中回馈一部分给政府部门作为间接收益。此种模式不仅有助于形成利益共享的良好氛围，还有助于进一步强化政府部门推进政务数据开放共享的动力，鼓励其持续优化数据质量、扩大数据覆盖范围、提高数据更新频率，从而促进整个政务数据生态系统的繁荣发展。

## 3.4 促进政务数据市场化运作的多维同向路径

### 3.4.1 培育数据服务产业生态

数据服务产业生态是一个包含了众多参与者和环节的复杂生态系统，它围绕数据的采集、处理、分析、应用与交易等各个环节构建，并在多个领域中衍生出丰富的服务模式和产品形态。以下是构成数据服务产业生态的主要组成部分。

#### 1. 数据采集与整合

在数据服务产业生态中，数据采集与整合是整个流程的起点和基石。政府部门、企业、研究机构和个人作为多元化的数据源主体，通过各种现代化手段和技术手段，如物联网设备（包括但不限于智能传感器、监控摄像头、GPS 定位系统等）、公开 API 接口以及对用户行为记录的追踪分析等方式，广泛而深入地收集各类原始数据。

#### 2. 数据处理与存储

在数据服务产业生态中，数据处理与存储环节至关重要，它涵盖了从大数据平台的构建、云计算服务的提供到数据清洗工具的开发以及分布式存储技术的应用等多个层面。大数据平台建设者通过搭建基于 Hadoop、Spark 等开源框架的大数据处理系统，实现对海量、多样化数据的高效分析和计算。同时，云计算服务商凭借其弹性扩展、按需付费的特性，为用户提供便捷且经济的数据存储及运算环境，使得企业无须投入大量硬件资源即可应对大规模数据挑战。数据清洗工具开发者则致力于提升数据质量，他们研发出各种自动化数据清洗软件，能够精准识别并纠正数据中的错误、缺失、重复等问题，确保后续数据分析的准确性和有效性。

#### 3. 数据分析与挖掘服务商

数据分析与挖掘服务商作为数据服务产业生态中的核心参与者，

通过运用机器学习、深度学习、数据挖掘等前沿技术手段，对海量复杂的数据进行深度剖析和解读。这些服务商不仅包括专业的数据分析服务公司也包括人工智能算法提供商。数据分析服务公司具备丰富的行业经验和专业技术能力，能够为不同领域的客户提供全面深入的数据分析解决方案。人工智能算法提供商专注于研发和优化各类先进的智能算法模型，以提升数据分析的准确性和效率。这些服务商提供的服务不仅仅局限于数据处理层面，更在于从庞杂无序的数据中提炼出有价值的信息和洞察，帮助企业发现潜在的商业模式、改进产品或服务、提高市场竞争力，并最终驱动企业的数字化转型和持续创新。通过这一系列过程，数据分析与挖掘服务商在构建和完善数据服务产业生态中发挥着不可替代的作用，推动整个社会经济体系向数据驱动的智能化方向迈进。

### 4. 数据安全与合规性服务

在数据服务产业生态中，数据安全与合规性服务扮演着至关重要的角色。这一领域涵盖了广泛的服务内容和专业技术支持，旨在确保各类数据资源在采集、传输、存储、处理及使用全过程中得到有效保护，同时符合国家法律法规以及行业标准的要求。而合规咨询服务则是帮助企业理解并遵循相关法律法规要求的重要环节，这包括提供数据保护法规解读、合规体系构建、风险评估与应对策略等方面的专业建议和解决方案，协助企业在数字化转型过程中顺利实现数据安全与合规目标，从而共同维护数据服务产业生态的健康可持续发展。

### 5. 数据交易平台

设立线上或线下的数据交易市场，促进数据资源的流通和价值实现，如政府主导的政务数据开放平台、第三方数据交易所、企业间的数据共享合作平台等。政府主导的政务数据开放平台是其中一种重要的形式。政府拥有大量公共数据资源，这些数据资源的开放和利用可以为社会各界提供更多的创新机会和价值。政府可以通过设立政务数据开放平台，将公共数据资源以安全、合规的方式提供给社会使用，促进数据的流通和价值的实现。除了政府主导的数据开放平台外，第三方数据交易所也是数据交易平台的一种重要形式。第三方数据交易所可以提供更加灵活、专业的数据交易服务，满足不同行业和企业的数据需求。这些交易所通常会对数据进行清洗、整合、分析和挖掘，以提供更高质量的数据服务。企业间的数据共享合作平台也是数据交易平台的一种形式。这种平台通常是由一些企业共同发起设立的，旨在促进企业间的数据共享和合作，可以帮助企业更好地利用其他企业的数据资源，实现数据的流通和价值的共同创造。

### 6.行业应用服务商

行业应用服务商是指针对不同行业场景提供定制化的数据服务解决方案的服务商。这些服务商通常拥有丰富的行业经验和专业知识，能够深入了解不同行业的业务需求和痛点，并提供针对性的解决方案。在智慧城市领域，行业应用服务商可以提供智慧政务、智慧交通、智慧安防、智慧环保等服务，通过数据整合和分析，提高城市治理水平，提升城市居民的生活质量。在智慧医疗领域，行业应用服务商可以提供智慧医疗管理、智慧医疗服务、智慧医疗技术等服务，通过数据分析和智能化技术，提高医疗服务的效率和质量。在智慧教育领域，行业应用服务商可以提供智慧教育管理、智慧教学服务、智慧教学资源等服务，通过智能化技术和数据分析，提高教育教学的效果和质量。在智能制造领域，行业应用服务商可以提供智能制造管理系统、工业大数据分析等服务，通过数据分析和智能化技术，提高制造效率和质量。除了以上几个领域，行业应用服务商还可以提供金融科技、市场营销等领域的服务。这些服务商的专业性和针对性使得数据服务能够更好地满足不同行业的实际需求，推动行业的数字化转型和发展。

### 7. 政策法规制定者与监管机构

政策法规制定者与监管机构在保障数据服务产业健康有序发展方面也扮演着重要的角色。政府需要制定一系列数据政策、法律法规，确保数据服务产业在合法、合规的框架内运行。这些政策法规需要明确数据服务产业的边界、规范企业行为、保护用户隐私和数据安全。此外，政府还需要建立相应的监管机构，对数据服务产业进行严格的市场监管，防止市场乱象和不良竞争。这些机构将负责监督企业的合规性、审查数据来源的合法性、确保数据处理过程的公正性和透明度。通过政策法规制定者与监管机构的共同努力，我们可以有效地规范数据服务产业的发展，保护用户权益，促进产业的健康有序发展。

### 8. 人才培养与科研机构

高校、研究所以及培训机构等人才培养与科研机构在培养相关领域的人才方面发挥着至关重要的作用。高校是培养数据分析、数据科学和信息安全等专业人才的重要基地。高校通过设置相关课程、开展实践教学、组织科研项目等方式，帮助学生掌握基本的数据分析技能和信息安全知识，并培养他们的创新思维和实际操作能力。此外，高校还积极与产业界合作，推动产学研一体化，为企业提供技术支持和人才培养服务。研究所则是开展数据科学和信息安全等领域科研活动的重要机构。研究所拥有一流的科研团队和先进的科研设备，致力于解决这些领域的重大技术难题。通过科研项目和科研成果的转化，研究所为企业提供技术支持和创新动力，推动产业升级和发展。此外，培训机构也是培养数据分析、数据科学和信息安全等专业人才的重要力量。培训机构通过开展短期培训、在线课程和认证培训等方式，为企业和个人提供专业化的培训服务。培训机构与高校和研究所在人才培养方面相互补充，共同推动这些领域的人才培养和技术创新。

### 9.社会组织与行业协会

社会组织与行业协会在数据服务产业生态中发挥着不可或缺的作用。他们通过搭建企业间的交流平台，促进信息的共享与交流，使得企业能够更好地了解行业动态和市场趋势。此外，行业协会还积极推动行业标准的制定，确保数据服务的质量和可靠性，为整个产业的健康发展提供保障。通过行业协会的引导和规范，数据服务企业更加注重行业自律，强化了企业的责任感和诚信意识。这不仅能提升企业的形象和市场竞争力，还能增加整个数据服务产业生态的社会影响力和公信力。

整体而言，数据服务产业生态是由众多相互关联的角色共同构成的一个完整系统，它们协同作用，共同推动了数字经济的发展和社会治理能力的现代化进程。

## 3.4.2 积极参与国际数据治理合作

在全球信息化与数字化快速发展的背景下，国际数据治理合作的重要性日益凸显。积极参与这一进程，不仅是中国顺应时代潮流、提升国家数字竞争力的战略选择，也是推动我国政务数据资源跨境流动和国际化交易规则建立的必然要求。在这一领域中，中国致力于引进国际先进经验和最佳实践，以期在国内形成更加完善的数据治理体系，同时在全球范围内塑造有利于自身发展的数据规则框架。

### 1.强化国际数据治理合作方面的借鉴

在数据保护领域，欧盟制定的《通用数据保护条例》（GDPR）是一个显著的国际典范。该条例严格规定了数据主体的权利，包括知情权、访问权、更正权、删除权等，并对数据处理者的责任进行了详尽阐述，要求企业必须确保数据处理活动合法、公平且透明。尤其是关于个人隐私权的保护，该条例提出了"数据最小化""目的限制"以及"充分性与相关性原则"，这不仅有助于确保数据的有效利用，而且限制了不必要的个人信息收集和滥用，为我国在确保数据价值挖掘的同时尊重并维护个人隐私权提供了有力的指导和启示。

此外，在数据安全方面，各国在应对网络攻击、数据泄露风险等方面的实践经验同样值得借鉴。比如，采用先进的加密技术和安全防护体系、实施严格的访问控制策略、建立全面的数据安全事件应急响应机制，这些都是构筑数据安全防线不可或缺的重要环节。通过吸收国际上在数据安全保障方面的成功做法，我国可以进一步提升政务数据的安全管理水平，降低数据泄露的风险，为数字经济的健康发展提供坚实的基础。

在数据跨境传输这一议题上，国际社会已经形成了一系列双边或多边协议与标准。例如，各国政府间签订的数据保护协定、跨国公司内部设定的数据传输规则以及全球范围内的行业标准，如 ISO 27018 针对公有云中个人数据处理的规定，都为我们设计出既能保障数据安全又利于促进经济合作的数据跨境流动监管机制提供了重要参照。这些协议和标准强调了数据出境前的合规审查、跨境传输过程中的安全保障以及境外接收方的法律责任，从而确保数据在全球范围内有序流动的同时，有效防范了潜在的安全风险和法律纠纷。

通过积极参与国际数据治理合作，我国能够系统地引进和吸收发达国家和地区的成熟经验和最佳实践，这对于我国完善数据治理法律法规框架、提升数据安全管理能力、推动数据资源高效利用具有不可估量的价值。与此同时，国际合作也有助于我国在国际舞台上发挥更大作用，参与制定更加公正合理、兼顾各方利益的全球数据治理规则，共同推进全球数据市场的繁荣稳定，实现经济社会发展的可持续和高质量转型。

## 2. 推动政务数据的跨境流动是促进国际合作的重要抓手

在全球化的背景下，积极推动政务数据的跨境流动已经成为我国深化对外开放、促进国际合作的重要战略举措。这主要体现为构建透明公正、高效便捷的数据流通机制，通过国际间的政务信息共享与协同治理能力的提升，有力推动"一带一路"倡议下的各类跨国项目顺利实施，并在世界经济一体化进程中发挥关键作用。

首先，建立和完善跨境政务数据流通机制有助于打破地域限制，实现政府间的信息无缝对接和高效利用。随着信息技术的飞速发展，各国对数据的需求日益增长，尤其是涉及基础设施建设、贸易投资、环境保护等领域的跨国合作，政务数据的开放共享成为提高工作效率、减少沟通成本、优化资源配置的重要手段。我国积极参与并推动政务数据的跨境流动，旨在通过搭建多边或双边的数据交换平台，确保数据安全、合规地跨越国界流动，以支持政策制定者做出更精准、科学的决策，有效应对全球经济挑战。

其次，在"一带一路"倡议框架下，跨境政务数据的顺畅流动对于推进沿线国家之间的互联互通、产业合作、人文交流具有不可替代的作用。例如，在大型基础设施建设项目的规划、设计、施工以及后期运营阶段，各方能够及时获取准确详尽的数据信息，进行有效的协同管理和风险防控，从而显著提高项目的成功率和经济效益。同时，数据的跨境流动有助于增进政策协调，减少市场壁垒，为国内外企业创造公平竞争的环境，共同挖掘"一带一路"沿线市场的巨大潜力。

最后，加强政务数据的国际化应用，是我国智慧城市建设成果对外展示的重要窗口，也是提升公共服务水平和社会治理效能的有效途径。通过将先进的数据分析技术和人工智能算法应用于交通管理、公共安全、环保监测等领域，不仅能使我国城市运行更加智能化、精细化，而且能够提供可供其他国家借鉴的智慧城市解决方案。这种开放共享的精神将进一步加深国际社会对中国智慧城市建设成就的认可度，促进全球范围内的经验交流和技术推广。

## 3. 参与制定全球化的数据交易规则，推动我国数字经济的发展

首先，积极参与国际数据交易规则的制定是提升我国在国际数字领

域影响力的关键举措。通过发挥建设性作用，我国可以引导国际数据市场向更加开放、公平、有序的方向发展，确保所有国家及企业在数据共享与交易过程中能够遵循统一的标准和规范，保障各方权益得到充分尊重和保护。这一过程不仅有助于我国积累宝贵的经验，也有利于我国在全球数字经济格局中争取到更多的主动权和话语权。

其次，建设一个开放且公平的数据要素市场将对我国乃至全球的优质数据资源产生强大的吸引力。这不仅能促使国内外高质量数据资源源源不断流入我国，丰富我国的数据宝库，而且将为我国数字经济的发展注入源源不断的动力。通过合理配置这些数据资源，我国将在产业升级、技术创新、商业模式创新等领域迎来崭新的发展机遇，形成以数据驱动为核心的新经济增长点。具体而言，在产业升级层面，开放公平的数据要素市场将推动传统行业与新兴技术深度融合，实现产业智能化升级；在技术创新方面，大量高质量数据资源的汇聚将催生更多前沿科技的研发和应用，如深度学习算法的优化、人工智能模型的构建等；在商业模式创新上，企业可以通过分析和利用丰富的数据资源，洞察市场需求，优化产品服务，从而开创出更具竞争力和可持续性的商业新模式。

最后，全球化数据交易规则的确立和推广将进一步催化一批具有国际竞争力的数据驱动型企业诞生和发展。这类企业擅长发掘和利用数据价值，能够在全球范围内引领技术创新和行业发展，进而带动整个产业链的优化升级，促进我国经济结构的优化调整和高质量发展。

总之，我国在国际数据治理合作领域的积极态度与切实行动，旨在构建一个互惠共赢、包容开放的全球数据治理体系，从而在全球数据市场中占据主导地位，为实现我国经济社会的数字化转型和高质量发展提供强大支撑，最终促进数据要素市场的繁荣昌盛，走向数字经济的新纪元。

# 第四章 企业数据治理的轴心及布局

数据不仅已经成为企业资产更是企业决策、创新和竞争力提升的关键要素。然而，如何有效整合、管理和利用这些海量数据资源，确保其合法合规、安全可控，并转化为驱动业务发展的动力，是现代企业在数字化转型过程中必须面对的重大课题。本章将详尽探讨企业在实施数据治理过程中的实践经验，包括但不限于数据质量控制、数据安全管理、隐私保护以及数据价值挖掘等方面的具体举措；同时，将揭示企业在数据治理实践中存在的问题与困境，如数据孤岛、技术选型难题、组织文化适应性等，并尝试提出相应的解决策略与优化路径，以期为企业构建和完善数据治理体系提供有益指导，进一步发挥数据要素在社会治理现代化进程中的积极作用。

## 4.1 企业数据类型

企业数据，通常包括公司概述、业务领域、联络方式以及企业规模等信息，此类信息多为公开可获取。企业数据的获取途径可分为集中式与分布式两种。集中式数据主要由权威政府部门发布，如我国工商局和统计局,其数据具有权威性和全面性,但内容相对较为概括,精细度不足。分布式数据则由商业公司通过旗下部门,运用多种手段分散采集并统一整理,通常能够满足数据精细度和准确度的要求。截至2023年9月底,全国登记在册经营主体达1.81亿户,较2022年底增长6.7%。企业和个体工商户生机勃勃。2023年前三季度,全国新设经营主体2480.8万户,同比增长12.7%。其中,新设企业751.8万户,同比增长15.4%;新设个体工商户1719.6万户,同比增长11.7%。[①]

## 4.1.1 结构化数据

结构化数据,是指按照一定的数据模型和字段规范进行组织和存储的数据,通常以表格、数据库或者数据仓库的形式存在。结构化数据对于企业来说是非常重要的,因为它们是企业运营和管理的重要依据。企业的各类业务数据,如客户数据、销售数据、供应链数据、财务数据等都是结构化数据的一种。这些数据可以通过数据库管理系统进行存储和管理,以便于企业进行数据分析、报告生成、决策支持等工作。

结构化数据的一个重要特点是可以进行高效的查询和分析。由于结构化数据按照一定的模型和规范进行组织,因此我们可以通过SQL等查询语言进行灵活的数据查询和分析。企业可以根据自己的需求,通过查询和分析结构化数据来获取对业务的深入了解和洞察,从而支持决策和战略规划。结构化数据的另一个重要特点是可以进行数据集成和共享。由于结构化数据按照一定的模型和规范进行组织,因此可以方便地进行数据集成和共享。企业可以将不同系统和部门的结构化数据进行整合,形成一个统一的数据视图,从而实现数据的一致性和可信度。同时,企

---

[①] 中华人民共和国中央政府官网:《全国登记在册经营主体达1.81亿户》,2023-11-07 14:35,来源:新华社。https://www.gov.cn/lianbo/bumen/202311/content_6914011.htmv

业可以通过共享结构化数据，提高数据的可访问性和利用效率，促进企业内部的协作和沟通。此外，结构化数据还可以进行数据挖掘和机器学习等高级分析。由于结构化数据按照一定的模型和规范进行组织，因此企业可以方便地进行数据挖掘和机器学习等高级分析。企业可以通过挖掘结构化数据中的潜在模式和关联规则，发现隐藏在数据背后的价值和洞察，从而支持企业的创新和业务发展。

企业应该重视对结构化数据的管理和分析，建立健全的数据管理体系和数据分析能力，以便于从结构化数据中获取对业务的深入了解和洞察，从而提高企业的竞争力和持续发展。

## 4.1.2 非结构化数据

非结构化数据，是指没有明确模型和规范的数据，通常以文本、图像、音频、视频等形式存在。非结构化数据在企业中越来越重要，因为它们包含了大量的不同语义和格式的信息，对于企业进行情感分析、舆情监测、市场研究等具有重要价值。非结构化数据的重要特点是多样性和复杂性。由于非结构化数据没有明确的模型和规范，因此它们可以包含各种不同的语义和格式的信息。例如，企业的各类文档、报告、电子邮件、社交媒体内容、多媒体素材等都是非结构化数据的一种。这些数据包含了丰富的信息，但是也带来了数据分析和利用的挑战。为了有效地利用非结构化数据，企业需要进行数据的清洗和转换。数据清洗是指对非结构化数据进行去噪、去重、标准化等处理，以提高数据的质量和准确性。数据转换是指将非结构化数据转化为结构化数据，以便于进行数据分析和挖掘。企业可以利用自然语言处理、图像识别、语音识别等技术，对非结构化数据进行处理和转换，从而提取出有价值的信息。此外，非结构化数据还可以进行文本挖掘和情感分析等高级分析。由于非结构化数据包含了大量的文本信息，因此企业可以利用文本挖掘和情感分析等技术，对其进行深入的分析和理解。企业可以通过分析非结构化数据中的关键词、主题、情感等信息，了解用户的需求和偏好，从而优化产品和服务，提升用户体验。

企业应该重视对非结构化数据的处理和转换，建立健全的数据清洗和转换流程，利用自然语言处理、图像识别、语音识别等技术，从非结构化数据中提取有价值的信息，支持企业的创新和业务发展。

### 4.1.3 元数据

元数据，是用于描述和管理其他数据的数据，包括数据的来源、结构、格式、定义、业务规则、安全权限等信息。元数据在企业数据管理中起到了重要的作用，它提供了对数据进行理解和使用的上下文和背景，对于数据的管理和分析具有重要意义。元数据的一个重要作用是支持数据的发现和访问。由于元数据包含了数据的来源、结构、格式等信息，因此其可以帮助企业用户快速发现和访问需要的数据资源。企业可以通过元数据管理工具，建立数据目录和数据索引，提供数据的描述和查询功能，从而提高数据的可访问性和利用效率。元数据的另一个重要作用是支持数据的理解和解释。元数据由于包含了数据的定义、业务规则等信息，因此可以帮助企业用户理解和解释数据的含义和用途。企业可以通过元数据管理工具，提供数据字典和业务规则的描述，帮助用户理解数据的结构和语义，从而支持数据的分析和应用。此外，元数据由于包含了数据的质量规则和安全权限等信息，因此可以帮助企业进行数据的质量管理和安全管理。企业可以通过元数据管理工具，定义数据的质量规则和安全权限，对数据进行监控和控制，以保证数据的准确性和安全性。

### 4.1.4 历史数据

历史数据，是指企业过去一段时间内所积累的数据。历史数据对于企业具有重要的价值，它可以用于数据分析、预测和决策支持等方面。首先，历史数据可以用于数据分析和挖掘。通过对历史数据的分析，企业可以发现数据中的规律和趋势，了解业务的发展情况和变化趋势。企业可以利用数据分析工具和算法，对历史数据进行统计、建模和预测，从而提取出有价值的信息和知识，支持企业的决策和业务发展。其次，历史数据可以用于预测和规划。通过对历史数据的分析和建模，企业可以预测未来的趋势和变化，制定相应的规划和策略。企业可以利用历史数据和预测模型，进行市场需求预测、销售预测、供应链规划等，从而提前做好准备，降低风险，提高效益。最后，历史数据还可以用于决策支持。通过对历史数据的分析和比较，企业可以评估不同决策方案的效果和影响，为决策提供依据和参考。企业可以利用历史数据和决策模型，进行风险评估、成本效益分析、资源优化等，从而做出更明智和有效的决策。

### 4.1.5 实时数据

实时数据，是指在某个时间点或者时间段内产生的最新数据，它反映了企业当前的业务状态和动态变化。实时数据通常以流式数据的形式产生，并且要求及时处理和分析。实时数据可以用于进行实时监控、异常检测、风险预警等应用。

此外，企业数据还包括外部数据和个人数据。外部数据是指企业从外部获取的数据资源，包括市场数据、行业数据、竞争数据、社会数据等。外部数据不仅包含公开的数据资源，也包括企业通过合作伙伴、供应商等渠道获取的数据。外部数据为企业提供了对外界环境和市场趋势的了解，对于企业的发展和决策具有重要意义。个人数据是指企业与个人用户之间产生和交互的数据，包括个人信息、购买记录、使用行为等个人相关的数据。个人数据需要根据个人隐私和数据保护的原则进行合法和安全的处理和管理。

## 4.2 企业数据资产入表

### 4.2.1 财政部关于企业数据资产入表规定

2023年8月，为规范企业数据资源相关会计处理，强化相关会计信息披露，财政部印发《企业数据资源相关会计处理暂行规定》（财会〔2023〕11号），自2024年1月1日起施行。该规定适用于企业按照企业会计准则相关规定确认为：无形资产或存货等资产类别的数据资源，以及企业合法拥有或控制的、预期会给企业带来经济利益的、但由于不满足企业会计准则相关资产确认条件而未确认为资产的数据资源的相关会计处理。主要内容包括：

#### 1. 适用范围与资产确认

《企业数据资源相关会计处理暂行规定》明确指出，该规定适用于我国所有涉及数据资源的企业，在进行会计核算时需将符合会计准则要求的数据资源视为无形资产或存货等特定资产类别进行处理。无论是自主研发、外部购买还是通过共享合作等方式获取的数据资源，只要满足可识别性、控制权和未来经济利益流入三个基本条件，均应按照规定要求进行确认和计量。

#### 2. 数据资源价值计量

企业在对数据资源进行价值确定时，须根据其获取成本、市场公允价值、预期收益折现等多种方法综合判断，并确保在财务报表中如实反映。例如，直接投入的人力物力成本、购买费用、维护升级费用以及为保护数据安全而发生的支出都应纳入成本范畴。同时，对于数据资源的价值波动，企业需要定期对其进行评估审查，若发现存在使用寿命缩短、市场环境变化导致价值下降等情况，应当计提摊销或确认减值损失。

### 3. 数据资源的初始确认与后续计量

在数据资源的初始确认阶段，企业不仅要记录获取及开发过程中的全部实际支出，还要考虑其潜在价值和生命周期特点，合理确定初始入账金额。后续计量则强调动态管理，即随着内外部环境的变化，企业应持续监控数据资源的使用状态和经济价值，适时调整账面价值，如按照直线法或其他合适的方法计提摊销，或者当出现减值迹象时及时进行减值测试。

### 4. 数据资源交换和交易处理

针对数据资源的买卖、授权使用、共享交换等各类交易行为，《企业数据资源相关会计处理暂行规定》明确了会计处理规则。企业应基于实质重于形式原则，分析交易性质，如数据销售视同商品销售处理，计入营业收入；数据授权使用则可能被视为提供服务，确认为其他业务收入。此外，相关的成本结转也需要遵循相应会计原则，准确反映数据资源交易带来的经济效益。

### 5. 信息披露与透明度

为了增强投资者和社会公众对企业数据资源状况的了解，该规定要求企业在编制财务报告时详尽披露数据资源的相关信息，包括但不限于数据资源的种类、来源、价值评估方法、预计使用寿命、摊销政策等核心内容。此外，还需揭示数据资源的质量、风险及其对企业经营业绩的影响，以提高财务信息质量和决策有用性。企业应当按照外购存货、自行加工存货等类别，对确认为存货的数据资源（以下简称数据资源存货）相关会计信息进行披露，并可以在此基础上根据实际情况对类别进行拆分。具体披露格式如下：

| 项　目 | 外购的数据资源存货 | 自行加工的数据资源存货 | 其他方式取得的数据资源存货 | 合　计 |
|---|---|---|---|---|
| 一、账面原值 | | | | |
| 1. 期初余额 | | | | |
| 2. 本期增加金额 | | | | |
| 其中：购入 | | | | |
| 　　　采集加工 | | | | |
| 　　　其他增加 | | | | |
| 3. 本期减少金额 | | | | |
| 其中：出售 | | | | |
| 　　　失效且终止确认 | | | | |
| 　　　其他减少 | | | | |
| 4. 期末余额 | | | | |
| 二、存货跌价准备 | | | | |
| 1. 期初余额 | | | | |
| 2. 本期增加金额 | | | | |
| 3. 本期减少金额 | | | | |
| 其中：转回 | | | | |
| 　　　转销 | | | | |
| 4. 期末余额 | | | | |
| 三、账面价值 | | | | |
| 1. 期末账面价值 | | | | |
| 2. 期初账面价值 | | | | |

## 6. 内部控制与风险管理

企业必须构建健全的数据资源内控体系，确保从数据采集、存储、处理到使用的全过程均有严格的风险防控机制。这不仅包括物理层面的安全防护措施，还涵盖了数据质量控制、合规性审核等方面。通过强化内部管理，降低数据泄露、滥用、失真等风险，明晰数据资源管理的责任链条，确保数据资产安全可控。

### 7. 法律合规与社会责任

企业在实施数据资源会计处理的过程中，始终要坚持依法依规行事，充分尊重并遵守国家法律法规关于数据安全、隐私保护、知识产权等方面的各项规定。与此同时，企业要积极履行社会责任，关注数据伦理问题，秉持公平、公正、公开的原则对待和使用数据资源，力求在追求商业价值的同时，实现经济效益与社会效益的和谐统一。

## 4.2.2 企业数据资产入表基本步骤

### 1. 确认数据资产

（1）明确资产性质：无形资产或存货。关于二者的区分，简要分析在数据纳入表册过程中实际操作的难度差异。在无形资产方面，流程相对简洁；然而，若选择存货路径，至少面临十个判断节点，即需做出决策之处。也就是说，在数据纳入表册过程中，需考虑成本效益，以及在计量数据资产时，会计部门及相关会计服务、审计机构投入的人力成本，这些都将直接影响未来的纳入成本。存货在数据交易方面存在较大缺陷，如确权难题。若存货确权不当，数据出售后可能引发纠纷或社会风波，需全盘追溯问责。综合以上两点，建议企业在当前阶段选择无形资产路径，更为稳妥且易于实施。

（2）确定资产类别和安全等级，开展分类分级相关工作。数据分类是数据资产管理的基础，涉及编目、标准化、确权、管理及提供数据资产服务等多个环节。数据分类需从业务角度和数据管理方向考虑，包括行业、业务领域、数据来源、共享和数据开放等维度。根据这些维度，将具有相同属性或特征的数据按照一定原则和方法归类。数据分级则根据数据的重要性和影响程度划分为不同等级，确保数据得到相应保护。影响对象主要包括国家安全和社会公共利益、企业利益（业务影响、财务影响、声誉影响）以及用户利益（用户财产、声誉、生活状态、生理和心理影响）。建议企业根据影响程度，选取最高等级作为数据对象的重要敏感程度。同时，数据定级可根据数据变化进行升级或降级，如数据内容变化、数据融合等情况。数据分级本质上是数据敏感维度的分类。

### 2. 数据合规确权

数据合规性的核心问题在于数据权属的清晰与否：包括数据的获取方式以及其产生的授权状况。这对于后续数据应用是否需要额外的处理有着直接的影响。换言之，数据权属的清晰程度决定了数据在后续应用中的处理方式。

企业在将数据资源纳入财务报表时，必须首先证明自己对这些数据拥有完整的控制权和使用权。这意味着企业需要通过合同、授权等途径，展示自己对数据的控制和使用权。这一点至关重要，因为只有当企业能够证明自己对数据拥有控制权和使用权时，才能够预期在未来从这些数据中获取经济收益。

此外，企业在展示数据控制与使用权时，还需要考虑到数据的获取方式。例如，通过购买、自主研发或合作开发等方式获取的数据，其权属问题可能会有所不同。企业在使用这些数据时，需要确保遵循相关法律法规，以避免侵权或违反数据保护法规的风险。

总之，数据合规性的核心在于权属问题，这不仅涉及数据的获取方式，还包括对数据的控制与使用权的明确。只有当数据的权属问题得到妥善解决，企业才能够顺利地将数据资源纳入财务报表，并从中获取收益。在实际操作中，企业应通过合同、授权等途径，确保数据的合规性，降低法律风险。在数据驱动的时代背景下，掌握数据权属问题，对企业的发展具有重要意义。

### 3. 确定数据资产的计量方法

企业需根据数据特性和为企业带来的经济收益，确立合适的计量方式。

（1）数据资产成本法入表：以低成本获取新资产。通过成本法入表，信息化项目中花费的费用成为数据资产的初始估值依据。花费的资金数额即为资产估值，未来估值必然高于成本。这意味着以低成本建立数据资产仓库。此处所述数据资产仓库系财务意义上的数据资产，而非传统技术概念。

在此过程中，成本法入表有助于为未来可交易的数据产品提供定价依据，称为标杆。因此，未来数据产品价格实现以在初始成本法中入表记录的金额作为依据。

（2）数据资产收益法估值：资产增值。此前提及的成本法入表，花费的资金数额成为资产。若开发的新产品产生收益或交易流水，可为收益法和市场法提供估值依据。由此，成本价上升为高价，数据资源转化为数据产品，实现增值。

（3）数据资产市场法估值：资产增值达到预期，可实现变现。数据交易所旨在激活数据交易市场，实现大规模数据交易。当交易规模达到一定程度，可采用市场法对数据标的或数据产品进行估值。此时，交易价值成为供应价值，关键在于实现市场法入表。一旦达到此目标，数据产品进入收获期。

### 4. 制定会计政策

企业需要制定会计政策，规范数据资产的会计处理。这包括初始确认和后续计量等方面的规定。

（1）初始确认：数据资源成本包括外采数据成本和自行采编成本。外采数据成本按各事业部收入比例分摊，自行采编成本包括人工和其他费用。支出时，借记"无形资产——数据资产"，贷记相关科目。2024年企业首次确认数据资产为无形资产并按成本计量，不考虑摊销、减值或处置影响。

（2）后续计量：后续计量涉及摊销、减值及终止确认。

①摊销：考虑数据时效性逐年递减，采用年数总合法。网页和移动

端客户可查看3年历史，数据终端客户可查看10年以上，分别按3年和10年摊销。计提摊销时，借记"主营业务成本"，贷记"累计摊销"。税法规定部分准予税前扣除。

②减值：存在减值迹象时应测试。由于不存在活跃市场，采用预计未来现金流量现值计量可收回金额。发生减值时，借记"资产减值损失"，贷记"无形资产减值准备"。

（3）终止确认。

出售：出售数据资产时，价款与账面价值差额计入当期损益。

失效：数据资产失效时，转销账面价值，借记相关科目，贷记"无形资产"。

## 4.3 企业数据治理的意义、问题及全过程

### 4.3.1 企业数据治理

企业数据治理是企业对数据进行全面管理的过程，包括数据的收集、分析、整合、管理以及应用。其目的是确保数据的准确性、可靠性、完整性和安全性，最终提高企业的运营效率和竞争力。企业数据治理是一种系统性、全面性的管理实践，旨在对企业所产生和使用的各类数据进行全过程、全方位的管理和优化。这一过程涵盖了数据从收集、清洗、整合、存储、分析到应用等各个环节，并通过制定与实施了一整套标准化、规范化的数据管理制度。

### 4.3.2 企业数据治理的意义

**1. 数据资源合理利用**

在现代企业中，数据已经渗透到市场、销售、生产、研发等各个领域，形成了一种丰富的数据资源。这些数据资源包含了大量有价值的信

息，对企业的决策和运营管理具有极高的指导意义。通过实施有效的数据治理，企业可以全面挖掘和利用这些数据资源，为各个部门提供数据支持。例如，企业可以借助分析销售数据来预测市场趋势、优化销售策略，进而提升销售业绩。同时，数据治理可以帮助企业发现潜在的市场机会和风险，为战略规划提供有力支撑。

### 2. 提升数据安全性

在互联网高度普及的今天，数据泄露和侵权问题越发严重。企业需要寻求高效的数据管理方式，确保数据的完整性和可靠性，同时加强数据安全性。通过数据治理，企业可以对数据进行分类、加密和权限控制，确保数据在传输、存储和使用过程中的安全性。此外，数据治理还可以帮助企业建立完善的数据安全防护体系，降低数据泄露风险，保护企业及客户的隐私。

### 3. 优化决策过程

企业在制定决策时，需要对内部和外部数据进行综合分析。数据治理可以使企业更好地应用数据资源，全面了解市场和业务运营状况，为决策提供有力依据。在数据治理的支持下，企业能够有针对性地制定决策，降低决策风险，并实现有迹可循的风险管理和内部控制。此外，数据治理还可以提高企业对市场变化的敏感度，帮助企业迅速应对市场环境变化。

### 4. 提升企业品牌形象

数据治理有助于企业将数据资产纳入管理体系，使企业在市场上的品牌形象更加鲜明。通过数据治理，企业可以展现其对数据管理的专业能力和对客户隐私的保护意识，树立更值得信任的企业形象。同时，数据治理可以帮助企业实现业务流程的标准化和规范化，提升企业的管理水平，进一步增强品牌形象。

### 5. 促进企业创新与发展

数据治理有助于企业更好地利用数据资源,为企业创新与发展提供源源不断的动力。企业可以通过数据治理,发现新的业务模式、服务方式和产品创新,提高企业的核心竞争力。此外,数据治理还可以帮助企业更好地了解客户需求、优化客户体验、提升客户满意度,从而促进企业的可持续发展。

### 6. 提高企业工作效率

数据治理可以优化企业的数据资产,提高数据的准确性、完整性和及时性,从而提高企业的工作效率。在数据治理的支持下,企业各部门可以更好地协同工作,降低沟通成本,提高工作效率。同时,数据治理可以帮助企业实现业务流程的自动化和智能化,降低人力成本,提高企业整体运营效率。

综上所述,数据治理对于企业具有重要的意义,可以帮助企业实现数据资源的合理利用、提升数据安全性、优化决策过程、提升企业品牌形象、促进企业创新与发展以及提高企业工作效率。在当前信息时代,企业应高度重视数据治理,将其纳入企业战略规划,以提升企业核心竞争力,应对市场挑战,实现可持续发展。

## 4.3.3 企业数据治理存在的问题

第一,企业在数据治理方面的业务价值认知普遍不足,往往过于依赖传统的技术导向策略,侧重底层的数据标准制定和操作流程规范化,而忽视了将数据治理与实际业务需求紧密结合。要快速释放数据的价值并取得显著成效,企业应从解决业务痛点和满足实际应用需求出发,以业务价值为导向来推进数据治理工作。这意味着需要深入了解管理层及各业务部门对于数据的诉求,精准识别并优先解决那些影响决策效率、制约业务发展的关键性数据问题,确保数据治理工作的成果能直接服务于业务创新和运营优化。

第二，目前，大部分企业的数据治理活动局限在项目级或部门级层面，缺乏统一的企业级顶层规划与设计。这种分散化治理方式导致资源分配不合理、协调困难，容易出现局部优化而整体效能不高的局面。由于数据治理涵盖了业务梳理、数据标准设定、业务流程再造、数据监控、数据集成和融合等多个环节，若没有一个明确的整体蓝图和战略指引，很可能造成各个治理环节无法形成合力，甚至产生偏离目标或失误的情况。因此，企业亟须构建一套覆盖全组织范围的数据治理体系，通过顶层设计来指导和统筹各项数据治理活动，实现全局优化和协同增效。

第三，在高层管理层面，对数据治理的战略重要性和必要性的认识仍有待提高。数据治理不仅关乎技术实施，更是企业战略决策的核心支撑。它要求企业高层领导不仅要提供必要的财务资金支持，更要在战略细化和执行上给予充分授权，并配置相应的资源。为此，建议企业设立专门的数据治理委员会，该委员会由高级管理人员、关键业务负责人、财务决策者以及数据科学家、分析师和技术专家等多元化角色组成，共同负责制定企业的数据治理目标、方法论。同时建立有效的沟通机制和行动计划，确保数据治理举措得到自上而下的全力支持和有效落实。

第四，数据标准不一致的问题在许多企业内部乃至跨行业间普遍存在，极大地阻碍了数据的有效整合与利用。由于缺乏统一的数据标准定义，各类数据呈现出多样化、多源化的特征，使得数据难以进行有效的集成、清洗和分析。为了克服这一难题，企业应当积极参与到国家或行业的数据标准化工作中，结合自身业务特点和发展需求，制定和推行适用的数据标准体系，从而促进数据资源的高效整合与共享。

第五，普遍存在的一个误区，有人认为数据治理只是 IT 部门的责任，这导致业务人员对数据治理的积极性不高。实际上，数据治理是一个涉及企业全员参与的过程，业务人员在数据的定义、输入和使用过程中扮演着至关重要的角色，而 IT 部门主要负责数据的存储、处理和传输。

只有当业务部门和 IT 部门紧密协作，形成良性互动，才能真正发挥数据治理在驱动业务发展中的作用，确保数据治理的目标与企业总体战略保持一致。

第六，在实践过程中，不少企业还面临数据治理组织架构不健全、专业人才匮乏的问题。建立健全数据治理组织机构，合理设置岗位职责，并选拔具备相关专业知识和技能的人才，是成功实施数据治理的基础。此外，企业还需要培育一种开放包容的文化氛围，鼓励员工积极参与数据治理过程，打破部门壁垒，消除"数据孤岛"。为确保数据治理团队的凝聚力和执行力，企业必须在行政管理和人力资源政策方面做出相应调整，科学合理地划分数据治理的权责边界，让每一个参与者都能清晰了解自己的角色定位和工作任务，共同推动数据治理工作的顺利开展。

### 4.3.4 企业数据治理的全过程

在数字化时代，数据成为企业最宝贵的资产之一。数据具有巨大的商业价值，可以帮助企业做出更明智的决策、发现新的商机、提供个性化的服务等。然而，数据的管理和保护并非易事，企业需要确保数据的质量、安全和合规性。数据治理便涉及协调管理和治理组织、流程、技术和策略，以确保数据的全面性、一致性、准确性和可用性。数据治理也是受到法规和合规要求的推动。例如，欧盟的《一般数据保护条例》（GDPR）和美国的《加州消费者隐私法》（CCPA）等数据隐私法规要求企业对个人数据进行保护，并要求企业对数据的合法性和透明性进行管理。此外，一些行业也制定了相关的合规标准和监管要求，如金融领域的《巴塞尔协议》和医疗领域的《健康保险可移植与责任法案》。数据治理是现代企业管理体系中的重要组成部分，对于提高企业管理效率、降低企业风险、提升企业竞争力具有重要意义。在当今信息时代，数据已成为企业最重要的资产之一，如何有效地治理数据，将直接影响企业的核心竞争力。以下是数据治理的五个阶段，以及各阶段的具体内容和注意事项。

### 1. 战略规划阶段：规划和布局数据治理的蓝图

在这个阶段，企业需要对数据治理进行深入的战略思考，明确数据治理的目标和策略。这包括理解数据治理对企业管理的整体意义，以及其在提高企业运营效率、优化业务流程、提升决策质量等方面的作用。此外，还需要评估企业现有的数据资源和管理体系，为后续的数据治理工作奠定基础。在战略规划阶段，企业应注重与业务战略的紧密结合，确保数据治理的持续推进。

### 2. 架构设计阶段：构建数据治理的框架和流程

在这个阶段，企业需要设计一套完整的数据治理架构和流程，以指导数据治理的实施。这包括数据资源管理系统的设计、数据审核、数据维护等流程的设定，以及数据存储、数据安全、数据标准化等方面的规范。架构设计阶段的目标是确保数据治理的可行性和有效性。为了确保架构设计的合理性，企业应充分考虑业务需求、技术发展和行业最佳实践，形成一套符合自身特点的数据治理架构。

### 3. 数据资产清理阶段：梳理和优化数据资产

在这个阶段，企业需要对内部的数据资产进行清理和整合。这包括识别和梳理企业内的各类数据资源，清理无效、重复、错误的数据，统一数据格式和标准，以及规定数据存储的类型和周期。数据资产清理阶段的目的是确保数据的准确性、完整性和可用性。在此过程中，企业应充分发挥数据治理团队的作用，加强与业务部门的沟通与协作，确保数据资产清理工作的顺利进行。

### 4. 数据监控与维护阶段：确保数据的安全和完整性

在这个阶段，企业需要建立一套完整的数据监管与维护体系，以确保数据的安全和完整性。这包括制订数据备份方案，以确保数据在丢失或损坏时能够得以恢复；设定数据安全性保障方案，防范数据泄露等安全风险；以及制订数据更新和维护方案，保持数据的实时性和准确性。在数据监控与维护阶段应注重过程管理和持续改进，确保数据治理体系的不断完善。

### 5. 数据应用与分析阶段：挖掘数据价值，驱动业务决策

在这个阶段，企业需要利用现代的分析思维和分析技术，对数据进行深度挖掘和应用。这包括利用数据分析工具和技术，洞察市场趋势、优化业务流程、提升决策质量；同时，通过数据可视化等方式，将数据分析结果直观地展示给决策者，以便更好地进行决策。在此过程中，企业应不断培养数据驱动的文化，提升员工的数据素养，以提高其数据应用与分析的能力。

总的来说，数据治理的五个阶段是一个循环往复、持续改进的过程。只有通过科学合理的战略规划、架构设计、资产清理、监控维护和数据分析，企业才能实现数据的高效利用，为企业的长远发展提供支持。在实施数据治理过程中，企业还需关注行业动态、政策法规和技术发展，以确保数据治理体系的适应性和前瞻性。只有这样，企业才能在激烈的市场竞争中立于不败之地，实现可持续发展。

## 4.4 企业数据治理实践

### 4.4.1 华为数据治理实践

华为创立于1987年，是全球领先的ICT（信息与通信）基础设施和智能终端提供商，共有约20.7万员工，业务遍及170多个国家和地区，为全球30多亿人口提供服务，2023年收入7000亿元左右。华为致力于把数字世界带入每个人、每个家庭、每个组织，构建万物互联的智能世界。华为重视研究与创新，坚持走开放创新的道路，与学术界、产业界一起，共同探索科学技术的前沿，推动创新升级，不断为全行业、

全社会创造价值，携手共建美好的智能世界。在数据通信领域，总线级 DCN（Data Communication Network，数据通信网络）以全新的架构设计完成了以太、FC（Fiber Channel）、IB（InfiniBand network）三网合一，实现超算网络、存储网络性能突破。持续构建下一代以太技术体系，模拟数字实现功耗降低 50% 左右，检纠分离实现接口时延降低 70% 左右，柔性切片实现 n×10Mbit/s 颗粒度专线。在 AI 算法领域，华为基于昇腾+昇思和华为云，提出了具备查搜能力的模型库技术 ZooD，实现模型性能提升超过 30%。发布天筹 AI 求解器，满足多场景的复杂问题高维优化求解需求。首次实现生成模型的量化压缩，压缩率提高 10 倍以上而性能无损，并行蒸馏技术提升后量化速度提升 100 倍以上，支撑华为云亿/百亿/千亿参数全精度模型的部署。

华为通过深入实施数据治理，成功实现了数字化转型，成为业界借鉴的典范。以下是华为数据治理实践中的五个方面。

第一，华为在数据治理上确立了明确的愿景与目标，旨在实现业务感知、互联、智能以及 ROADS 体验，为华为的数字化转型提供强有力的支持。其核心目标是构建一个清洁、透明且智慧的数据环境，以促进公司的卓越运营和持续增长。

第二，面对数字化转型中的"数据孤岛"问题，即不同业务系统间数据无法有效沟通、重复录入，严重影响运营效率和效益提升，华为针对性地实施了数据治理策略并取得显著效果。数据治理的关键驱动因素包括：建立统一的数据管理规则保证源头数据质量；形成包含内外部数据的清洁、完整、一致的数据湖；强化业务与数据的双轮驱动，加强数据联接建设满足自助式数据消费需求；确保海量数据的安全合规性；不断提升业务对象、过程及规则的数字化程度，减少人工录入依赖，提高数据自动采集能力。

第三，基于长期实践，华为构建了一套经过检验的数据工作框架。该框架首先通过业务数字化提升数据质量，构建可靠的数据源；其次汇聚内外部数据形成高质量数据湖；再次通过多样化的联接方式建立数据主题联接，并以数据服务模式支持数据消费；又次提供统一数据分析平台适应业务自助式需求；最后建立了涵盖数据体系构建、分类管理、感知实现、质量保障及安全隐私保护在内的统一数据治理能力。

第四，为了有效进行数据治理，华为构建了一套全方位的企业级数据治理体系。该体系涵盖了数据管理、数据治理、数据质量、数据安全四大方面：数据管理侧重于确保数据准确、完整、一致和可用；数据治理则制定相关政策规范，保障数据安全、合规及隐私；数据质量则通过评估标准和监控改进机制来提升；数据安全层面，则构建严密的数据安全策略和体系，确保数据机密性、完整性和可用性。此外，华为还运用集成的数据治理平台支持全数据生命周期的活动。

第五，华为始终坚持数据治理是一个不断改进与创新的过程，在数字化转型中积极优化治理策略与方法，引入新技术工具，紧跟业务需求和技术发展趋势的变化。通过这种持续改进与创新，华为能够不断提升数据治理效能，从而实现更好的业务增长、展现更强的竞争优势。

## 4.4.2 中小企业如何进行数据治理

在数据采集方面，许多中小企业普遍面临数据采集不全、存储不规范以及更新不及时等挑战。而在数据应用方面，由于数据分散和技术门槛，一些中小企业往往难以实现数据的整合和价值呈现。在互联网时代，数据的几何级增长使得实时性、全面性和易用性变得尤为重要，以便企业将数据最大限度地转化为业务价值。针对预算有限的中小企业，采用一系列SaaS产品是最为便捷的信息化建设方案。这些SaaS产品凭借成熟的流程和简便的操作，能够协助企业实现数据采集、清洗、整合和分析等过程。应用这些产品，企业得以借助其云端存储空间和技术实力，无须再自行建立机房和配备专门的技术人员予以维护。对于大部分企业，数据的高价值体现在"了解过去、认识当前、明确原因、预测未来以及全局优化"的过程。

### 1. 基础数据

基础数据主要满足"数据查看"需求，为业务人员或一线管理人员提供执行层面的信息，如了解所负责工作的每日进展及近期成果。关键指标是基础看板的核心组成部分，根据公司、部门和业务的差异，看板内容也有所不同。如电商行业，运营部门关注用户复购、流失率、转化率等，销售部门关注销售额、用户数、销售量、利润额等，市场部门关注流量和新用户等。基础看板的质量取决于设计者对业务的理解程度。设计时，应选择适当的时间段，以便观察数据趋势。此外，选取的指标越丰富，业务把握越全面。数据粒度指数据的计算范围，如统计用户增长情况，选择按日统计比按周更细致。以下展示某零售企业运营部门基础看板，以日为单位，统计九个关键指标，从多方面了解当日业务状况。

### 2. 监控数据

监控数据满足"数据监控"需求，主要面向管理层或数据分析师，用于揭示业务运行中的问题。借助数据观的实时更新、可视化及即将上线的 KPI 监控等功能，企业实现实时监控变得轻松。实时监控旨在发现问题、解决问题，实现敏捷的短周期迭代和持续改进，而非在业务受影响或中断时才进行事后处理。监控看板质量取决于数据获取、处理和呈现的及时性。同时，考虑不同企业业务流程、指标的差异，以及企业发展不同时期的监控重点变化，监控看板的灵活配置和可扩展性亦至关重要。

### 3. 数据分析

数据分析用于明确事件/问题原因，以及预测未来发展趋势。适用于任何希望或需要利用数据创造价值的人，在会议或向上级汇报时，分析看板成为必不可少的工具。分析看板是数据从低价值向高价值转化的关键环节，决定优化方案的可行性和有效性。

## 4.4.3 金融机构数据治理实践难点与对策

近年来，我国金融机构在数据治理与应用方面不断深入探索，并在系统平台建设、组织架构等方面取得了阶段性成果。以银行为例，包括工商银行、农业银行、中国银行在内的多家银行在 2022 年年报中均披露了数据治理的相关情况。工商银行已上线企业级数据治理平台的数据安全管理模块，通过建立识别规则库驱动自动贯标，强化了基于数据分级分类的数据安全管理；中国银行"三横两纵"的数据治理策略已加速集团全面覆盖推广，累计梳理 280 万个数据项，形成 22 万个数据字典项，数据资产价值得以持续释放。此外，建设银行、交通银行、邮储银行等也已设立数据管理部门。然而，综合观察银行业数据治理现状，各银行间存在较大差异。起步较早的银行已建立体系化的数据治理框架，而部分中小银行的数据治理工作仍处于起步阶段。

2018 年以来，我国监管层陆续出台多项政策与指引，致力于推动金融领域数据要素能力提升及数据治理体系的不断完善。例如，《银行业金融机构数据治理指引》提出数据管理主要方面的要求，并明确提出建立自我评估机制，建立问责和激励机制，确保数据管理高效运行；全面强化数据质量要求，建立数据质量控制机制，确保数据的真实性、准确性、连续性、完整性和及时性；明确监管数据应纳入数据治理范畴，并在相关条款中提出具体要求。《关于银行业保险业数字化转型的指导意见》则涉及数据能力建设与健全数据治理体系等内容。

随着监管部门对金融机构数据质量要求的提高，数据治理已成为金融机构必须面对的重要课题。2023 年上半年，金融监管部门对于银行业金融机构违法违规行为的惩处力度不减，央行、国家金融监督管理总局等监管机构合计开出超 3000 张罚单，处罚金额逾 15 亿元。其中处罚金额超过千万元的罚单共有 13 张。国有行、股份行、城商行、农商行机构和个人分别被罚没 3.88 亿元、3.19 亿元、3.06 亿元、2.96 亿元，显示出监管部门对数据治理的重视和严格。①

金融机构在数据治理上面临的挑战多种多样：数据分散在各个部门，难以实现有效整合；数据规范程度不足，存在违规采集和使用的情况；部分机构内部对数据治理的共识尚未形成，导致执行力度不够。这些因素都制约了金融机构数据价值的发挥，也增加了监管风险。

为了有效应对这些挑战，金融机构需要从多方面入手。首先，加强组织架构建设，确保数据治理工作的有效推进。其次，提高业务人员对数据治理重要性的认识，加强各部门的沟通与协作，形成共识。再次，建立完善的数据管理机制，规范数据采集、存储和使用流程，确保数据质量。最后，加强技术投入，利用先进的技术手段提升数据治理的效率和效果。

数字化转型为金融机构提供了新的机遇，但也带来了新的挑战。数据治理不仅是一项技术任务，更是一项涉及组织、流程和文化的全面变革。金融机构需要从战略高度出发，将数据治理作为一项长期、持续的工作来推进，以适应日益严格的监管要求和恶劣的市场竞争环境。

---

① 钱晓睿：《数说 | 上半年银行被罚没超 15 亿：多张千万罚单涉小微企业贷款违规 中小银行反洗钱监管趋严》，财经网 2023-07-12 17:34，https://baijiahao.baidu.com/s?id=1771208683741279140&wfr=spider&for=pcv

# 第五章 个人数据治理的对比及剖析

个人信息的保护欲求自新媒体传播机制出现之后就由来已久,特别是在20世纪之后,随着数字化传播工具的日渐发达,损害、侵犯个人数据信息的现象更是大行其道。尽管在互联网、大数据、云计算等技术发明之前,就存在对个人信息的收集、使用等社会活动,但多以传统物理方式承载、传播及统计,从而并未规模化地、实质性地触及社会秩序,威胁个人安全。而在数字科技与数字经济的双重催化下,个人信息更多是以数据的形态在集群化的信息技术应用场景下生成与裂变、流动与转载以至价值创造的实现,个人数据则成为个人信息的载体,个人信息则是个人数据的内容。

由此,在以市场为导向的社会中,严格意义上的个人数据变得越来越有价值,不仅直指能够激发商业领域的价值创新与增殖,而且外溢于公共领域成为治理效率提升、成本降低的入口与抓手。简言之,"即组织可以通过新型的处理方式从大数据中获得洞察力和决策力"[1]。可见,如今的数据本身具有无限可能的经济价值和社会价值。与此同时,个人

---

[1] [美]桑尼尔·索雷斯著,匡斌译:《大数据治理》,清华大学出版社2014年版,第4页。

数据也不再单纯是个人信息的载体,已成为数字经济的"生产原材料"。如同有学者所言,"数据的真实价值就像漂浮在海洋中的冰山,第一眼只能看到冰山一角,而绝大部分则隐藏在表面之下。明白了这一点,那些创新型企业就能够提取其潜在价值并获得潜在的巨大收益"[1]。那么,如何更充分地释放数据的这种"潜在价值"、合理分配"潜在收益"等就不仅仅是一个商业议题,更是一个关乎个人在数字化社会中的权利确认、权益保障等更基础性的生存问题与更均衡性的发展问题。毕竟,从根源上讲,个人才是数据的重要"生产者",个人活动的丰富性才是数据留痕的"生命源",个人数据必然是数据资源体系的重要组成部分之一。若在数据化的社会治理中对侵害个人数据的各类现象与行为不能予以有效、有力的应对,无法保持并维护个人数据安全与合理利用之间的平衡,就不仅阻塞整个数字经济持续动力的基础性源泉提供,而且阻碍人们充分享受数字红利的现代化生活新需求,势必与发展社会治理现代化的终极目标与人文关怀大相径庭。

## 5.1 欧美个人数据治理的经验及镜鉴

个人数据保护已经成为全球性法律问题,一方面是因为越来越多的人在数字世界中使用各种服务和应用程序,这些服务和应用程序需要用户提供个人数据。这些数据包括个人身份、医疗记录、金融信息、地理位置、社交媒体活动等。另一方面是随着数据泄露和滥用事件的不断发生,越来越多的人开始意识到个人数据保护的重要性,并要求政府和企业采取更严格的措施来保护个人数据,确保其不被滥用、泄露或用于非法目的等。所以,当全球化和数字化的发展越活跃、场景越多样时,就会有更多的国家和地区开始制定相关的法律法规对个人数据予以法治化

---

[1] [美]维克托·迈尔-舍恩伯格、肯尼思·库克耶著,盛杨燕、周涛译:《大数据时代:生活、工作与思维的大变革》,浙江人民出版社2013版,第134页。

的保护。这其中一向普遍承认并高调主张个人隐私权作为一种基本人权的欧美国家，虽以不同角度为个人数据治理设定了体现在使用的私法工具和立法技术层面上的差异化模式，实则在强调个人对数据的控制和处分方面并无根本性区别。由此，欧美在个人数据治理路径上就集中地体现为以数据权理念和隐私权理念衍生出的不同保护机制，而这些不同保护机制对于个人数据治理虽各有优势特色但也并非放之四海而皆准，仍须对其予以客观审视以期有益借鉴与必要谨慎。

## 5.1.1 欧洲个人数据保护的立法透视

### 1. 德国：以"一般人格权"奠基个人数据权的法理基础

现代欧洲以扩张人格权保护模式覆盖到个人数据保护之上的立法传统起源于德国。尽管德国最初也是诉诸隐私权理论对个人数据予以保护，但随着对个人数据与隐私的差异性认知与区分化理解，其最终还是将数据保护的法理基础构筑于"一般人格权"之上，将个人数据所包含的信息作为人格尊严的组成部分，个人数据权独立于隐私权。

1970年，德国黑森州采取统一立法模式制定了世界上第一部专门性个人数据保护的成文法《黑森州数据法》，该法涉及黑森州公共机构对个人数据的处理。从世界范围看，该法对于瑞典、法国、英国等欧洲国家就个人数据保护的立法探索具有先驱性意义。

此后，除德国联邦外，还有16个州通过了与数据保护有关的法律，其中处于核心地位的法律是1977年制定的《联邦数据保护法》，该法规定了联邦公共机构及私人组织对个人数据的处理行为；其涉及个人数据的自动化处理，以及一定程度上的个人数据手动处理；该法调整与可识别个体有关的数据，该个体不仅限于德国公民。简言之，《联邦数据保护法》是从联邦层面以立法形式规范个人数据处理行为，并为资料处理过程中的个人数据提供保护。

德国正式将个人数据权赋予宪法地位的，就是1983年德国宪法法院裁定联邦政府制定的《人口普查法案》的违宪。德国联邦宪法法院认为《人口普查法案》因未能区别个人信息收集与使用目的，从而触底德国宪法对个人尊严之追求的最大化保障，同时强调个人对数据的自治与自决属于人格权的一种，个人信息数据化应受严格目的限制，由此确立了数据自决权的概念。

而诞生于1990年的《个人数据保护法》历经反复修缮，进而确立了直接原则、更正原则、目的明确原则、安全保护原则、公开原则与限制利用原则等关于个人数据保护的基本原则。这对欧盟个人数据保护立法具有了奠基性的重要影响。值得注意的是，德国数据保护法乃至欧盟数据保护立法均没有严格区分个人信息与个人数据，大部分情况下，将可以识别的个人数据等同于个人信息。

## 2.欧盟：以"GDPR"为轴心、"DGA"为扩展的治理立场

欧洲个人数据保护立法最核心的就是被称为欧盟有史以来最严厉的网络数据管理法规——《通用数据保护条例》，简称"GDPR"。该条例是对欧盟1995年制定的《数据保护指令》进行全面升级，于2016年4月通过并在历经两年的过渡期后，于2018年5月25日直接在欧盟全体成员国正式生效。

GDPR的核心思想是确保个人数据在处理过程中得到充分保护，同时规定了企业在处理个人数据时需要遵守的各种规则和要求。

具体而言，该条例规定了个人数据的处理需要事先获得个人授权，即必须获得数据主体的明确同意才能处理其个人数据；个人数据的处理不仅必须坚持合法、公正和透明的原则，而且必须遵循数据收集的最小化原则并确保数据的准确性；个人数据的处理必须具有限制性且只能在数据处理者有充分、明确的法律依据的情况下，按照合适的安全措施进

行处理，以确保数据的安全性、机密性和完整性；个人数据处理者必须保证数据主体的权利，包括访问、更正、删除、限制处理、数据移植等；个人数据处理者须履行及时通知数据泄露等情况的告知义务，即在违反数据保护规定而发生数据泄露时，应按照法律规定及时通知相关部门和数据主体；对于违反 GDPR 的数据处理者，该条例规定了罚款和惩罚措施，罚款金额可以高达组织年收入的 4% 或 2000 万欧元中的更高者，因此组织必须加强对个人数据的保护工作，严格遵守 GDPR 的要求；GDPR 的适用范围不仅限于所有在欧盟境内处理个人数据的组织，其效力可扩展至欧盟境外的主体，因而其具有全球影响力。

不可否认，GDPR 是欧盟世界中一部有关个人数据保护的统一立法，是作为欧盟各国的准据法而存在，欧盟各国要以 GDPR 为轴心制定不低于该法保护标准的国内法。但实践中，GDPR 的推行实效却并不完美，在实施过程中已出现偏离它所创立的初衷，其中最典型的缺陷包括企业的负担和成本增加、用户使用的体验感和便利性受到影响、引发跨国科创企业的"寒蝉效应"，甚至选择退出欧洲市场等。

首先，GDPR 实施后，企业面临的负担和成本显著增加。为了遵守 GDPR 规定，企业需要进行大量的数据清理和调整，购买更为昂贵的安全技术和设备，增加员工培训和管理成本。这些额外的费用和工作量显然会对企业的运营和竞争力产生影响，尤其是对于一些中小型企业来说，可能会带来致命的打击。

其次，GDPR 的实施也对用户的便利性和友好体验产生了负面影响。为了保护个人隐私，GDPR 规定企业必须征得用户明确的同意才能收集、存储和处理其数据。这意味着用户每次在使用企业的服务时，都需要花费额外的时间和精力来阅读和同意相关条款，这会对用户的使用体验产生不利影响。此外，一些企业为了避免违反 GDPR 规定而选择不再提供某些服务或功能，也会对用户带来不便。

最后，GDPR 是欧盟的一项数据保护法规，旨在保护欧盟公民的个人数据。这项法规对于跨国企业在欧洲市场的运营和数据处理方式都有非常严格的规定,包括数据主体权利、同意机制、数据安全和数据保护等方面。如果跨国企业在欧洲市场的运营和数据处理方式不符合 GDPR 的规定,将面临巨大的罚款和声誉风险。一方面,面对 GDPR 的严苛规定,跨国企业需要投入大量的时间和金钱来确保符合 GDPR 的规定。这对于一些小型企业来说可能是无法承受的成本,因此它们可能选择退出欧洲市场以避免违反 GDPR 的规定。另一方面,根据 GDPR 的规定,只有在获得数据主体明确同意的情况下,才能进行个人数据的处理和传输。这对于一些跨国企业来说是一个巨大的挑战,他们可能需要重新制定数据交流政策来确保符合 GDPR 的规定。这也意味着跨国企业需要与欧盟内部的个人数据保护机构进行沟通和合作,以确保数据处理和传输的合法性。由于这些原因,一些跨国企业可能选择退出欧洲市场以避免 GDPR 的影响。

事实上,在数字经济时代,需要接受这样一个普遍共识:数据安全是底线,数据共享是基本原则,只有不断加速数据流动即数据开放、交换和交易,数据才能实现最大价值。不仅如此,数据保护与信任直接相关,而信任同样是数字经济的重要资源。所以,由 GDPR 实践中的缺憾甚至是缺陷中得出,以 GDPR 为轴心的个人数据权利保护的严苛框架,不仅为数据流动带来了巨大的枷锁,而且打破了"个人数据保护"与"数据流动和经济发展"之间的平衡。

为此,2022 年 6 月,欧盟又出台《数据治理法案》,简称"DGA"。该法案进一步细化规定了数据治理的标准和程序,旨在加强数据保护、促进数据流动和推动数字化转型。它通过从以下几个方面对 GDPR 进行扩展和补充,意欲达到缓解或纠正 GDPR 缺陷的目的。具体包括:数据访问,DGA 规定了数据主体和利益相关方如何访问数据,并制定了相关程序和标准,这使得数据主体和利益相关方能够更好地了解和控制自己的数据使用情况;数据共享,DGA 建立了数据共享的框架和标准,明确了数据持有者和数据使用者之间的责任和义务，以确保数据共享的安全和可靠性；数据可移植性，DGA 要求数据持有者提供数据可移植性，使数据主体能够更轻松地选择他们的数据被何人使用，并使数据在不同系统之间移动更加容易；数据可信度，DGA 要求建立数据可信度的标准和程序，以确保数据的准确性、完整性和一致性，这有助于防止误解和错误的决策。

总体上，DGA 主要通过规范数据访问、共享、可移植性和可信度等方面来补充和扩展 GDPR，为希望共享、访问或聚集数据的各主体提供谈判平台，以此协调数据保护与数据流通之间的矛盾，进而更好地保护数据主体和促进数字化经济的发展。由此，欧盟个人数据保护立场就由以 GDPR 为轴心转向以 DGA 为补充与扩展的治理立场，借此希冀舒缓欧盟个人数据治理的严苛生态。

### 5.1.2 美国个人数据保护的立法剪影

当代美国的个人数据保护法律体系主要由联邦法律和州法律两部分构成。

在联邦层面比较典型的相关法律有：《隐私法》（Privacy Act），该法律规定了联邦机构如何收集、使用、存储和分享个人信息，同时规定了个人信息的使用和披露必须遵循透明度、目的明确和信息安全等原则；《电子通讯隐私法》（Electronic Communications Privacy Act），该法律为电子通讯提供了保护，禁止未经授权的窃听和监视，以及在某些情况下限制了政府获取电子通讯的能力；《在线隐私保护法》（Online Privacy Protection Act），该法律要求商业实体必须在其网站上公开隐私政策，明确说明他们如何收集和使用访问者的个人信息；《数据保护法》（Data Protection Act），该法律旨在保护个人信息的隐私和安全，它要求组织必须在收集、使用、存储和分享个人信息时采取必要的措施来保护这些信息；《格拉姆－里奇－布莱利法案》（Gramm-Leach-Bliley Act），该法案旨在对金融机构对非公开个人信息的使用行为设置规范；《健康保险可移植性和责任法案》（Health Insurance Portability and Accountability Act），该法案旨在规范医疗保健服务提供者对受保护健康信息进行数据化和披露行为；等等。

此外，各州也制定了自己的数据保护法律，其中最典型的就是，2018年加州制定的《加州消费者隐私法》（California Consumer Privacy Act），该法律规定了消费者在其个人信息被收集、存储、使用和分享时的权利和保护，是州层级立法中具有代表性的个人数据保护法。其具有以下特点：

第一，该法适用于在加利福尼亚开展业务并满足法定条件的企业从事的任何以营利为目的的各类个人数据收集行为，包括收集电子网络浏览历史记录、搜索历史记录以及有关消费者与网站互动数据的各种行为等。这种适用范围比较广泛的特点与美国联邦层面的单行立法不同。

第二，基于知情权、选择权、删除权赋予消费者更大的个人数据权利保障路径，不仅要求企业必须在实施任何数据收集行为之前通过邮件或者其他电子方式通知消费者，告知有关被收集个人数据的类别以及收集该数据的目的，而且规定消费者有权选择拒绝企业销售其个人数据，若消费者做出拒绝选择，企业则无权再次出售该消费者的数据。此外，该法案还授予消费者在特定情况下要求企业删除个人的相关数据的权利，且相关企业收到该请求后必须删除。

第三，该法创新诉讼类型以强化对个人数据权益的保障。一方面，该法引入类似于"公益诉讼"的检察官诉讼机制，若企业未能依照该法律规定在给定的时间内改正违法行为，检察官可以向法院提起诉讼，如美国加州"允许用户在数据泄露的情形下提起诉讼，以及加州总检察长在企业违规且30天后不改正的情形下以加州人民的名义提起民事诉讼"①，同时可以要求企业承担最高额为7500万美元的民事罚款，该罚款纳入消费者隐私保护基金。另一方面，该法案还许可个人隐私受到企业侵害的消费者对侵权企业提起集体诉讼。

由上可知，美国个人数据保护的立法机制并未形成如欧盟试图建立综合、同一的个人数据保护法的统一进路，而是采用分散立法方式且针对不同的领域和行业颁布了许多旨在为个人信息提供法定保护的单行法律，美国针对个人数据保护的这种分散的立法体系虽然形态非常复杂，但优劣之势却较为显著。

从优势角度看，首先，美国个人数据保护的立法理念强调对个人隐私的保护而非对个人数据的保护，也就是在区分数据与信息的基础上，立法重心放在个人隐私保护而非对数据的收集、存储和使用等进行直接规范，并依托隐私权保护的规则予以保护，显然，保护的对象并非数据本身，而是数据中承载的信息隐私。这与欧盟个人数据保护立法不明确区分个人信息与个人数据，并将个人数据视为独立人格权益，通过赋予权利人数据权以实现对个人数据保护的路径不同。其次，充分保有并激发以"自律"和"自决"为手段，既尊重市场自律的可能，强调由市场对基于合法目的进行数据的收集、存储和利用进行自律，又倡导消费者对个人数据尤其涉及隐私的自决，在个人隐私遭受不法侵害的情况下，采取事后救济为主的方式进行补救。最后，美国个人数据保护制度中心更多地集中于防止消费信息等可能涉及个人隐私的数据被过度使用侵害个人隐私，所以美国数据保护法律理论倾向于认为，市场主体可以通过对客户隐私的保护来增强其竞争地位，从而形成更加友好的数据市场环境。如果用户选择放弃对个人数据的特别保护则意味着用户更重视获得的服务。这种观点与立场进一步活跃并激发市场会通过双方之间的重复博弈将达到最佳的数据保护水平，从而更为弹性化地释放市场与公司企

---

① 美国《加利福尼亚州民法典》第 1798.155 节 (b)。

业的价值创造力。

从劣势角度看，美国个人数据保护制度主要由若干单行法构成，并未对个人数据保护进行联邦层面的统一立法，这就造成美国现行数据保护的法律环境非常复杂且具有高度的技术性，因此有必要创建统一的联邦数据保护法律体系。然而，基于美国个人数据保护立法的传统，尽管国会制定了许多旨在增强个人数据保护的法律，但这些法律通常仅限于特定行业、特定的商业机构或者特定的数据类型，制定一项全面的联邦数据保护法案需要对这些已有法案进行整合，并且平衡个人数据隐私利益和商业运营经济利益，这显然不是简单的问题。

总而言之，在个人数据保护的治理机制上，欧盟倾向于围绕个人数据权利实现为中心的集中立法模式，强调在市场、电子商务和正规商务中为公民提供保护至关重要，主张个人对数据享有人身权，强调权利主体通过是否同意他人的收集或使用行为来实现对个人信息的保护。美国重视构建依托个人数据自决为中心的分散立法模式，主张商业领域个人数据应用应采取自律模式，如果对个人数据的利用构成对隐私的侵犯，则依据隐私权保护的法律提起诉讼，强调数据的权利主体对数据享有决定权来实现对个人信息的控制。但实质上，欧盟和美国的个人数据保护立法均以个人的人格利益为宗旨，赋予个人对数据或者信息的控制能力，差别只是对这种个人利益的性质界定为"个人尊严"还是"个人隐私"。

## 5.2 我国个人数据治理的本土化探索

如赫拉利所言，"古代，土地是最重要的资产；现代，机器和工厂是最重要的资产；21世纪，数据的重要性超越了土地和机器……科技巨头现在评估应用程序、产品和公司的标准已经不再是能赚多少钱，而是能收集到多少数据"[1]。这既描述了信息科技时代数字经济生产与发展的特质——数据是21世纪最宝贵的资源,又说明了数据的占用、控制已成为当前商业竞争谋利甚至大国布局角逐的新型实力赛道。而在这场数据争夺大战中,平台企业依托自身的技术优势与行业敏锐度快速实现对数据资源的雄厚掘取,同时通过网络服务合同事实性地成为平台领域中集准立法权、准司法权、准执法权于一身的"准权力"主体,在这一过程中,作为数据生产者或消费者的用户个人为避免数据时代下的"社会性死亡",就需要持续性地向各类社交平台、电商平台及其他一系列云端服务平台上主动贡献涉及个人信息内容的各类数据。其间,若没有相关法律机制的有力调控、有效保障、及时救济,那么,用户个人非但无法与平台企业相抗衡,而且很可能沦为数字社会治理中的"客体"乃至以"商品"化而存在。

所以,在全面推进依法治国的当下,数字经济日益繁荣的前景与个人数据信息权益保障的焦虑决定了构建数字社会治理所需的法律供给体系的重要性与急迫性。习近平总书记也曾指出:"网信事业发展必须贯彻以人民为中心的发展思想,把增进人民福祉作为信息化发展的出发点和落脚点,让人民群众在信息化发展中有更多获得感、幸福感、安全感。"[2]正是在这一大背景下,我国有关个人数据治理的法律制度体系构建步入了本土化的探索中。

---

[1] [以色列]尤瓦尔·赫拉利著,林俊宏译:《今日简史:人类命运大议题》,中信出版社2017年版,第91-92页。

[2] 中共中央党史和文献研究院编:《习近平关于网络强国论述摘编》,中央文献出版社2021年版,第25页。

## 5.2.1 以"个人信息保护"为个人数据治理的切入口

当前社会已经进入以数据为原材料的"信息时代"。于是，在社会科学研究各领域中，"个人信息"与"个人数据"就成为既是炙手可热的专业概念，又是易于混淆的热门术语。严格意义上讲，数据与信息并非同一事物但却密切关联。

数据是未经加工的原始数字、符号、字符等，它通常不具有明确的含义或用途，可以是任何类型的，包括文本、图像、音频、视频等形式。同时，数据是收集信息的过程中所获得的结果，是信息的元素，对于一个问题而言，数据是构成答案的原材料。

信息是在对数据进行整理、筛选、加工、分析、解释等基础上而获得的具有一定含义和用途的数据。具有一定意义和价值的信息就是知识，所以信息可以直接协助人们做出决策、解决问题和实现目标。

可以说，数据是信息的基础与载体，信息是数据加工和处理的结果与内容。然而，在数字社会的发展实践中，随着数据作为生产要素的价值意义与信息呈现形式的越来越数字化，数据与信息的指称混用也成为普遍现象。现阶段，这并非从实质上影响了数据的生成应用与信息的传播交换。况且，在数字化社会发展的立法进程中，将数据与信息不加区分使用的先例也不鲜见，如前述提到的欧盟世界国家相关立法中的使用情况就是不加区分的。下面就从"个人信息保护"的法律制度进程去阐释与分析我国有关个人数据治理的法律路径。

### 1. 奠定良好的涉及个人信息保护的相关法律制度基础

2012年12月28日，十一届全国人大常委会第三十次会议闭幕。会议经表决通过了《关于加强网络信息保护的决定》（以下简称《决定》），旨在为互联网时代的个人信息保护装上"法律的盾牌"，这也是首次从国家最高立法机关层面就个人信息收集、使用的规则及网络服务提供者保护个人信息安全的义务等方面做出基本规定，并确定了收集与处理个人信息的"合法、正当、必要"原则，这一原则在后来有关个人信息保护方面的立法中一直被延续。

此后经过数年发展，以个人信息保护路径为入口关涉于个人数据治理的相关立法中，较为典型的有：

2016年通过的《中华人民共和国网络安全法》，其宗旨是为了保障网络安全，维护网络空间主权和国家安全、各方合法权益，其重点是对网络运营者进行规范，因此在其中也对网络运营者收集与处理个人信息进行了若干规定；

2018年通过的《中华人民共和国电子商务法》，明确强调电子商务经营者从事经营活动应当履行个人信息保护义务；

2020年通过的《中华人民共和国民法典》（以下简称《民法典》），已经将保护个人信息作为人格权益予以确认，确定了个人信息保护的基本框架、原则和理念、价值，界分了个人信息与隐私权等其他人格权的关系；

2021年通过的《中华人民共和国数据安全法》，其宗旨是为了规范数据处理活动，保障数据安全，维护国家主权、安全和发展利益，其重点是国家数据安全与数据跨境流通等问题。

另外，诸如《中华人民共和国消费者权益保护法》《中华人民共和国刑法修正案（九）》等法律也从不同角度与层面对个人信息保护规则做出了多层次、多角度的法律规定。

## 2. 回应国际国内数字化社会蓬勃发展的强烈法治需求

国际上，全球化的数字竞争趋势愈演愈烈，世界各国日益重视个人信息的多重价值属性，纷纷出台个人信息保护的专门立法。从欧盟的《通用数据保护条例》、美国的《加州消费者隐私保护法案》，再到日本、韩国、巴西、印度乃至阿联酋等国新近出台的诸多法律文件，无不催生着个人信息保护的法律机制与法治模式。个人信息法律保护已经日渐成为各国社会自身发展及国际间交往秩序维护的"稳压器",以及衡量一国法治文明和法治水平的重要指针。

在国内,伴随新型数字尖端科技的井喷式发展以及应用开辟的层出不穷,不仅个人信息的处理已经成为社会进步和产业升级新的驱动力,而且我国当前也已进入全面数字化转型的高质量发展新阶段。国家、社会、广大民众对于加大个人信息保护力度都有着空前的关切和期待,尤其是将个人信息保护纳入法治轨道之上,既是保障公民个人信息权益与数据利益,更是促进个人信息合理利用、保证数据完整价值链条的必然举措。

正是基于良好的相关法律制度的奠定与积累,正是缘于社会的现实发展需求与民众期待,千呼万唤的《中华人民共和国个人信息保护法》(以下简称《个人信息保护法》)终于在2021年8月20日经全国人大常委会表决通过,并于2021年11月1日起正式实施。由此,也正式拉开了我国个人数据治理的法律制度序幕。

## 5.2.2 聚焦《个人信息保护法》的个人数据治理方案

在数据信息已经成为资本、技术以外的新型战略资源和竞争优势的背景下,人们享受科技带来的各种便利体验时,也面临着围绕信息的过度采集、非法买卖、擅自公开、盗取泄露等风险。至此,《个人信息保护法》立足中国法治实践、遵循问题导向,以个人信息权益保护为纽带,深度关注网络信息社会的各个领域,既尊重和保护自然人数据主体身份的基本指向,维护和实现人民群众个人信息权益的必然要求,又明确信息处理边界与合规预期,满足数字经济健康长远发展的现实需要。因此,《个人信息保护法》是参与调整数字信息社会关系的基础性法律。

### 1. 立法基础

在法律渊源上,《个人信息保护法》既具有以《宪法》为高度的公法性渊源，又具有以民法为特质的私法性渊源。个人信息保护的正当性基础可以上溯至《宪法》第 33 条第 3 款"国家尊重和保障人权"、第 38 条"中华人民共和国公民的人格尊严不受侵犯"、第 40 条"中华人民共和国公民的通信自由和通信秘密受法律的保护"，这就将保护个人信息权益的法律位阶提升到《宪法》的高度。同时，个人信息的权益保护与隐私权保护有着千丝万缕的联系，我国《民法典》又是在《个人信息保护法》之前制定的，而且《民法典》人格权编独立成编，在其中纳入了大篇幅的个人信息保护条款，这就使得《个人信息保护法》与《民法典》具有极为密切的关系。

在立法目的上，是以"保护个人信息权益"与"促进个人信息合理利用"为双向并行的规范目标，这即是秉持满足数字时代中人们对美好生活向往的更充分、更均衡的发展理念。这具体表现在，该法中从个人信息处理的一般规则到敏感个人信息处理的特殊规则，乃至个人信息跨境提供的单独规则设定，都从不同层面反映并切实贯彻了尊重个人信息权益保护与保障个人信息合理利用的立法站位。

在逻辑建构上，是以《民法典》"知情同意 + 免责事由"的机制为核心从而覆盖个人信息处理全生命周期的规则框架，即采取包括个人同意、自愿订立和履行合同，或者基于公共利益和履行法定职责、法定义务等前提下，可以对个人信息坚持在"最少化原则""必要性原则"基础上的有序收集和适度利用。这既强化了保障自然人的自主权利，同时又注重与其他重要利益包括国家安全以及公共利益等的平衡协调。

## 2. 规则设计

第一，明确管辖范围。以充分保护我国境内的个人信息权益为准，赋予本法必要的域外适用效力，从而统筹境内和境外的管辖空间以保障本法的最大实效。

第二，明确规范内容。在有关"个人信息"认定上，采取"关联说"，将"与已识别或者可识别的自然人有关的各种信息"均囊括在内。

在有关"义务人"设定上，将"个人信息处理者"作为主要义务人，将"接受委托处理个人信息的受托人"作为辅助人，承担一定范围内的个人信息安全保障义务。

"个人信息权益"既包括个人查询权、更正权、删除权、自动化决策的解释权和拒绝权以及有条件的可携带权等"具体权利"，又延伸出诸如对个人信息处理的知情权、决定权等"抽象权利"。

"信息分级分类"规定对于未成年人的个人信息、特定身份、行踪轨迹、生物识别等信息予以更高力度的保护。

"个人信息跨境"采取安全评估、保护认证、标准合同等多元化的出境条件。

"区别适用场景"对于"差别化定价""个性化推送""公共场所图像采集识别"等社会反映强烈的问题，予以专门规制；开展公开或向第三方提供个人信息、处理敏感个人信息、个人信息出境等高风险处理活动的，应当取得个人的"单独同意"。

### 3. 体系构造

在体例结构上，将私营部门处理个人信息和国家机关处理个人信息一体规制，除明确例外规则外，确保遵循个人信息保护的同一标准。基于此，个人信息保护法两线作战，即直面企业超采、滥用用户个人信息的痼疾，又防范行政部门违法违规处理个人信息的问题，最大限度地保护个人信息权益。

在治理模式上，注重发挥国家、社会、企业和个人等不同主体的协同作用，打造多方共享共治型的个人信息保护圈。其中，特别强调国家建立健全个人信息保护制度，预防和惩治侵害个人信息权益的行为，加强个人信息保护宣传教育，促成以政府、企业、相关行业组织和社会公众共同参与个人信息保护的良好环境，为促进个人信息合理利用奠定可持续性的生态基础。

在监管体制上，个人信息保护法采取了"规则制定权相对集中，执法权相对分散"的架构，由国家网信部门统筹协调有关部门制定个人信息保护具体规则、标准，国务院有关部门在各自职责范围内负责个人信息保护和监督管理工作。同时，对大型平台的监管，则要求"重要互联网平台服务、用户数量巨大、业务类型复杂的个人信息处理者"履行"看门人"义务。

### 5.2.3 对标欧美立法经验，凝练中国法治智慧

在欧盟，《通用数据保护条例》是欧盟基本权利意识形态在数据立法领域的集中表达。欧盟基本权利意识形态是围绕复杂的人权保护的话语体系，希冀建构普世主义的价值体系。因而，欧盟的宪法基本权利首先具有建构欧盟与欧洲共同体的功能，既然个人数据被保护权作为欧盟最重要的基本权利之一，那么人格尊严与身份建构的功能也就显而易见。在欧盟看来，个人数据处理本身会带来侵害人格的风险，虽然个人数据保护关乎多种权益，但人格尊严仍是基础。所以，欧盟的个人数据保护立法是一种基于人格尊严为核心、以风险预防为原则的人权保护机制[①]。

在美国，因并不认为个人信息处理本身就存在侵害个人人格尊严的风险，所以针对个人信息立法的站位更为务实，即只有存在个人信息使用不当或泄露而引致实际风险时，监管干预或法律调整才有必要。特别是在一般消费者个人信息保护方面，只要不存在明显的不公平对待、欺骗性对待，用户的同意就可以被视为或被拟制为一种协议合同或用户授权。可以说，美国个人信息保护主要采取消费者保护的立场且具有鲜明的市场调节法特征。

总之，就个人数据信息的保护与治理层面而言，欧盟因整体上不信

---

[①] 马长山：《智慧社会背景下的"第四代人权"及其保障》，载《中国法学》2019年第5期。

任个人信息保护的市场化调节,进而在一定程度上保持"信息隐私不可让渡"的立场;美国则是整体上肯定市场机制在个人信息保护中的重要作用,于是立法目标更多是为了矫正市场的信息不对称与不公平问题。

相较于欧美有关立法经验,我国在个人数据治理领域的法制建构上是以具有全球化视野又注重本土化实践为站位,从而契合数字时代之大势、凝练中国法治之智慧。

首先,虽然我国有关个人信息保护权益的正当性基础也是上溯至宪法的相关基本权利,这与欧盟的《通用数据保护条例》相近,即都将个人信息的保护视为一种基本权利。但是,我国则倾向于将个人信息的保护视为朴素性的国家保护义务,而非超国家的身份认同,也不主张建构普世主义的意识形态。

其次,虽然我国《个人信息保护法》也是采取了统一立法的模式,但其在具体制度设置与结构安排上,则将国家机关处理个人信息予以特别规定并单列一节加以区分,这又与欧盟不加区分的模式有所差别。

最后,我国《个人信息保护法》从其法渊追溯到制度积累以至立法生成的整个过程中,始终在不断回应数字化经济对用户权益的影响,尤其是互联网企业为代表的新经济组织对个人信息的收集与利用等议题,这些议题在事实上就是针对消费者个人信息保护在数字社会发展中的聚焦。不仅如此,我国基于更理性且务实化地看待个人信息处理本身与对人格尊严威胁之间的互动关系为考察前提,形成以个人信息合理利用与相应风险进行权衡判断的结果,从而框定我国《个人信息保护法》的规制逻辑与保护程度。从这个层面上讲,我国《个人信息保护法》却又与美国个人信息保护立法有一定的相似性。

由此可见,目前我国在个人数据治理上主要依托有关个人信息保护的法律制度路径,从而带有《个人信息保护法》所坚持的实用主义色彩,而这又与个人的数据信息所涉及的法益多元性密切关联。

一方面,我国《个人信息保护法》着眼于多元性法益的维护与增进,对标欧盟《通用数据保护条例》倚重人权话语体系的单一法益。我国以个人信息权益保护为切入口，实质性地强化了在广泛而深入的数据生活场景下人身与财产安全风险的防范问题，而这也一直是打造当前新风险社会的安定秩序、维护并实现人民群众更充分利益所亟须讨论、落实的重要议题。2015年《刑法修正案（九）》中涉及侵犯个人信息罪的规定，也主要是为了规制个人信息大规模非法交易所导致的电信诈骗等各类行为。这说明，我国以《个人信息保护法》释放对个人数据治理的法益效能并不囿于人格权或某类财产性权利的单一维度，这也是与欧盟意识形态下侧重人权法益的单一性立场有着本质性不同的。

另一方面，对标美国个人信息保护倚重市场信息不对称的矫正、关注市场化创新力激发的原则，我国《个人信息保护法》还将"权力制约"囊括为重要目标之一。数字化经济的渗透促使大型互联网平台的公共属性日益增强，大型平台企业等信息处理者不仅和个人之间构成数据权力的支配性，而且会与作为集体的信息主体之间产生权力支配关系，于是社会中的"权力谱系"得到极大膨胀并形成"数字权力"对传统治理体系与机能的挑战。所以，我国《个人信息保护法》的立法初衷理所当然地包含着矫正这种新型数字化不平等的基本目标，但在此基础之外，还蕴含着对民主意蕴更新与扩展、对权力"变身"警惕与抑制的更深远意义与丰富内涵。

## 5.3 个人数据治理实践的共性化悖论

我国与欧美国家间对于个人数据治理的法制模式与监管策略，在法理基础、价值取向、本质目标等方面确实各有侧重，但在操作机制上却都不同程度地采用了"赋权个体"的进路。这就使得当前各国在个人数据的治理领域具有一定的共性化色彩，这一共性化的进路选择其逻辑基础就是：赋予作为用户的个人数据主体以法律上应有的权利或权益确认，由此使用户凭借法律制度上的权利"能动性"实现有关个人数据信息的保护权益与治理目标。但实践中，"赋权个体"的进路选择却因存在初衷预设与现实结果之间的明显张力，不免造成采用该进路的个人数据治理具有了共性化的悖论。

意欲以"赋权个体"的进路去实现有关个人数据信息的权益保护，首要面对的就是用户对个人数据在实践中应以何种权利属性予以主张的问题。对此，理论界与实务界虽然争议较大，但也大体形成了围绕人格权与财产权作为讨论对象的阵营。

## 5.3.1 赋予用户对个人数据主张人格权而引发的实践悖论

将个人数据信息的权益主张或权利确认理解为人格权范畴的做法，可以说是当前中外大多数国家与社会在法治领域的通识。在我国，大多数学者都赞同个人数据与信息一般都应被纳入人格权的保护范围，即主张"个人信息不能成为所有权的客体，应划入具有意志与精神属性并体现公民人格利益和人格尊严的内在物范畴"[1]。况且，数字信息技术的集聚性应用很大程度上拓展了人类活动的场域，由以现实的物理世界为主转向兼具网络数字空间的虚实共生意境，于是数据世界成为人类存在与发展的新型重要空间。那么，"传统的人格利益不仅表现为物理世界的人身体之上，而且还表现为与物理生物体分离的网络世界的个人数据之上"[2]，由此，人格权的客体从传统的人身之上的利益扩展到"数字化人"之上也就显得顺其自然。从理论上看，传统的人格权理论对个人

---

[1] 张才琴著：《大数据时代个人信息开发利用法律制度研究》，法律出版社2015年版，第10-12页。
[2] 李晓辉著：《信息权利研究》，知识产权出版社2006年版，第117-118页。

数据这种新型权利仍然有着显著的指导性意义与功能。加之欧盟及其成员国、美国社会等对于个人数据治理的立法进程都以信息自决、隐私保护等不同侧重或种属的人格权范畴予以规定。所以，赋予用户对个人数据主张人格权看似较为妥帖。

但是，生产资料、利益实现、价值创造的运行机理，在当前数据化的社会治理中与工业经济状态下有着巨大区别。数字经济时代中的数据驱动型企业，只有通过收集占用与使用处理海量体积的数据，紧密追踪与分析研判用户的行为取向，才能及时地做出科学决策，从而应对数字经济瞬息万变的发展浪潮，尤其是快速跟进调整产品供给和服务方向以应对市场需求、消费者喜好。这说明，能否合理收集、存储、处理数据已经成为当前及今后企业、商家特别是数据驱动型企业等的竞争要素之一。那么，作为用户或消费者也只有不断通过浏览、评价、购买等消费行为在企业平台上留下大量数据，这些数据从不同角度表达着消费者个人化的喜好、诉求以及习惯等相关个人信息，甚至很多情况下因需要获得相应网络信息服务则必须上传个人信息、披露隐私行为，从而出现以"必须同意换取服务"的不得已之举。

可见，法律虽然从制度层面赋予了用户对个人数据的人格权主张，但在实践中，一方面，用户为了获得便利化的网络信息服务只能事实性地放弃相关权利主张，因为若拒绝类似开放隐私要求的条款后就根本无法使用相应服务程序，在这种要么全有、要么全无的利益选择模式下，用户往往是零和博弈中全盘皆输的一方，即便一定坚持有关个人数据的人格权主张尤其是拒绝就个人基础数据信息的填报，那么，在网络认证中还可能被质疑存在"社交欺诈"的嫌疑；另一方面，这也有碍于数字经济发展的效率增速的资源需求，尤其是数据驱动型企业所掌握的用户数据信息样本不足或不对称的情况，很可能导致管理决策的错位甚至是错误，这明显对于数字社会的整体经济秩序发展而言并非乐观。在这其中，有一个数字经济场景下难以拒绝且无法忽视的重要现象——用户与企业平台的"双向吸附"。这种"双向吸附"是指当企业平台越是拥有大量丰富的用户数据信息,就越有利于实现全样数据分析与算法决策用以改善商品与服务质量,由此产生良好的市场反馈从而吸引更多的用户在平台上因交往、交易贡献更多的数据信息。同时用户为了获得更高质、更高效、更值得信赖的产品与服务,必然又会趋向于这种掌控大型数据群的企业平台,如此周而复始的"双向吸附"现象也使个人数据信息权益保障以人格权为主张的事实性地空转。

可见,在数字经济发展实践中,赋予用户对个人数据主张人格权,则与当前广泛深入的数据化生活现实状况不符,而否认用户对个人数据具有人格权主张,又会出现相关企业平台对个人数据、隐私信息等超出合理范围的不正当利用,这即是以"赋权个体"为进路的个人数据治理实践处于两难境地的表现之一。

## 5.3.2 赋予用户对个人数据主张财产权而引发的实践悖论

赋予用户对个人数据享有财产权或财产性利益的问题,是颇受争议的。但从争议围绕的根本性问题而言,则主要集中在两个基础层面上:一是有违于传统性的财产权法律理论;二是不符合数据价值实现的生成原理。

第一,根据现有民法理论,一方面,数据因不具有确定性、独立性、稀缺性,也不属于"无形物",所以不是民法上的客体,况且数据的价值就在于传播、流动、交互,设立财产权反而将对信息自由、数据流通造成不当限制。另一方面,个人数据具有人身依附性和不可让与性,但同时如一般数据一样具有使用价值上的非竞争性、非排他性等特质,若设定财产权则挑战了"一物一权"的民法原则,这与现有财产权的民法精神不符。此外,从法理的角度看,赋予用户对个人数据享有财产权或财产性利益的法制创设，势必对既有法律框架的连续性、稳定性造成一定程度的"创新型破坏"。然而，否认用户对个人数据的财产性权利的主张，又很可能将个人数据视为不具有价值的纯粹工具，若再加之否认用户对数据具有人格权的主张或这种主张在实践中形同虚设，则个人数据主体也将沦为工具化存在而失去主体性价值。那么，企业平台所有利用个人数据的行为就都具有合法性，不仅可以继续全方位地捕获用户的个人数据信息，而且更可能在数据资源领域肆无忌惮地形成类似"圈地运动"的数据大战，最终"马太效应"将在数字经济环境下被无限放大。

第二，依据数据价值实现的生成原理，决定数据价值的根本是人的创造性活动，而不是数据本身。从数据的基本形态看，其主要有原始数据、衍生数据、驱动型数据三类。从价值属性上看，个人数据属于原始数据，原始数据是数据价值的原始形态，因而其并非具有显在的、直接的经济价值，在数字经济背景下，其常常是以人类经济活动的副产品而出现，在并未被收集、加工、处理时，并不包含任何资本或劳动投入，仅是一种具有潜在经济价值的资源禀赋。而衍生数据，则是数据价值的中级形态，是对原始数据投入了大量的资本、劳动和智力活动并对原始数据进行深度加工后的数据产品。至于驱动型数据，则是数据价值的高级形态，其主要反映的是基于数据资产所产生的信息知识，从而以数据创新性应用的创造性价值构成核心竞争力。这其中不仅需要更多互补性要素的投入，而且需要更多主体、更多互补性资源和更广应用场景共同付出，才能完成数据生态的构建。由此认为，直接对个人数据予以财产权的赋予是不符合数据价值实现的生成原理的，数据主体对其个人数据的独占性控制亦不利于公共数据资源的汇集和共享。

况且，"以数据换服务"的实践操作在日常生活中并不显见，这使得数据主体在绝大多数场合下面临"要么接受，要么走开"（Take it or leave it）的非此即彼式选择。为了维持正常的数字化生存，数据主体只能被迫交出数据，赋予其数据财产权的现实意义并不如理论预想的那样显著。

## 5.3.3 "知情"原则下的"同意"困境而引发的实践悖论

"知情同意"原则虽然产生于小数据时代，但在大数据时代下，海量的个人数据被广泛地应用于商业、政治、社会等各个领域，若这些数据在利用过程中，并未得到用户的事先知晓和授权使用，就极易引发隐私泄露、数据滥用、信息篡改等风险。所以，当前世界各国对于个人数据信息权益保护的赋权进路中仍然延续将"知情同意"作为通行原则，其目的在于通过在个人数据主体与信息收集方之间履行"知情同意"的强制性程序，希冀制衡数字化社会中处于强势地位的信息收集方或企业平台组织等数据资源掘取的行为尺度，旨在维护个人数据信息的自主、自治、自决，进而实现个人作为数据主体的合法权益保护。然而，该原则在数字化社会的运转实践中，仍存在诸多适用性的不足之处。

### 1."知情"与"同意"的逻辑基础存在错位

"知情"是认知，是数据信息主体参与有关数据信息活动、了解数据信息流向的前提；"同意"是判断，决定着何种个人数据信息在何种范围内、程度上可以被加以利用的授权表达。然而在实践中，"知情同意"原则缺乏具体的操作细则，数据信息的收集主体或者企业平台组织等往往在发出"同意申请"时采用概括化的方式，却实质化地模糊对某一具体关键事项予以明确性的请求同意说明，而作为被请求方的个人数据主体可能会出于对同意后果认知不足、缺乏知情主动性等复杂性因素，导致"知情同意"逐渐远离其制度设置的初衷，即个人数据主体的知情同意被企业平台的告知义务直接替代。具体来说，从个人数据主体的角度看，知情同意条款的逻辑基础本应是个人数据信息的自决权，通过赋予个人在知情的前提下积极实现并保护个人数据信息的权利，知情同意本应是保护个人数据信息的"安全阀",但从企业平台的角度来讲,则将履行告知义务的目的更多投射于只是规避法律风险的层面,知情同意尤其是告知义务的履行似乎沦为企业平台忽视甚或可能侵犯个人数据信息的正当理由或合理解释。简言之,正是"知情"与"同意"之间的逻辑基础发生了从"前提性规则"倒向"免责性条款"的错位,引发告知义务的约束性目的与知情同意的自决性价值之间的无法吻合。

### 2."知情"与"同意"的功能目标出现异化

数据时代的知识壁垒部分源自技术变革的疾速感与术语使用的专门性,这就使得知情同意规则在实际运用中的告知功能和风险控制功能不能有效发挥甚至落空,特别是"知情同意"原则使用时所必须知情的"隐私条款"内容,对于作为用户的数据主体而言可读性与可理解性极低。数字技术的疾速更新换代,使得隐私条款中常常包含大量网络技术领域使用的专业词汇,这对普通用户的知识储备与理解能力提出了极高的要求。不仅如此,企业平台组织为了在合法的框架内最大限度地规避法律风险,于是采用"信息过载"的方式呈现隐私条款中涉及需要知情与同意的关键性内容,如以篇幅冗长、用词模糊的政策条款打消用户保持阅读耐心的可能,从而最终使得知情同意条款被事实化地束之高阁。此外,由于信息共享技术带来去中心化的特定个人数据信息生成的循环系统,这就大大削弱了特定个人数据信息在二次及后续多次流通环节中被利用的知情与同意的可能,以至于知情同意规则形同虚设。可见,本以"知情同意"原则作为保护个人数据信息和隐私安全的"避风港",但在实践中却出现与制度初衷相悖的尴尬。

总之,"赋权个体"的进路选择面临着很现实的要么乏力、要么架空的失灵境况,这便形成了当前个人数据治理实践中最基本却是最突出的共性化悖论。只有继续关注现实、结合问题,运用新的治理思维与机制设计,才能为个人数据治理提供更好的法治模式,也才能更好地实现数据化社会治理的人文价值与目标。

# 第六章　公共数据治理的再辨与升级

党的十九届四中全会决定提出："健全劳动、资本、土地、知识、技术、管理、数据等生产要素由市场评价贡献、按贡献决定报酬的机制。"[1]这不仅说明数据与其他生产要素在国家经济发展中具有同等的重要地位，调动各类生产要素参与生产的积极性、主动性、创造性，从而让各类生产要素的活力竞相迸发，而且也说明需要构建数据资源自身在市场机制中的开放共享状态，以此才能更好地激发数据潜能的充分挖掘、数据价值的活跃流转、数据效能的持续倍增，从而满足数字经济的创新亟须。

同时，中共中央、国务院《关于构建更加完善的要素市场化配置体制机制的意见》明确指出，要"加快培育数据要素市场"，并特别要求"研究建立促进企业登记、交通运输、气象等公共数据开放和数据资源有效流动的制度规范"。[2]这又说明，加快培育数据要素市场的稳定性、

---

[1] 徐凤：《加快构建数据基础制度体系》，来源：光明日报，时间：2022-08-26 08:17，http://theory.people.com.cn/n1/2022/0826/c40531-32511928.html。
[2] 新华社：《中共中央 国务院关于构建更加完善的要素市场化配置体制机制的意见》，2020-04-09 19:00，http://www.gov.cn/zhengce/2020-04/09/content_5500622.htm。

持续性、完整性，既要有以政府为引导的掌舵手，又要有以市场主体为参与的生力军，由此才能汇聚更多的数据提供者、处理者等各方的合作，才能输入输出经过跨领域循环而形成的海量、全样的数据资源。简言之，就是如何构建激励数据开放与共享，并促使多方主体共同参与数据价值实现的制度规定与运行机制，于数字经济蓬勃发展、数据化趋势显著的当下，显得尤为重要。

但目前，有关公共数据的资源确认、使用规则的制度规定在我国立法中呈现出明显的碎片化、非正式化特征。[1]随着社会治理现代化进一步的"智慧型"升级、数字化运营下催生的新经济转轨以及信息科技的迭代发展，作为数据资源重要类型之一的公共数据因其存在边界模糊、权属不清、法制保障缺省等机制发育欠佳，以致对公共数据的价值与效能的充分释放形成掣肘性阻碍，从而影响构建合理、完善的公共数据资源的治理机制。因此，深入探讨公共数据的界定问题、研究分析影响公共数据资源有效发挥的因素及其可能引发的数据风险、开拓尝试以新的思路回应公共数据治理问题，将具有极其重要的理论意义和实践价值。

## 6.1 公共数据概念的界定争鸣

从直观层面看，"公共数据的来源主要体现为对群体记录与对群体创作，前者包括了公共空间的监控数据等，后者囊括网络平台公众互动所形成的数据等"[2]。这说明，之所以被称为"公共"的数据，其至少具有来源的公共性、对象的公共性、目的的公共性。从本质属性讲，公共数据应是一种非排他性与非竞争性的公共产品，公共数据相关利益在本

---

[1] 何渊：《政府数据开放的整体法律框架》，载《行政法学研究》2017年第6期。
[2] 魏鲁彬：《数据资源的产权分析》，山东大学2018年博士论文，第28页。

质上应是一种集体利益。①这就意味着，公共数据既营造了蕴含集体利益的公共资源空间，又能够被个人、企业或其他组织等作为社会集体利益生产的成员，可以共同获得不有损于他人利益的共同获利机会。由此可知，对于公共数据的认知首先是要在具备"公共性"的本质上形成共识。

但问题是，这种本质常常是以多样化的形态或状况被予以表征。特别是当数字技术的飞速发展迎来了以公共数据作为信息时代国家治理体系与治理能力提质增效的重要着力点时，若仍抱守以政府治理为主渠道、以政务信息为主内容的分析路径去构建公共数据体系，是否还能适应并满足数字经济发展与数据社会治理的现代化要求。

## 6.1.1 公共数据概念在争鸣中的演进

在既有的规范环境下以"政府数据"或"政务数据"指代公共数据已经成为认知常态或理解惯性，并以此作为公共数据之概念分析的工具进而探讨如何推进共享化、开放型的数据利用与保障机制。这就不免将多样化、多类型、多主体的数据所蕴含更为广阔的公共价值空间予以缩限或抑制。

### 1. 以"政府数据"切入的分析

"政府数据"，在中央层面的规范文件最早见于国务院办公厅《关于促进电子政务协调发展的指导意见》（国办发〔2014〕66号）中"研究建设国家公共信息资源开放平台，有序推进政府数据开放和社会化利用"；在地方规范性文件中则最早见于海南省人民政府办公厅《关于加强全省电子政务建设的实施意见》（琼府办〔2007〕28号）中"建成政府数据中心，有效整合、开发和利用政务信息资源，使信息资源共

---

①曾军平：《集体利益：一种理论解说》，载《财经研究》2006年第9期。

享程度明显提高"。此外，在《中华人民共和国国民经济和社会发展第十四个五年规划和 2035 年远景目标纲要》、《中华人民共和国国民经济和社会发展第十三个五年规划纲要》、国务院《关于印发促进大数据发展行动纲要的通知》、《贵阳市政府数据共享开放条例》等文件中也都是在"政府数据"的概念之下讨论数据资源的整合利用和开放共享的。

### 2. 以"政务数据"切入的分析

"政务数据"，在中央层面文件最早见于国务院《关于印发促进大数据发展行动纲要的通知》（国发〔2015〕50 号）中，除强调政务数据的公开共享、建立统一的互联网政务数据服务平台外，还区分使用了"政务数据资源"和"社会数据资源"的概念；地方则最早见于《衡阳市电子政务管理办法》（衡政发〔2007〕4 号）中"依托本级电子政务网络平台，统筹建设本级电子政务数据中心"。2021 年 6 月 10 日通过的《中华人民共和国数据安全法》的第五章则是以"政务数据安全与开放"为章节名；地方法规也有以此为名的，如《山西省政务数据管理与应用办法》《沈阳市政务数据资源共享开放条例》等。

### 3. 超越以"政府数据"或"政务数据"为指代的分析

事实上，公共数据确实与政府数据或政府信息、政务数据或政务信息等概念存在着发展递进上的密切联系，但在实质演变上却并不等同于其中某一概念。

对此，一种观点是，认定公共数据的角度是以数据涉猎的公共利益而言，那么政务数据中由政府部门保存和管理的源于社会公众且关涉公共利益而开放与共享的数据当然属于公共数据之一种，但若由国家或地方自治团体所控制和管理的面向社会公众、关涉公共利益的数据资源也可以属于公共数据，由此公共数据的范围要大于政务数据的含义；[①]

---

[①] 张建文：《能动司法与网络平台公开数据法律制度的型塑——评"北京微梦创科网络技术有限公司与云智联网络科技（北京）有限公司不正当竞争纠纷案"》，载《上海政法学院学报（法治论丛）》2021 年第 3 期。

所以，从数据的公共性和内容出发，就可以在公共利益、公共资源等更广义的层面去讨论公共数据的范畴，故而公共数据就包含除了政务数据之外，与民生息息相关的医疗数据、交通数据及电力数据，与经济相关的交易数据等也可以包含其中。[①]

另一种观点是，分析公共数据范畴的确定依据是从政府发挥公共服务功能的角度看，事实上"全能型"的政府机制是过于理想化的，因为现代政府须借助大量非政府公共机构的力量来完成复杂的社会治理。而非政府的公共性机构甚至某些民间组织所积累的大量数据是宝贵的国家治理资源与能效补给，若能够充分开发并善治利用，就能够更好地挖掘公共数据的最大效用，由此可以将公共数据扩展到"全部或者部分使用财政性资金的国家机关、事业单位、团体组织及科研机构等公共机构在依法履行公共职能过程中生成、采集的，以一定形式记录、保存的各类数据资源"[②]的范畴。

当然，以上观点的提出并非无源之水。实际上，在国家顶层设计层面上与地方立法示范引领层面上，都能找到相关渊源。

2016年，第十二届全国人民代表大会批准公布的《中华人民共和国国民经济和社会发展第十三个五年规划纲要》，就首次从中央层面提出"加快建设国家政府数据统一开放平台，推动政府信息系统和公共数据互联开放共享，强化公共数据资源的安全评估与保护"。因为公共数据平台确实是作为政府"用数据治理"的基础设施，数字政府的建设需要更广范围数据的收集与利用，并且国家政府数据统一开放平台、数据资源的充分开发利用也需要更多元化、跨领域的数据样本被纳入政府管

---

① 综合参考许娟：《利用爬虫技术侵犯企业数据知识产权法益的司法解释》，载《苏州大学学报（哲学社会科学版）》2020年第1期；吕廷君：《政府数据开放的法治思维》，载《理论探索》2017年第4期；孙铁成：《计算机时代的隐私权》，载《法学》1997年第11期。
② 黄尹旭：《论国家与公共数据的法律关系》，载《北京航空航天大学学报（社会科学版）》2021年第3期。

理数据的范围之内。

2017年,《浙江省公共数据和电子政务管理办法》在首创公共数据概念后,便引领了地方公共数据立法的潮流,以"公共数据"逐渐替代"政务信息"和"政务数据"成为地方相关立法的主概念,并引发学界对其内涵外延的探讨。

总体上讲,"公共数据"被期待授以大于政务数据的范畴,无论于现实、政策还是理论都将逐渐成为取代涵摄范围虽然明确但却过于狭小的政务数据。这不仅明确了要将公共数据作为专门性的立法对象,而且"公共数据"也成了数据立法与数据治理研究的主概念。

## 6.1.2 公共数据概念的设定依据标准

我国中央层面尚未出台专门的公共数据立法,尽管在现行立法中已关注到"公共数据"这一数据类型,例如在《中华人民共和国电子商务法》《中华人民共和国网络安全法》《中华人民共和国电信条例》三部法律法规中都出现"公共数据"称谓,但仍只是用于阐释与说明数据的联通、数字资源的共享开放之重要性,然而对其内涵并无统一界定,就是目前唯一通过的数据专门法案——《中华人民共和国数据安全法》也只是规定了政务数据的安全与开放。一些地方政府也相继出台公共数据管理办法从而划定不同的公共数据范围。例如,《上海市公共数据开放暂行办法》第3、47条,《吉林省公共数据和一网通办管理办法(试行)》第3、51、52条,《成都市公共数据管理应用规定》第2、37条,《济南市公共数据管理办法》第2条,《南宁市公共数据开放管理办法》(南数发〔2020〕34号)第2条,等等。然而,基于地方公共数据治理实践的进度不同,"公共数据"的范畴界定仍是被赋予不同的规范内涵,在公共数据成长之初这是必不可少的尝试与探索。但随着数据作为生产要素的价值日趋凸显,"数据"逐步完成对"信息"的超越和替代,则更需要将公共数据的边界与层级厘清以祛除对数据治理体系中公共数据价值激发、权益保障、违法规制的障碍。

## 1. 缘于地方立法中的经验逻辑表述

对于公共数据概念的内涵与外延如何界定的观点视角颇多，但直接以某些地方立法在规范性法律文本中所表述的有关公共数据管理的立法意图为实践参考，并在此基础上概括、提炼有关公共数据的来源、归属、开放、共享等议题，由此形成基于地方立法经验逻辑之上的公共数据概念的设定依据与标准。

这种对公共数据概念的设定路径事实上是将映射治理实践的立法意图与立法经验为基准，倾向于以服务数据化发展需求为转移，而不是将公共数据的概念设定作为学术意义上的专门性定义，这种设定路径具有一定的现实合理性。毕竟，公共数据的形成、利用以及价值实现是在市场中验证与兑现，而各级地方政府机构作为社会治理现代化的实践领军主体，更要积极回应并适时总结基于数据治理实践所需、所为的有益探索与有效经验，由此才能更好地引导和规范本辖区内涉及公共数据开发、利用的权属关系与获利行为，才能为地方经济社会发展中的数字化转型提供良性循环的制度环境保障。何况，近年来地方立法关于公共数据的先行先试也是呈现如火如荼的形势，这就为探讨公共数据范畴界定的议题提供了丰富的实证研究资源，并以此概括提炼相应的公共数据概念的定义。如：将公共数据定义为"政务部门在依法履职过程中产生和管理的以一定形式记录保存的文字、数据、图像、音频、视频等各类信息资源"[1]；或者将公共数据定义为"各级行政机关以及履行公共管理和服务职能的事业单位在依法履职过程中，采集和产生的各类数据资源"[2]。

---

[1]《成都市公共数据管理应用规定》第2条。
[2]《上海市公共数据和一网通办管理办法》第3条。

显而易见，以地方立法的经验逻辑为公共数据概念设定标准时，是直接将政府管理数据的范围划定为了公共数据的边界。这是因为在之前的工业经济体制下，政府多是作为社会信息的主宰者，这种认知状态实际上在当下数字经济时代仍旧属于主流判断，即政府依旧是制作或获取社会公共数据信息的主体。政府作为社会公共领域中最典型的数源主体当然应与公共数据的权益关系更为密切、直观。况且从地方有关立法的现实来看，对公共数据的数源主体在规范表述中尽管不尽相同，但一致的是，必须在明显程度上能体现出被公众所共知的公共性是确定公共数据主体的基本逻辑。正因如此，政府数据或政务数据当然顺理成章地成为公共数据的典型，甚或以此指代公共数据其实也不足为奇。

但是，由于一方面随着社会发展与数据治理的关联度进一步密切融合从而在全社会激发极大增强释放数据红利的强烈需求；另一方面则是政府治理能力提升与治理体系优化的双重目标加大了对数据依赖的程度，公共数据范畴难以拘泥于政府自身履职管理范围之内的数据资源供给，因为数字化进程中日渐具备公共服务能力的主体已大大超出政府组织体系，尤其是科创运营的新型社会组织，借助技术优势在其自身业务活动宗旨之内迅速积累的海量数据信息同样是国家治理与社会治理所必需的"数治"资源。鉴于此，拓宽公共数据的设定范畴就显得势在必行，进而避免影响数据所蕴含价值的流转与释放。

## 2. 基于功利主义的价值最大化导向

数据作为生产力要素实现价值创造的基本逻辑是，依托赛博空间的算法、算力将各类型数据转变为信息，再由信息转变为知识最终达至将知识转变为决策，从而激活数据以最大化程度上的流动释放化解复杂系统不确定性的效能，由此数据价值的最大化目标也得以实现。而这种激活、释放的突破口最重要的就是有赖公共数据开放、共享的治理体系建设。

正如业界专家所言，"单个数据集往往价值不大，但数据融合所产生的威力无穷,数据开放与流动是数据价值最大化的有效途径"[1]。

同时,伴随着学者对公共数据概念研究的深入和完善,其内涵和外延也随着规范目的与意义的复杂度、丰富性而趋于扩张,并站位于开发利用数据价值最大化的功利主义导向,阐释以"社会公众基于公用目的而共同使用"为核心依据梳理并设定公共数据的概念边界。这一核心依据的实质就是将数据所承载的信息内容及其使用价值是否具有公共性作为判定公共数据的关键要素,即由数据内容要素的公共性决定某类数据为公共数据,至于数据主体要素的公共性则不必然决定数据的公共属性而在所不问,"将国家机关及其他公共机构以外的社会主体所控制的与公共利益密切相关的数据纳入公共数据的学理范围"[2]。因此,公共数据主体范围不再局限于以政府为典型代表的公共机构,诸如行业协会、科研机构、社会组织和平台企业等亦应涵摄其中。

基于数据价值最大化的功利主义导向,而形成以公共性的数据内容及使用价值为设定公共数据概念的依据,其合理性在于,这不仅契合数据治理的本质特征,而且扩展了公共数据概念的外延,由此将便于更好地适应数字经济的深入发展、关注数据使用者的正当利益、防止数据垄断专横的潜在风险。

由上可知,公共数据作为一种技术型、工具化的概念,在目前中央立法层面,尚未明确界定统一具体的公共数据概念,而是采取了先由地方立法进行探索性创新与经验化总结的多样化实践,借以暂时观望的策略寻求并吸纳源自地方立法实践中的最佳概念规范和制度规则。而地方立法中,就公共数据概念设定的依据也并非一致,但对于公共数据的范围认知在整体上正经历着体现于外延上以政府为主的行政职能部门的数

---

[1] 新华网:《释放数据生产力 实现数据价值最大化》,2020-09-07-17:41,https://baijiahao.baidu.com/s?id=1677168263737632489&wfr=spider&for=pc.
[2] 郑春燕、唐俊麒:《论公共数据的规范含义》,载《法治研究》2021年第6期。

据，到公共管理部门的数据，再到公共管理和公共服务组织的数据，这一逐步扩张的演进历程，由此也就反向扩充了公共数据概念在理论上更丰富的内涵，在实践中则呈现出公共性程度有所差异的多层级划分。

### 6.1.3 呈现于实践中的公共数据轮廓

就公共数据的本质而言，其具有公共性要素资源的属性，那么"公共利益"即是公共数据治理的基础与目标，尽管公共利益本身是一个不确定性且弹性空间较大的概念，但这并不意味着公共利益在具体社会情境中无法度量。循此思路并依前文所述，事实上对于公共数据概念设定的依据也是源于某种特定的"公共性""公益性"等标准，以此划定对公共数据范畴的界分。基于当前我国围绕公共数据的理论认知与立法实践，按照数据主体所包含的公共性身份差异与数据内容所体现的公共性价值程度，可以将公共数据的轮廓呈现为错落有致的四个层面——"政务数据、公共非营利主体数据、公共营利主体数据和授权经营主体数据"[①]。

**1. 政务数据**

对于政务数据无论于其数据主体的身份还是数据内容的价值，其都涵摄最高程度的公共性特质，属于最为典型的公共数据。政务数据是源于职能履行受公共财政保障的非营利性公共管理主体在提供公共产品过程中产生的数据，不仅包括各级行政机关以及具有行政管理职能的事业单位的数据，而且也应包括人大、政协、司法和监察等其他国家机关制作或获取的数据。

社会大众认知意义上的政府数据就基本等同于这里所讲的政务数

---

[①] 沈斌：《论公共数据的认定标准与类型体系》，载《行政法学研究》2023年第4期。

据，即将具有行政职能管理色彩的数据纳入公共数据范畴并无疑义。但是，将行政机关之外的其他国家机关制作或获取的数据纳入公共数据范畴则仍存有争议。例如，《广东省公共数据管理办法》《无锡市公共数据管理办法》都未将此类数据纳入公共数据范围，更有观点直接将此类数据明确排除在公共数据范围之外[①]。事实上，就数据主体的公共性身份与数据内容的公共性价值而言，行政机关之外的其他国家机关及其所制作或获取的数据，在本质上与行政职能管理主体所产生的政务数据并无根本性区别。况且，随着诸如数字法治、智慧司法等社会治理现代化的"数智"趋势强劲发展，尤其是在数据化理念与数字化技术深度嵌入其他国家机关的职能应用场景中，此类数据资源不仅在规模上会疾速增长，而且其公共利用的目的也会越发凸显，甚至成为强化塑造数字社会公信力的重要数据资源。因此，都应将其纳入属于政务数据类型的公共数据范畴。

## 2. 公共非营利主体数据

公共非营利主体数据是基于公共财政资金或社会捐赠资金支持的公共非营利性、非管理性主体在向社会提供准公共产品或服务过程中而产生的。相较政务数据而言，公共非营利主体数据的公共性明显弱化，且存在数据治理主体与数源主体分离的现象。尽管如此，大量公共非营利主体数据仍是公共数据资源的重要组成部分，并作为现代政府发挥更充分、完备的公共服务功能的助力性支撑与载体。公共非营利主体数据大体包括如中国红十字会、中国残疾人福利基金会等数源主体的数据；再如公立学校等教育事业单位、科研院所等科技事业单位、公立医院等卫生事业单位、报纸杂志社等文化事业单位、体育训练中心等体育事业单位之类的数据；又如中华全国总工会、中华全国妇女联合会、作家协

---

① 赵家兵：《公共数据归属政府的合理性及法律意义》，载《河南财经政法》2021年第1期。

会等社会团体的数据；此外，类似如民办非营利性学校、民办非营利性医院、民办非营利性福利院等社会服务机构的数据。

### 3. 公共营利主体数据

相较于前两类公共数据，公共营利主体数据的公共性主要体现在公共财政资金支持和提供准公共产品内容这两个特质上，所以其是公共性程度更弱的公共数据类型，不仅存在数据治理主体与数源主体相互分离的现象，而且产生数据的行为活动具有营利性目的。那么，实践中对公共营利主体数据的认定需要注意两个容易引起误解的问题：一是公共营利主体的行为目的之营利性与企业性质之公共性之间，并非根本性抵牾，恰恰是通过营利性的手段达至公共国有企业实现公共目的的行为。二是若公共营利主体非因提供公共性服务而产生的数据，则需要排除于公共数据范围之外。在现实生活中，如国家电网、中国电信和各城市的自来水、燃气公司和公交集团等具有公共服务的营利法人性质的国有企业，在提供电力、水务、燃气、通信、公共交通、城市基础设施建设等过程中生成与获取的数据，即属于这种类型的公共数据。

### 4. 授权经营主体数据

授权经营主体数据是指政府授权经营的非公共资金支持的营利性主体因提供准公共产品而产生的数据。相较其他类型的公共数据，授权经营主体数据同时存在治理主体与数源主体分离、产生数据活动性质的营利性以及主体身份的非直接公共性等特征，从而使其成为公共性最弱的公共数据类型。现实中，诸如民办营利性学校或医院以及社会资本主导的基础设施与公用事业特许经营主体等，在提供准公共产品且市场准入需经政府特别授权的营利性主体产生的数据，即属于授权经营主体数据。就其本质而言，授权经营主体事实上是替代政府向社会提供公共产品，不仅需要接受政府严格的审查与批准、干预和限制，而且在一定程度上承担着社会治理责任，即在享受经济获利的同时需负担一定程度的数据处理义务。在此意义上，虽然此类主体不具有直接公共性，但却因政府的特别授权而具有一定程度的间接公共性，从而在形式逻辑上仍然符合数据主体身份包含公共性的特质，尽管因间接公共性而明显弱化，但仍然符合数据内容具有公共价值的公共数据认定标准。当然需特别强调的是，授权经营主体的数据若被认定为公共数据，必须依托政府授权，即只有获得政府主管部门审查批准或特许经营的主体制作或获取的数据方才属于公共数据范畴。

## 6.2 公共数据治理的现实逻辑

当社会治理现代化进入以"数字化""智慧化"作为高阶发展的重要表征时，公共数据就更彰显出其作为发展型的基础性资源所蕴含的增强社会治理效率和提高治理能力的重要社会价值。

我国《数据安全法》第41条规定，除依法不予公开的数据外，国家机关应当按照规定及时、准确地公开政务数据。

仅从本法条规定而言，易于使人误解为：有可能公开且需要公开的数据似乎只限于政务数据。而从公共数据概念的界定与范畴的划分可知，能够作为公共数据类型的不止于政务数据，虽然政务数据是社会大众普遍共识的最典型的公共数据类型之一。这需要着重说明两点：

第一，其他层级类型的公共数据同样应存在需要公开且事实公开的必要和可能。这是因为，公共数据就是数字化时代下以信息技术的方式记录公共产品供给活动而产生的体现为数据形态的结果，公共数据当然具备公共产品的公共性基本特征，其不仅需要将社会公共利益内嵌为自身的正当性所在，而且应以"公共产品作为满足社会共同需要的产物"[1]

---

[1] 秦颖：《论公共产品的本质——兼论公共产品理论的局限性》，载《经济学家》2006年第3期。

作为自身的合理性表达,由此开放、共享的就不止于政务数据这一种公共数据类型,否则将有悖公共数据设定的根本意义甚至有碍数据治理与社会治理的互促共进。

第二,现行《数据安全法》虽然提及有关数据开放和开发、利用和再利用的议题,但在可行性、操作性的制度设计与法益确认的机制上却较为薄弱、模糊,这对于与公共数据相关的数源主体投身于数据开放、共享的实践而言,未能提供坚实的引导、促进乃至激励的法律保障。而保障数据的开放,才能有效促进数据的共享,在持续共享中才能实现数据的价值本质,最终才能充分展现公共数据在数字技术应用下所能创造的最大化社会价值。显而易见,该法的立法理念是以"重数据安全"而"轻数据利用"为基本立场。仅依靠《数据安全法》作为激励社会各界开放、共享、再利用公共数据的上位法,其法治动力的效能还是有所欠缺。

与此同时,公共数据的"藏而不露"本身就是对数据资源的闲置、浪费甚或埋没。于是亟待构建促进数据安全共享、强化数据合法利用、消除数据鸿沟壁垒、保护数据权益归属的公共数据治理体系。否则,公共数据的潜在价值挖掘将面临多重瓶颈性困境,公共数据的正常开发利用也会面临更多诱发性风险。

## 6.2.1 公共数据运转中的瓶颈性困境

第一,公共数据概念与范畴的"法定性"不足有碍相关公共数据政策的落实。公共数据作为促进社会治理现代化提质增效的重要信息资源,其效能价值的发挥是以开放共享的利用为前提。在我国,公共数据的开放共享模式最初主要是以行政任务为载体拉开序幕、以政策推动进入试水阶段,且在这一过程中并未对何种数据属于需要公开的类型、公开的范围程度、相应数源主体的权义分配等形成明晰的法理依据和法律边界。由此,筑就我国公共数据运转机制最初是以"实践先行，立法滞后，文件治理，政策推动"①为阶段性特质。尽管在国家层面也陆续出台诸如2015年的《促进大数据发展行动纲要》、2017年的《关于推进公共信息资源开放的若干意见》与《公共信息资源开放试点工作方案》、2022年的《数据二十条》等，均围绕公共数据资源的开放共享、规模化创新应用、充分释放经济价值和社会效应等提出明确政策要求，但是，因指称上反复出现类似"公共数据资源"与"公共信息资源"，以及"公共数据资源"与"政府/政务数据资源""政府/政务信息资源"等，明显存在概念交叉使用和范畴界定模糊的情形。虽然结合地方立法实践逻辑与现实社会需求目标，可以将公共数据进行层级划分，但更关键的是需要从国家层面的上位法领域确立对公共数据内涵与外延的核心予以概括梳理，从而增强围绕公共数据的法定性概念确认与规则机制的设立，否则相关推进公共数据资源的政策在落实层面就难以做到精准适用，更不利于实现公共数据资源的充分使用所必需的确定性激励方案的落地。

第二，"数据壁垒"高筑抑制公共数据价值凝练所需的聚合性、规模化使用。公共数据至少要具有面向公共社会服务、公共价值提升、公共利益满足的特质，因此只有达到基于数据资源规模足够的"大"，才能保证公共数据所蕴含的信息之全、准、真的最大化程度，才能为社会治理现代化的高质量发展提供智慧型资源的支撑。正如有学者提及，大数据技术的出现使数据创造价值的方式发生了根本性的转换，即从对因果关系的准确证实转向对相关关系的敏锐揭示。②这说明，公共数据作为社会治理的重要资源之所以蕴含无限可能的价值效能，根本在于其需要也能够负载海量化、全样本的数据资源用来"喂养"算法模型才能对

---

① 宋华琳：《中国政府数据开放法制的发展与建构》，载《行政法学研究》2018年第2期。
② [英] 维克托·迈尔·舍恩伯格著，袁杰译：《删除：大数据取舍之道》，浙江人民出版社2013年版，第67页。

有价值意义的信息进行筛选、甄别、提炼、总结，最终得出更趋于合理、精准的智能化决策。可见，公共数据所需要的"此种价值创造机制的转换对数据体量提出了极高的要求，只有在数据体量达致一定规模时，大量数据的结合才能催生出具有价值的相关性规律"[1]。然而目前，我国虽然已经是世界上数据量最大、数据类型最丰富的国家之一，但离"数据强国"还存在不小差距。尤其是在我国的公共数据领域，数据之间存在的沟堑壁垒则成为抑制公共数据价值的有效凝练与充分释放的"隐形高墙"，不仅各个部门、机构间的公共数据资源采集标准、格式、接口不统一，数据系统相对封闭、平台数据接入率低、信息融通度欠佳，而且各自省、市、县等层面的不同区域间的公共数据资源也存在类似状况。这种跨部门、跨行业、跨地域的公共数据资源"纵向不连通、横向不共享"的境况，导致公共系统环境下庞大的公共数据资源之间并未形成统一发力的"聚合效应"，这就极大地"阻碍了全国范围内全样本或大样本数据的形成以及公共数据资源的规模化与综合性利用"[2]。

第三，"增值性"权益的归属不明掣肘公共数据资源的开发利用动力。由于受到专业分工和技术水平所限，当前各种公共机构及组织即便积聚了数量庞大的公共数据资源，但在应用层面的开发程度也不高，这即是"术业有专攻"在公共数据运转实践中的再现。所以，我们需要考虑"政－企－社之间合作"的必要性，优势互补、共享共赢，在解决公共数据资源开发利用的瓶颈难题之基础上，充分释放公共数据资源价值的潜力。对此，《促进大数据发展行动纲要》《公共信息资源开放试点工作方案》等中央文件中明确提出，要积极营造全社会广泛参与和开发利用公共数据资源的良好氛围，建立市场化的公共数据资源应用机制，

---

[1] 吴伟光：《大数据技术下个人数据信息私权保护论批判》，载《政治与法律》2016年第7期。
[2] 江必新：《大数据时代背景下人民法院司法统计的科学发展》，载《人民法院报》2013年8月16日，第4版。

鼓励、依托专业机构和个人开展公共数据资源增值开发活动。[①]实践中，许多公共性机构包括履行政府行政管理职能及其以外的其他国家机关，就公共数据资源的挖掘、分析、再利用等技术性业务，越来越倾向与专业化的数据企业进行深度合作，不仅减少了数据采集等重复劳动和不必要的相应费用，而且极大提高了公共机构的组织运行效率与专业化程度。例如，浙江省高级人民法院、福建省高级人民法院先后与阿里巴巴签订战略合作协议，共同探索司法数据可视化、司法数据建模、司法资源智能推送、司法审判偏离度分析预警等新型司法数据应用模式。[②]但目前在"政－企－社"的"合作"机制下，对公共数据资源进行增值性开发而产生的数据利益或数据产品的归属问题并未明确。由此，这种"增值性"权益归属不明的制度现状难以有效激励多样化的市场主体将更多"开发型"劳动投入公共数据资源领域的动力与热情，这客观上形成了对公共数据资源深入开发与充分利用的掣肘之力。

### 6.2.2 公共数据运转中的诱发性风险

首先，协调共享机制缺席在公共数据运转中诱发的风险。公共数据资源间的融通困境在排除因财政不足而无法确保公共数据开放的技术基础设施建设到位的问题后，更突出的原因则在于"缺乏有效的公共数据协调共享机制的问题"[③]。协调共享机制是保障公共数据资源在数字社会发展中良性运转的"润滑剂"。公共数据的协调共享机制是指政府和社会组织之间建立起来的共享公共数据的合作机制。这种机制的建立，

---

[①]《国务院关于印发促进大数据发展行动纲要的通知》国发〔2015〕50号；《公共信息资源开放试点工作方案》中网办发文〔2017〕24号。
[②]《浙江高院联手阿里巴巴打造"智慧法院"》，载《人民法院报》2015年11月25日，第1版；《福建高院与阿里巴巴集团签署战略合作框架协议》，福建省法院网，http://fjfy.chinacourt.gov.cn/article/detail/2017/12/id/3101857.shtml。
[③] 陈潭著：《大数据时代的国家治理》，中国社会科学出版社2015版，第36—37页。

可以实现公共数据的有效利用和共享，优化公共资源配置，提升公共服务水平。若协调共享机制在公共数据运转中处于缺席状态，则可能带来以下风险：

第一，数据孤岛状态。没有协调共享机制，数据很可能被不同机构、部门、业务线分散收集，造成数据孤岛。这种情况下，数据难以跨机构、跨部门使用，造成数据重复、资源浪费，影响了公共数据资源的最大化利用。第二，数据质量问题。没有协调共享机制，每个机构的数据采集方式和标准不同，数据质量难以保证。数据的准确性、完整性和一致性等问题会导致数据分析结果不准确，影响公共服务的质量和效率。第三，数据安全风险。公共数据涉及个人隐私、商业机密等敏感信息，数据泄露、滥用等问题会带来严重的风险。没有协调共享机制，数据很可能被泄露、滥用，对个人、企业和社会造成不良影响。第四，数据权属争议。没有协调共享机制，数据的归属和使用权限难以明确，数据的管理政策和治理措施难以落实。这种情况下，数据的有效利用与权益维护之间处于紧张状态，不利于公共数据的成长与更新。第五，数据共享障碍。没有协调共享机制，不同机构之间的数据交换和共享难以实现，数据的流通和共享出现障碍。这种情况下，数据的利用效率低下，公共服务体系也将受到影响。第六，资源浪费问题。没有协调共享机制，数据被分散收集和管理，数据资源重复、浪费的现象将会普遍存在。这种情况下，公共资源的最大化利用难以实现，造成资源浪费，影响社会效益和经济效益。

总之，缺乏协调共享机制会对公共数据的管理、治理、利用和共享带来诸多风险，这些风险将会对社会造成不良的影响。因此，建立公共数据的协调共享机制是保障公共数据安全、优化公共资源配置和提升公共服务水平的重要途径。

其次，泄密防范机制不健全在公共数据运转中诱发的风险。随着公共数据的不断增加和使用，数据泄露和滥用的风险也日益增加。而不健全、不完善的泄密预警与防范机制对于公共数据运转的正常化而言，具有致命的危害。

简单地讲，公共数据泄密是指公共数据被不当地披露给未授权的人。可能导致公共数据泄露的原因主要包括以下方面：技术原因，网络攻击或计算机病毒或其他的网络安全应用等技术问题；人为原因，员工疏忽、错误操作、安全意识不足甚至是黑客攻击等因素；管理原因，不完善的安全政策和程序、数据备份或恢复机制的缺失；等等。以上这些可能导致公共数据泄露的状况势必存在引发涉及公民个人、社会组织、政府机构甚至国家利益的风险与隐患。

第一，个人隐私泄露风险。公共数据中包含了大量的个人信息，如姓名、地址、电话号码等。如果这些信息被泄露，将会对个人的隐私构成威胁，甚至可能引发身份盗窃等问题。第二，企业商业机密泄露风险。公共数据中还包含了企业的商业机密信息，如财务数据、销售数据、产品开发计划等。如果这些信息被泄露，将会对企业的商业机密构成威胁，甚至可能导致企业破产。第三，冲击秩序正常化的风险。公共数据泄露还会对社会稳定造成负面影响，如政府机构的内部文件、警方的调查数据等若泄露，将会对社会造成不良影响。第四，法律责任风险。公共数据泄露还会对法律责任造成风险。如果公共数据泄露导致个人或企业的损失，将会面临法律诉讼和赔偿责任。第五，信任危机风险。公共数据泄露还会破坏公众对于政府和企业的信任度，这将会对政府和企业的形象和声誉造成不良影响。

最后，公共数据的泄密风险已经成为公共服务的重要隐患。为了保障公共数据的安全和维护公共利益，需要建立完善的安全机制和流程，并加强安全教育和培训，采用先进的安全技术，建立监控和管理机制，加强合作和交流，共同维护公共数据的安全。只有这样，才能确保公共数据的合法、安全、高效使用，为公共服务创造更大的价值。

## 6.3 "数据利他"的探索尝试

数字经济时代的升级发展面临的最大困境莫过于数据流动性不足、公众对数据开放信任度较低的问题。因为数字经济是数据驱动型经济,数据容量的多少、范围的大小、种类的复杂度等方面关涉着数字经济发展所需的数据量问题,而数据准确性、完整性、一致性和可靠性等方面则关涉数字经济提速的数据标准问题,此外数据传输和共享过程则关乎体现并保障数字经济运行的活力性与持续性问题。所以,数字经济社会中的数据之丰富、高质的来源与充分流动的状态都是形成良好且充满活力的数据市场所必不可少的。就算数据以大体量、规模化的状态存在却缺乏有效的数据流动和获取机制,那么依然无法形成数字经济良性运转的资源环境、埋没数据所蕴含的指数级价值增长潜能,也不符合社会治理现代化所要达到的充分性、均衡化的效能。而这其中,公共数据因其必然所负载着多重性的社会价值而与其他数据类型比较而言,其开放共享利用在面向社会公共利益的目标实现过程中显得更为至关重要。尽管公共数据运转中所潜藏的风险存在升级化的可能,但很明显,发展中的问题需要以发展型的思路予以应对,所有数据类型中,公共数据是最需要也最必要将开放、共享作为其存在与发展的根本的,否则有违其本质属性。那么,对于激发与拓展公共数据开放共享的发展型思路是什么呢?对此,我们引入"数据利他"的探索模式并对其经验尝试予以总结,期待通过理论阐释与实证分析,寻求公共数据更好释放其自身价值效能的稳健之路。

### 6.3.1 "数据利他"意蕴的解读

#### 1."数据利他"的概念渊源

"数据利他"观点的来源可以追溯到 2011 年由加拿大著名作家和商业顾问 Don Tapscott 与他的儿子 Alex Tapscott 共同撰写的一篇题

# 第六章
## 公共数据治理的再辨与升级

为《五个区块链的利他原则》（Five Principles for a Blockchain-Enabled Transformation）的文章，该文发表在《哈佛商业评论》（Harvard Business Review）上。文中提出了"数据利他"（Data altruism）的观点，即数据应该属于个人，但个人可以选择将其分享给其他人或组织，以使其更好地服务社会。这一观点后来被广泛讨论和引用，成为区块链技术发展的一个重要理论基础之一。同时，随着数字经济的全球化来袭和数据共享的需求日益强烈，"数据利他"的观点也逐渐被应用到更广泛的领域中，尤其是在公共数据治理的范式创新与机制探索的经验尝试中。

从全球视野看，将"数据利他"予以制度化呈现起步较早的是欧盟体系的治理实践，其最典型的条款载体就是《欧洲数据战略》及《数据治理法案》。

2020年2月19日，《欧洲数据战略》应运而生，其作为纲领性文件包含了一系列的立法策划，以"开放更多数据"和"增强数据可用性"为两个基本切入口，旨在战略层面创设欧盟共同数据空间，由此既畅想欧盟数字化转型的加速，又意欲强化欧盟在全球数据领域的引导作用。该战略文本中将"数据利他"定义为，在以《通用数据保护条例》（简称GDPR）为根本遵循的前提下，促使个人更易于自主自愿地允许使用其生成的数据来造福公众。

2022年5月，《数据治理法案》（Data Governance Act，DGA）经过欧盟各界不同意见的多轮商讨最终得以欧盟理事会和欧洲议会先后批准通过了该法案。该法案不仅为鼓励出于"利他"目的的数据共享提供了法律框架，而且为"数据利他"组织的识别设置了一系列的认定规则，这给欧盟体系基于公共利益的数据开放与共享提出了新机制。该法案中的"数据利他"，数据主体以满足科学研究或者公共服务等公共利益的实现为目标，不以寻求回报或接收补偿报酬为目的的条件下，自愿同意处理与其相关的个人数据或其他数据持有人自愿允许使用其非个人数据。

相较而言,虽然《欧洲数据战略》作为力推"数据利他"理念的纲领性、规划性的重要立法文件而出台,但进一步推进落实"数据利他"模式还需要相关配套法案的跟进,而《数据治理法案》正是以欧盟条例的法律形式出现,以多重主体、多重渠道、多重保障的机制试图拓宽数据的共享来源、创新欧盟数据的共享机制,并直接且完全地适用于欧盟各成员国间,最终以构建具备信任度的数据经济环境为目标。所以,"数据利他"概念的初衷具有与公共数据治理目标的契合性。

### 2."数据利他"的本质

从人们数据化生活的实际样态看,其实很多时候人们在享受数字技术便利、数据信息智慧的时候,与其说缺乏的是分享数据的意愿,不如说担忧的是分享数据的渠道,这一点在针对公共利益层面上的数据分享、传播而言更是如此。虽然资本与人性都有逐利的一面,但现代社会公民意识也在不断进化与成长,到了数据时代更不应是倒退。这就意味着,在数据经济时代若要打开为公共利益而共享数据的大门,就必须寻求一条保障数据安全、体现数据自主、实现数据共享的新思路。

而就"数据利他"意蕴的本质而言,它是基于数据主体或数据持有人面向社会公共利益或公益目的而贡献其所掌握的数据信息,这其中实际蕴含了数据主体或数据持有人对自我"贡献"这一行为同样报有"利于自身"或至少"无害于己"的价值期待,只不过这一期待是以间接有利于自己或与他人利益保持平衡的价值意愿被予以隐含。因此,欧盟在以"数据利他"为主旨应对公共数据开放共享的法律治理实践中,是希望由此能够获得不仅用以满足数据分析、机器学习、欧盟内部跨境传输等需求的足够规模的数据池打造,而且还搭建"数据利他"组织以此确保民众树立对数据共享机制与渠道的足够信心与必要信任。

### 3."数据利他"的原则

"数据利他"是一种数据时代重要的理念,它提醒我们在使用数据时不仅仅要考虑个人或特定群体的利益,更要考虑整个社会的利益。只有更好地理解并遵循"数据利他"的原则,才能让更多涉及公共性的数据进入公共数据开放共享领域,从而发挥公共数据更好地服务于社会的最大化价值。根据对"数据利他"意蕴的本质解读,也可以衍生出"数据利他"在公共数据治理中所应秉持的一般原则与特殊原则。

一般原则,即最基础也具有普适性的原则,其应包括:

(1)公正性原则,即数据收集和使用是基于公共性、体现正当化与适度性、维护公平与正义的社会目的,而不应具有歧视特定群体或个人的倾向。

(2)透明度原则,即数据收集的目的、使用的边界应是事先予以明示指向的,且公众都应知道这些公开数据是如何获取、使用以及后续又如何再收集与再使用的范围、空间。

(3)隐私保护原则,即数据的收集和使用应保持对个人隐私及相关权利最基本的尊重,不得以轻视或侵犯个人权利换得开放共享的利益。

(4)社会利益原则,即只有基于为整个社会谋取利益而主张以"利他"为理由才是数据收集、使用、共享的合理前提,仅为个人或特定群体谋取利益不在"数据利他"理念的涵摄之内。

特殊原则,即需要与"数据利他"相近的概念进行对比辨析,从而获得以下原则内容:

(1)"自愿性"为必备条件的共享原则。与"数据利他"近似的"开放数据"概念,在国际上被普遍定义为可以被任何人出于任何目的包括商业目的公开访问、利用、编辑和共享的数据。开放数据的本质是提供数据,但并不限制使用数据的目的是商业性的或非商业性的;而"数据利他"因其本质则必须为公共利益传输数据。在数据主体方面,开放数据很早就以规定公共部门的开放义务为标志,该义务并非完全具备强制性,但与"数据利他"必须以"自愿"为必备条件的共享存在差别,"数据利他"同时倾向于鼓励个人或企业共享数据。

（2）"数据使用权转移且可撤销"的限定原则。这是"数据利他"与"数据捐赠"进行对比而形成的特殊原则。即"数据捐赠"是个人出于主动同意捐赠其个人数据用于研究的行为，数据的使用在效果上能够造福社会。值得注意的是，捐赠在民法上的基本共识就是具有无偿转让某项财产的含义，具有所有权转移和不可撤销性，数据捐赠的直观意义虽也具有"自愿贡献"之意味，但实质上则导致数据所有权转移和不可撤销的结果，这明显与当前热议的保障数据基本人权的"被遗忘权"相背离。与此不同的是，"数据利他"则以有限转移数据的使用权与数据的可撤销性为根本遵循，这与保障并建构数据合理开放共享的新机制目标保持一致。

## 6.3.2 "数据利他"的理论意义与现实期待

数据这一事物随着互联网的发展升级与数字技术的迭代应用，已经成为数字社会的经济生产要素与社会治理依据的重要组成部分。政府为了管理社会与人们为了生活所需都可以通过各种便捷方式获取数据，如社交媒体、搜索引擎、移动应用程序等。这些数据包含了大量有用的信息，可以帮助人们做出更好的决策，提高生产力和效率。然而，数据的使用方式也引起了人们的关注。在过去的几年中，数据隐私和安全成为热门话题，数据对于个人、社会、政府乃至国家所具的"双刃剑"效应也进一步被关注，尤其是如何以数据既要安全又得高效地服务公共价值追求的领域，更加亟待提出新的理论创建从而指导公共数据健康成长与利用的数据治理实践。就这个意义上而言，"数据利他"的提出是对现代社会数据利用的一种新思考与再反省，其旨在探讨如何让数据更好地服务于社会，其所具有的理论意义与现实期待则需要进一步阐释，由此更好地理解与分析"数据利他"是否是当前全球都会面临数据困境难题的化解之道，或者说"数据利他"应在哪些层面更擅于发力激励公共数据的规模形成及相关治理机制的有效运行。

### 1."数据利他"的理论意义

第一，提升社会公正性。"数据利他"的提出，将公正性原则再次矗立在数据利用和共享的数字化社会中。在现代社会中，数据已经成为重要的生产资料和社会资源。那么，如何公平地获取和利用数据，成为一个重要的社会公平与正义的基本问题。"数据利他"强调数据利用和共享应该面向整个社会，避免数据被个人或特定群体所垄断；弥合"数据鸿沟"、阻却"数据霸权"等数据时代的新型不平等问题，确保数据利用的公开性、公平性和公正性。

第二，注重个人隐私权。"数据利他"与"利己"之间并非冲突矛盾的关系，其理论内涵本身就包含着应使人对于数据贡献与分享利用并未有顾虑隐私泄露、数据滥用等危及个人数据安全的疑惑，公共机构在鼓励并奉行"数据利他"的同时必须履行对涉及个人隐私权的有效保护，否则"数据利他"将失去其理论正当性。

第三，强调社会责任。数据利用和共享不仅仅是个人或特定群体的权利，更是一种社会责任。数据利他主义通过强调社会责任，要求数据的利用和共享应该面向整个社会，让数据为社会谋取利益，实现社会的可持续发展和进步。

### 2."数据利他"的现实期待

现实期待是指人们对于当前所处的现实环境和实际条件所持有的合理化期望。对于"数据利他"的现实期待而言，全面认知数据化发展的现有状况及科学预判未来趋势，引导价值观念更新、促进制度设计创新等内外协调的社会机制去转换优化数据开放共享的应用环境，形成基于"利他"主义理论付诸实践而达到更高效的公共数据治理目标，这并非等同于不切实际的幻想或过高的奢望，而是基于现实、面向未来的理性期盼。因此，阐释分析"数据利他"的现实期待，有助于更好地规划、预设数据开放共享的未来发展，让当前社会的治理主体及社会公众能够更理性地理解公共数据存在的重大现实意义。

第一，增强可用数据来源的饱满度与丰富性。公共数据治理最基础的就是须秉持数据开放利用应有益于社会整体效益提升与公共利益增长的宗旨。但现实中确实可能因机密性信息、商业秘密内容、知识产权保护、个人隐私权益等束缚，某些类别的公共数据无法开放共享于公众，这当然也就抑制了用于科学研发和创新活动的相关数据资源供给力，即便可以通过相应报批许可机制获取使用资格，但必须满足的审核条件和技术要求等却需要花费大量时间、精力等程序设置的成本。那么，"数据利他"理论对于解决类似困扰的机制，是要求公共部门在具备强有力的保障数据安全环境监管的基础上，采取诸如匿名化、假名化、随机化、差分隐私等隐私增强技术和全面数据保护方法，对焦"数据可用不可见"的模式，确保用于科学进步研究、创新发展的个人数据、商业机密等数据资源的提供。由此希望不仅盘活沉寂在公共领域中涉及如医疗健康、智慧交通等行业的数据，而且期待对这些行业系统内数据来源的深拓，这对于满足相关公共性研究或社会创新活动而言具有重要的现实意义。

第二，秉持数据公平利用的立场再塑公共数据的治理框架。"数据利他"的理论观点与数据捐赠概念的意义有着根本的区别，"数据利他"的核心并非是对数据权属尤其是所有权问题的直接回应，也不是针对公权力部门及其他公共机构在数据再利用或数据共享等方面的管理职权与职责或义务的重点讨论，而是将公共数据资源充分且公平地用于公共利益增殖、公众福祉倍增作为"数据利他"的起点也是终点。目前，确实存在一些公共部门在持有数据的再利用方面以营利为目的将公共数据作为经营性资产处理的现象，进而出现诸如公共数据有偿使用且收费标准还未统一的随意化状态，甚至存在"价格歧视等滥用支配地位的寻租情况"[①]。我们从先于尝试将"数据利他"理念付诸立法实践的 DGA 中可以发现，该法案就是站位于"数据利他"中所蕴含的数据公平利用的基本立场，既回避了公共部门与其持有数据之间的权属关系界定问题，并充分表达对既有财产权和数据权益保护规则的再确认与遵循，还强调对个人数据、商业秘密、知识产权等的尊重；与此同时，将制度构建的重心转移到如何激励、保障数据再利用的安全环境与秩序确认的法治议题上，其所指向和服务的根本目的不在于宣扬数据权属问题，而在于践行非歧视性、透明度高、合比例性且客观化的公平利用原则，引导更多数据能够按照公平方式进入社会公共利益场域中所需的高效利用程度，进而有利于促使公共数据资源之间的跨部门、跨区域的自由流动，最大化地释放公共数据价值满足社会整体发展的需求。

### 6.3.3 "数据利他"的国际通用领域及镜鉴

"数据利他"的理论是作为回应数据"量"的爆炸式增长与数据"价值"的非充分释放之矛盾而提出的，虽然也是在饱受争议的过程中不断趋于阶段性、部分化的被接受、被认可，但在国际上有关人类生存的基本领域所涉及的数据开放共享问题上，却达成了对"数据利他"的认同立场与实践步伐的相对一致与统一。这些基本领域主要集中体现在涉及公共卫生、能源利用与环境变化以及交通基础设施与流动往来等领域，这些都是关乎人类生存的共同利益所需的公共性价值最突出与最根本的领域，在此意义上则彰显了"数据利他"应当被予以优先适用的必要性。

#### 1. 国际上将"数据利他"付诸实践的通用领域

首先，是在公共卫生领域。公共卫生（Public Health）与普通意

---

[①] 王锡锌、黄智杰：《公平利用权：公共数据开放制度建构的权利基础》，载《华东政法大学学报》2022 年第 2 期。

上的医疗服务是有一定区别的，公共卫生是关系到一个国家或一个地区社会大众综合性、整体化健康的公共事业。所谓公共卫生，大体是指通过社会、组织、公共和个人有组织的努力来预防疾病、延长人类寿命和促进人类身体健康的科学。现在，社会大众对于公共卫生的相关领域越来越重视，疾病的预防与治理、医疗资源的合理配置、食品药品安全监管等公共卫生领域不再仅是医学领域的专门知识，更是社会公共治理与社会大众生活中的热议话题。而事实上，公共卫生领域涉及流行病学、生物统计学、社会科学等多个学科，其研究范围覆盖对重大疾病的预防、监控和治疗，对食品、药品、公共环境卫生的监督管制，以及相关的卫生宣传、健康教育、免疫接种等。可见，公共卫生领域所涉及的利益范畴基本都符合公共数据收集的原则要求与使用目的。所以，目前国际上已有多个国家在设立并落实基于增进社会大众健康的"数据利他"项目落地。诸如，英国国民医疗服务体系倡议建立的面向11岁及以上公民自愿为公共医疗健康研究项目分享数据的注册中心，他们并出于自愿同意将常规临床测试后的数据分享于相关项目研究使用，这有助于健康研究并改善整个英国的未来医疗保健。[①]值得注意的是，在公共卫生领域倡行"数据利他"理念的机制设计中，国际上的通用做法是在注重出于"自愿共享"的明确意思表达的同时，设置了参与项目的数据贡献者以"退出数据共享"的机制保障了其自主、自由选择是否将数据应用于研究的自决权，这是极为凸显"数据利他"理论意蕴的实践表达。

其次，是在能源利用与环境变化领域。能源是决定人类进步的主要支撑，更是经济增长的战略性投入要素。因此各国在拉动经济增长的同时，必然加大能源的投入与输出，由此能源利用问题就不仅仅是关乎经济利益的，它还将对人类生活乃至整个人类社会存亡所依赖的生存环境

---

[①] 陈媛媛，赵晴：《数据利他：全球治理观下基于公共利益的数据共享机制》，载《数据科学》2023年第5期。

造成难以抽离且必然联动的影响。而能源利用尤其是损耗程度是否适度的评估、环境多变状态的正常值监测等问题，需要以"数据利他"的导向驱动不同行业、不同部门、不同群体等多领域、多层次、多角度地将日常生活数据以及专门化生产数据予以贡献，才能更好地跟踪、分析、研判对能源利用与环境变化之间关系的科学预测，从而为专业领域的研究人员和相关政府部门的治理决策提供基于对环境问题的科学认知而制定可持续发展的能源利用方案，以更好地满足人类社会整体发展的公共利益需求。

最后，就是在交通基础设施与流动往来等领域。交通基础设施可以说是保障城际间、国际间正常交往秩序的宏大流通命脉。但交通拥堵现象，不仅大大降低了城际间交互的效率甚至蔓延到影响国家间交往的顺畅。对于任何国家与社会而言，交通基础设施的配置与使用毫无疑问地属于公共基础价值满足的范畴，为了更好地发挥交通基础设施的公共服务性，各国普遍倡导诸如低碳出行计划的落实、智慧交通系统的应用、"城市智慧大脑"的引导等多方措施，去践行以交通领域的出行峰段的数据收集、归纳与分析处理，以及交通设施在公众层面的偏好选择信息的跟踪、识别与汇总定位，由此才能提高对公共交通设施配置与利用的明显改善、对公共交通路况信息予以提前预测与有效疏解的引导。而这些都是基于"数据利他"立场予以满足与表达的。

## 2. 镜鉴"数据利他"实践中伴随的操作性风险

首先，"数据利他"理念下所促进开放共享的数据在动态化数字场景应用过程中，很可能衍生出大量在法律意义上难以界定权益归属和数据主体的数据。在多样性、复杂化的数据应用场景实践中，数据共享只涉及单一数据主体的情况较少，多是辐射多重数据主体的利用状态，所以基于个人"自主贡献"的单方授权往往不足以达成数据共享的合法性基础，从而引发操作场景下数据共享模式的合规风险。

其次，"数据利他"理念附着于具体制度操作上可能会对数据分享者存在不利的影响，又或者可能产生间接排除或限制竞争的负面后果。第一种情况是，对许多投入成本获取数据的企业而言，数据共享可能削弱其市场竞争力。事实上，受限于自身对数据价值准确评估的能力问题，不少已经占有相关数据的企业因顾虑数据开放而可能减损甚至抵消自身与对手间的竞争优势，而将数据控制在自己手里仅以满足自我利益有所增长至少不产生减损为根本。很明显，数据开放的意愿低迷必然导致数据资源共享的机会缺失。第二种情况是，串通型数据共享实质上不仅无法印证"数据利他"的内涵与现实期待的合理性，而且显著冲击"数据利他"的根本宗旨并背道而驰，结果很可能是集结数据资源的"强强联合"构成新的"数据垄断"。例如，某广告商搭载现有头部网络数据平台企业，则很容易形成基于共享客户信息进行广告精准投放的"同盟军"从而实现巩固彼此各自既有的市场优势地位。此外，不同市场主体获取和利用数据的能力存在差异，公共部门开放数据可能只会被头部企业获取和利用，反而加重数据垄断和不正当竞争。

最后，"数据利他"理论在根本价值理念的初衷设定上是美好的，但任何理论投入充满现实感的法治环境下，则需要审慎对其再加工与选择性适用。这也就是为什么"数据利他"理念在国际社会上之所以能够被相对普遍接受的主要集中在涉及人类命运共同体构建的领域上，而对其争议与质疑的声音事实上仍然并未完全消褪。尤其是"数据利他"理论在各国具体社会发展阶段与国情特色的差异化背景下，很可能存在冲击本国或某类体系化集团的既有数据监管的法律制度规定或法治原则应用。例如，作为奉行"数据利他"的立法先锋《数据治理法案》，在实践操作中就存在明显与欧盟的 GDPR 并行适用却可能创建两套数据监管机构，这便导致主管机构监管职能的重叠与混乱。

况且，虽然"数据利他"在概念上与诸如"数据捐赠"等有着明显的差异，但在实践操作层面，"数据利他"模式的数据共享机制其应用效果却是接纳、鼓励至少是不排斥数据捐献的，并且对于数据主体自行决定是否捐献数据等看似出于"自愿"本意的导向，实质上是暗含了对数据捐献行为的合法性与公益性的认可，这就造成"数据利他"在实践操作层面上存在难以自圆其说的尴尬。以"数据利他"开辟公共数据治理新思路的经验化尝试又重回争议其合法性、公正性等质疑的原点。

由此可见，对于公共数据治理的制度化、长效化且符合数字社会发展规律、数据资源利用特质的法律内容与治理机制的探索，仍在路上。

# 第七章 政务数据与公共数据治理的法治化

信息科技的迭代丛生不仅开辟了经济转型的数字化蓝海,而且点燃了治理创新的数治化引擎,于是数字化、网络化、智能化就成为社会现代化的重要标志,而构成其基础的数据不仅作为新型生产要素已快速融入生产、分配、流通、消费和社会服务等各个组织系统和管理环节中,而且深刻地改变着生产方式、生活方式和社会治理方式,这必然影响法治现代化的未来向度。"科学技术是第一生产力"[1],生产力的进步与提高最直观的就是社会物质生活层面财富"量"的增长,当然更为重要的应是反射于人文精神领域的制度创新与变革。恰恰"法律是人类最伟大的发明"[2],法律的规范设定与价值追求使人的行为边界明确、社会关系有序、人与自然和谐、纠纷化解理性。

---

[1]《邓小平文选》(第3卷),人民出版社1993年版,第274页。
[2] 张文显主编:《法理学》(第5版),高等教育出版社2018年版,第183页。

所以，在以信息科技为代表的数字化时代下的数据治理问题，就需要"依法而治"与"循数而治"的相融共治。

一方面取决于市场对数据资源配置的效率失灵，如在数据采集、数据分析、数据运用等方面具备"头部"优势的一些科创企业或平台公司，凭借庞大数据资源的掌控而在特定领域占据垄断性地位，不仅支配上下游企业交易成本的提高，而且形成对同行企业的不正当竞争，并实施对消费者所谓"二选一"的交易价格算法歧视，[①]很明显这有悖于数字经济发展的初衷。

另一方面源于"法治的功能不限于规范现有的行为，调整现有的关系，而且也在于要面向科技社会的发展，引导未来法治的高级发展形态"[②]。毕竟，数字化智能社会中的数据资源利用问题，带来的不仅是创新还夹杂着风险和挑战。这其中最突出的莫过于法律制度必须面对现代智能科技发展与数据应用过程中的全方位挑战，继而出现调控疲软或失灵、规范缺位与空白等"治理赤字"的风险。那么，对这些挑战与风险不加以规制与回应很可能酝酿为危及公民权利、社会福祉、公共秩序、国家安全、全球和平的严重隐患。对此，法治现代化的重要任务之一就是要突破自我设限，运用法律的制度优势、结合数据产生及其价值实现的机理，既尊重权利主体的利益又须保持数据安全活跃的流转，为充分释放"数据可用不可见、数据不动价值动"的数据内生潜力，而提供相应的权属划分规则与权责利实现机制为制度归依。

因此，数据治理的法治化就成为立足于我国数字经济良性循环、平衡数据各方合理利益的重要渠道，并为构建数据生活中"共建、共治、

---

① 《权威专家解读阿里巴巴因"二选一"垄断行为被罚182.28亿元背后释放的经济信号》，2021-04-10 10:50:29，来源：中华网山东频道，https://sd.china.com/home/foucs/20000962/20210410/25404179_all.html。

② 张文显：《"未来法治"当为长远发展谋》，载《新华日报》2018年12月4日，第15版。

共享"的社会治理现代化新格局而贡献积极力量。

对此，中共中央、国务院提出《数据二十条》），其主旨就是从数据资源持有权、数据加工使用权、数据产品经营权的三权分置角度表达了对数据财产权设计的最新顶层方案，并要求通过构建数据基础制度，保障数据要素的安全和发展。但该顶层方案依旧需要从法律意蕴与制度设计上予以具体化阐释与明确。这就需要以不同数据类型进一步讨论相关数据治理的法治化问题。概言之，数据治理法治化即是在符合中国特色社会主义的法治原则前提下，对与数据应用有利害关系的各方主体设定相应权利义务及其关系模式的制度安排，以此才能更具操作性地维护国家数据安全，保护个人信息和商业秘密，促进数据高效、安全流通使用，最终赋能实体经济、激活数据要素的无限潜能价值。

## 7.1 政务数据治理的法治化

虽然政务数据蕴藏着极为丰富的经济价值和社会价值，尤其是具备引领各类社会主体协同开放各自所掌握海量数据资源的巨大潜力，但政务数据若要成为当前及今后智慧型政府建设、科学决策以及促进治理能力现代化的重要基础，则必须被予以充分有效的利用才能实现这一类型数据的价值。而"目前我国80%以上的信息数据资源掌握在各级政府部门手里，'深藏闺中'是极大浪费"[①]。这恰恰说明，政务数据治理的法治化目的实际上就是更好地促进、保障并落实"用数据说话、用数据决策、用数据管理、用数据创新"的智慧型治理路径，那么夯实政务数据开放的法治化就是其前提与基础，以此才能更好地释放政务数据资源的最大化价值。所以，政务数据治理的法治化须先以政务数据开放的

---

① 中华人民共和国中央人民政府.总理指令：国家信息化先破政府信息孤岛[EB/OL].[2016-12-08][2021-06-27]. http://www.gov.cn/xinwen/2016-12/08/content_5145134.htm.

法治化和规范化实现为前提。

## 7.1.1 再议政务数据的法治内涵

目前，无论是在学术界还是实业界乃至政府层面，对于政务数据的概念都没有达成统一且专门的定义表述，政府数据与政务数据在称谓上的互用是常见现象，甚至还有将此二者称谓完全等同于公共数据的多种提法。事实上，无论是称谓政府数据还是政务数据，因其涵摄公共性的全部要素，所以作为公共性程度最高的数据类型，其被认定属于公共数据的范畴是最容易获得共识的，但对此在本节暂不作以分析，待在本书《公共数据治理法治化》一节中再详议。此处，需要深入围绕对政务数据的概念与范畴予以讨论与厘定。

观点之一，是将政务数据与政府数据的概念含义等同。如将政府数据定义为"行政主体在依法履行职责过程中制作或者获取的，以一定形式记录、保存的各类数据资源"[①]；而将政务数据定义为"一类与政府业务领域相关的非常重要的数据资源，包括与政府存在状态相关的数据，政务运作过程中产生的数据，政府运营和实施管理过程中经过采集、生产或转换而形成的数据"[②]。由此，政务数据与政府数据的概念含义一致。

观点之二，则认为"政府数据并不限于行政主体在业务范围内产生的政务数据，但小于具有公共管理和服务职能的企事业单位所管理的公共数据"[③]。这即意味着政务数据的范围要小于政府数据，但是政府数据又有别于一般公共数据。

---

① 宋华琳：《中国政府数据开放法制的发展与建构》，载《行政法学研究》2018年第2期。
② 张鹏、蒋余浩：《政务数据资产化管理的基础理论研究：资产属性、数据权属及定价方法》，载《电子政务》2020年第9期。
③ 吕富生：《论私人的政府数据使用权》，载《财经法学》2019年第6期。

观点之三，是从数据共享与开放这一行为的直接执行层面上看，多是由政府为主导而对数据体系予以管理行为的具体做出者，至于这些开放的数据内容本身是否为与政府职责及相关业务部门有关的数据则在所不问，于是就形成基于执行意义上的"政府数据"概称。

实际上，沿用国务院对"政务信息资源"的概念界定，将实际控制使用数据的主体限定为具体的"政务部门"，且根据其所掌握数据的状态及过程中所涉及与部门业务内容密切相关的呼应度，最终采用"政务数据"的称谓会更妥帖，因为这样更能突出是基于具体履行相应职务职责过程中而产生、收集、处理的数据内容，并作为法律规范适用对象和划定调整关系范围时更为明确。因此，政务数据在概念上是指"职能履行受公共财政保障的非营利性公共管理主体在提供公共产品过程中产生的数据"[①]。其主要范畴既包括各级行政机关以及具有行政职能的事业单位的数据，也应将人大、政协、司法和监察等其他国家机关的数据纳入其中，因为从国家权力谱系看，其他国家机关的数据在根本性质上是与传统政务数据并无实质不同。

## 7.1.2 政务数据开放的法理基础

在数字信息科技迅猛发展与广泛应用的今天，数据的无形性和非独占性的特征并不影响其具备独立性和财产性，相反，在技术的加持下使其更具有生产价值性、技术可控性和客观独立性等特质。由此，数据能够成为法律关系客体所必需的"有用之物""为我之物"和"自在之物"的要求，并应属于特定权利义务的法律关系调整。所以，在政务数据治理的法治化过程中，当然绕不开政务数据归谁所有、是否可以交易与流

---

[①] 沈斌、黎江虹：《论公共数据的类型化规制及其立法落实》，载《武汉大学学报（哲学社会科学版）》2023年1月第1期。

通等涉及数据确权与治理过程中亟须思考的基本命题。但事实上，简单地套用传统的物权体系规范中所有权的一元结构并不适合数据权属的发展，就政务数据而言，其所具有比传统法律关系客体之一的"物"更为复杂的权属特质，当然视政务数据具有新型财产权属性这一点已是法学理论界和实务界的普遍共识。那么，在讨论政务数据治理的法治化过程中，由于政务数据所蕴含的价值意义比诸如企业数据、个人数据而言，其显著的区分点就是公共性，比一般类型的公共数据而言，其显著的区分点则是官方性、权威性。所以，对政务数据治理法治化的关注点与其放在如何体现对"物"的控制上，不如更注重怎样对"物"有效利用而实现更充分、更均衡的社会公共价值收益上。可见，设计有效、有序的政务数据开放机制不仅是对政务数据潜能价值的最大化释放，而且是对政务数据治理法治化的初衷与目标的最直接体现与保障，由此需要进一步阐释政务数据开放的法理基础与法治目标。

政务数据开放是以政府主动将其控制的政务数据通过利用现代信息技术向社会开放并予以利用为主要方式。这在客观上就呈现出与政府信息公开一样均具有提升政府透明度的效果，并都表现为一种政府将其掌握的数据或信息公之于众的公开行为，所以最初将政务数据开放认定为是政府信息主动公开的补充与延伸，也并非没有道理。但实际上，政府信息公开的方式是以政府主动公开和依公民申请公开在政府履职过程中制作或收集的信息为主，政府信息公开的理论基础是保障公民的知情权，在制度设计就以"满足和保障公众对政府行为和公共事务的知情权，需在一定程度上保障公共信息无障碍地流通和使用，并给予社会主体以稳定的预期和监督能力"[1]，由此政府信息公开的目标是倒逼行政机关依法行政从而促进政府透明、强化公民政治监督与公共问责，从而客观上

---

[1] 王敬波著：《政府信息公开：国际视野与中国发展》，法律出版社2016年版，第10页。

发挥监督政府行为、推进民主化进程的作用。简言之，政府信息公开的法理基础是立基于公众的知情权实现与保障，通过提升政府运转透明度的民主化进而保障、监督行政的合法性等法治目标。

与此存在明显差异的是，政务数据开放的法理基础则是立足于保障公众的发展权、借助功能主义理论的数字治理范式，以期实现在行政合法性基础之上增强行政合理性的法治目标。一般认为，"发展权包括政治发展权、社会发展权、经济发展权等，其中，经济发展权是发展权之核心"[①]。其中，"所谓经济发展权，是指国家、组织和个人参与、从事经济建设，并能够享受这些发展所带来的利益的权利"[②]。这样，同时在政府行政合理性目标的导向下，政务数据开放的逻辑就与公共问责制无关，其基本功能是使政府更有效地化解社会发展难题、回应公共利益需求，尤其是为大众创造更多的就业机会。

而基于功能主义理论的数字治理范式，则是在数据资源巨大潜力驱动下，在信息科技与数字经济的合力助推中，政务数据开放就将以释放数据潜能而寻求新的经济增长点、以提升公共服务效能而优化政府治理改革、以激发政务数据的市场价值而增强政府行政效率等为评价指标。其作用不仅在于既能保障社会公众在政务数据开放中的合法知情权，还有助于促进公私合作、创造公共价值的政府改革等多元向度的治理目标。

具体而言，由于数据采集、储存技术的革新使人类社会的数据在量与质的层面上都得以迅速且便捷的累积，数据资源作为重要的生产要素就凸显出其为政府繁荣经济、社会治理创新、行政效能优化、生活便捷高效等创造无限可能的重要机遇，所以数据开放运动也就应运而生。这时的政府并非因公民知情权理论而开放数据，公众也并非因监督问责而

---

① 张守文：《经济发展权的经济法思考》，载《现代法学》2012年，第2期。
② 程信和：《经济法基本权利范畴论纲》，载《甘肃社会科学》2006年，第1期。

要求开放数据，而是出于更充分有效地挖掘、利用、转化实现数据资源的巨大潜能价值，这才是政府与公众寄托于数据开放的共同目的。正是基于数据在商业价值创造、社会利益增殖、公共治理大显身手等能量卓越的显露，更是力证数据价值源于挖掘，而数据开放是挖掘数据潜能的最佳途径。

因此，政务数据开放的理论依据主要源于数字经济之上的数字治理理论。以数字治理理论为依托的前提下，政务数据开放在制度设计上则源于数字信息技术效能和公共治理价值追求的结合产物，在内容上则是主张利用信息技术重塑政府治理方式与公共管理范式，在目标上则是重新整合各类公共服务资源以此为公民提供"智慧化"的便捷服务，让政府实施"数治化"的行政改革。正是在这个意义上，各国政府纷纷推动政务数据开放实践，并且将政务数据开放制度确立为实现新一轮法治政府转型的重要治理工具。

## 7.1.3 政务数据开放的法治化机制

前述已论，政务数据开放是基于数据潜能价值释放从而提升行政效率、优化政府治理、提高公共服务质量而进行的制度选择，所以，政务数据开放并非建立在法律关系基础之上，于是公民也就不享有公法上的请求权。这与既有的政府信息公开在制度基础、制度目标以及运行架构上都存在根本性的区别。因此，政务数据开放的法治化机制需要另行厘定。

### 1. 政务数据开放的基础原则与补强原则

在全球化的数字经济大潮中，各个国家虽然对于政务数据开放的制度安排与具体措施会根据本国实际发展状况与阶段性目标而各有不同，但对于政务数据开放应坚持的必要原则已达成共识。目前，国际组织与有关国家已经提出若干政务数据开放的原则，最具代表性的是 2007 年由三十多个国家协商提出的政务数据开放的 8 项基础性原则[①]：（1）全面性原则，即所有不受法定的隐私、安全或特权限制的公共数据都可以被利用。（2）基础性原则，即数据是在源头收集的，数据的颗粒度应当尽可能保持最高，数据不能以聚合或修改的形式存在。（3）及时性原则，即政府应当按需要尽快提供数据，以保持数据的价值。（4）可访问性原则，即数据的提供，应尽可能使得所有用户都可以访问，并尽可能服务于所有目的。（5）机器可处理性原则，即数据结构应当合理，允许自动处理。（6）非歧视性原则，即数据应当可以供任何人使用，无须注册。（7）非专有性原则，即数据的格式设置应当使得任何实体都无法对其进行独占。（8）免许可性原则，即数据不受任何版权、专利、商标或商业秘密法规的约束，只允许合理的隐私、安全和特权限制。

根据这 8 项基础性原则，总体上是倾向于强化政务数据开放的目标，特别是强调数据开放的全面性，这就有利于政务数据向更具有公共性的主体开放，同时诸如强调数据开放的基础性、及时性与机器可处理性，这就不仅有利于政务数据在公共社交空间中的传播与利用，而且有效回应政务数据在开放过程中的信息颗粒度等问题，从而更大程度地发挥政务数据的公共性价值。可以说，这些基础性原则部分地解决了政务数据开放的一些难点，但仍存在不完善之处，需要增加对政务数据开放的补强性原则，这包括但不限于：弥合数据鸿沟原则、注重友好体验原则、均衡数据生态原则等。

首先，弥合数据鸿沟原则在实质上就是强调普通民众对政务数据获取与利用的公平性问题，因为普通公民获取政务数据的权利既是政务数据开放的基石，也是政务数据开放的公平性要求，以此才能最为贴合政务数据开放的初衷。现实中因各种因素可能导致不同的主体本身就存

---

[①] Open Government Data Principles,https://public.resource.org/8_principles.html,2020-06-05.

在获取与利用数据的能力参差不齐,尤其在针对政务数据开放利用过程中,政府对于可能出现的数据鸿沟、设限访问、数据圈存等数据资源获取与利用不平等问题应负有更直接的责任。所以,在政务数据开放过程中还应以弥合数据鸿沟为原则确保普通公众顺畅获取政务数据的渠道与机会。

其次,注重友好体验原则就是要从作为用户的普通大众角度去考虑政务数据开放利用的目的与效果问题。实践中,即便政务数据被予以海量开放,但对于普通大众而言是否能及时有效地获悉从哪里搜索且是否易于操作和便于利用等问题,却常常遭遇抽象的链接入口或繁琐的登录程序等设置,由此造成政务数据有效化开放利用的现实阻碍。而若要扫清这些阻碍以彰显政务数据开放之本意,就应注重将人性化思维投入政务数据开放的场景化设计中,以期获得体验感良好的公共服务性效果,避免将政务数据开放机制束之高阁而为普通公众难以进入或漠不关心的"数据城堡"。

最后,均衡数据生态原则就是针对政务数据开放的根本性意义而言,源于数字技术驱动与数据价值释放的多重动力之下,政务数据开放的根本性意义就在于促使并保障政务数据能够成为社会公众普遍获得与有效利用的新型资源,从而最终转化为公共价值的增长与公众福祉的提升,而不是走过场式的向社会大众展示的形象工程。所以,政府及相关职责部门更应积极建构围绕数据开放、流通和利用的生态系统与数据要素市场的基础设施,为政务数据开放的有效化、持续性打造数据储备与供给的闭环性、均衡化的生态体系。

### 2. 政务数据开放的兜底条款、义务规制与责任边界

政务数据的开放虽然是在信息科技支撑、数据价值驱动、公共服务需求的共同合力下出现,但其也必须在合法范围内开放,并应履行合理性义务。同时,由于政务数据开放具有明显的公共性价值与服务性指向,对于其相应的法律责任又当如何划定边界,就成为政务数据开放法治化

的重要内容，更是有关政务数据处理法治化的重要保障。

首先，应当明确政务数据开放的兜底性条款，这涉及政务数据开放的义务规制底线与责任界定标准。从政务数据开放的法理基础看，保障公众的发展权与提高治理效能是其目标，因而，若政务数据开放的范围过窄可能无法达成该目标设定，但若范围过宽不仅极有可能侵犯个人隐私、商业秘密乃至国家秘密，而且易于出现消耗公共财政成本不低却未见社会公共收益增殖的矛盾，这就很容易引发政务数据开放的消极、低迷。况且，政务数据并非无一例外地都需要或都能够对外开放，属于政府部门内部人员的隐私信息或内部审议的事项就无须对外开放，属于数字技术或数据格式的局限、政府业务部门专有的应用程序与操作系统、数字软件与代码等就不能对外开放。所以，政务数据的开放除了需要遵循前述的8项基础性原则和补强性原则之外，还应确定具有兜底条款的开放内容范围，即明确：将含有国家秘密、商业秘密或个人信息的数据排除在外，也不能与知识产权、合同承诺或其他法律的禁止性规定等相冲突，同时重视借助并发挥匿名化处理、数据清洗等从源头上治理的方案，从而保证面向公众开放的政务数据之"可用不可见"的可信化机制形成。

其次，必须厘清政务数据开放的义务规制，因为法律上的义务是要为相应权利实现而服务或者是因特定职权而履行，所以这对于政务数据开放的有效化、有序化推进极为重要。

一方面，从政务数据开放的义务性质上看，政务数据开放所服务的第一要务是满足公众发展权，并主动向社会在线上发布其数据集而提供以满足全社会重复使用的公共服务。很明显，因政务数据的概念范畴决定了开放政务数据的主体即是各个具有公共行政管理权能的职责部门，但这种政务数据开放的政府行为应属于抽象性的行政义务。所谓抽象性的行政义务，即是行政机关在履行各项行政职责时，在规范遵守法律的前提下针对不特定人、事与物所做出的面向广大社会公众具有普遍意义的职责性行为的履行,目的是妥善服务并处理好政府与公民之间的关系。一般而言,抽象性的行政职责义务通常具有高度的政治意义。所以,从义务性质的角度看,将政务数据开放辖定为一种公共服务义务更为妥善。

另一方面,从政务数据开放的义务能力上看,政务数据本身属于公共属性最为集中与典型的数据类型,政务数据作为政府各部门提供公共产品产生的副产品总和集,形成最无疑义的公共物品。加之政务数据开放多是有赖于政府各个具体业务部门之间的行政协助或职责分工的配合,所以理论上只要属于政务数据产生的主体都具有完整负担面向社会开放、共享和管理数据的一系列义务能力。但就现实权力职责的分工基础来看,由于国家机关职能及业务内容的不同,行政机关之外的其他国家机关如司法机关及其具体业务部门,虽然也是广义上的公共治理主体,但并不承担具体的、全部的政务数据治理职责,其仅作为数源主体在数据采集等环节承担特定的数据管理义务,至于其他数据处理义务则主要由作为具体治理主体的行政机关承担。换言之,政务数据因内含相同的公共性要素与属性特征应负担同样的义务,并不意味着作为数源主体的立法机关、司法机关等其他国家机关需要与行政机关一样,去承担在政务数据开放过程中完全相同的全部治理义务的能力。

最后,需要合理设定政务数据开放的责任边界,这是基于政务数据开放的主体政府其自身的特殊性与开放目的的公共服务性所需要的。由于政府主体的特殊性,就应阐释明确政务数据开放行为不应涉及民事法律责任,而主要涉及行政法律责任和刑事法律责任的基本边界立场。对于刑事法律责任,《刑法修正案(九)》及最高人民法院、最高人民检察院《关于办理侵犯公民个人信息刑事案件适用法律若干问题的解释》已有规定,于此不再赘述。在这里主要阐释政务数据开放过程中如何确定政府是否需要承担侵权责任的边界划分问题。具体而言,主要包括两种情形:政务数据开放中是否存在承担侵权责任的情形及理由与政务数据不开放是否需要承担侵权责任的情形及理由。

第一，在开放政务数据的场景下。

一方面，是由于未保护好个人信息则可能导致的侵权责任承担。这又具体分为两种情形：

（1）完整化承担相应法律责任。这是基于对政府机关及其工作人员是否具有过错，而予以责任的划定。当政府机关及其工作人员仅未尽数据管理义务，则属于存在客观过错而承担相应行政侵权责任；但若政府机关及其工作人员出于故意或过失而未做匿名化处理而导致了政府侵权，则属于存在主观过错，应由司法机关根据过错程度、侵权行为与损害后果之间的因果联系等要件判定其应承担的相应法律责任。

（2）附条件降低相应法律责任。政务数据开放后，要保证数据在他人使用时不会因再识别而发生侵权行为的风险是很难的，因为再识别可能发生在数据匿名化处理过程中的各个环节，要保证匿名化后的数据不被再识别是不现实的。所以，仅因技术发展与场景环节的应用产生的侵权风险却不加以具体条件的区分，而全部归咎于开放政务数据的相关政府部门及其工作人员承担，则不免显得过于苛责且反而使真正的责任人逃避制裁。这时就需要具体考量开放数据的政府部门及其工作人员是否又采取防止再识别风险的评估机制等其他措施，特别是对风险等级高的数据使用者的数据使用行为是否给予高度关注，甚至在必要时采取不同等级的限制、禁止其使用数据的行为，最终综合分析政府一方究竟是否存在主观过错。这其实就是对政务数据开放主体的行为责任予以附条件的降低。这其中若政府机关及其工作人员故意或过失违反匿名化义务，使数据主体权益受到第三人损害，则该政府机关和第三人共同承担赔偿责任；若政府机关及其工作人员已尽必要注意义务且最大限度完成匿名化处理和采取再识别风险降低措施，则不认定政府机关存在过错，数据主体权益受到的损害应由实施侵权行为的第三人赔偿。

另一方面，是开放数据造成数据使用人损害的不承担责任之情形。尽管政务数据的开放需要根据社会发展需要与数据颗粒度差异而不断提高、优化供给数据的数量与质量,但依旧很难完全保证数据的全样性、纯洁度、真实性、准确度及常态化的即时性,而由此造成可能的损失或纠纷,政府不承担任何赔偿责任。这已是国内外政务数据开放的惯例。这是由于政务数据开放不仅应是主动所为且常常是免费提供,即使收费也不是对价支付而仅是低价支付成本所需,此时数据提供者与数据使用者之间并未构成民事交易法律关系则不能适用民法侵权规范,同时,政府不承担任何赔偿责任,也有利于解除政府数据开放的后顾之忧。

第二,在不开放政务数据的场景下。

在政务数据不予开放或开放中断的情况下,存在或产生相应的经济损失,是否需要承担相应法律责任的问题提出,其实质上就是讨论政务数据开放的行为是否属于法律上的"可诉性"行为。

事实上,一方面若政务数据不予开放,导致的是所有人都不能从中受益,这是一种具有普遍性的不特定的损害且丧失的是一种预期利益,也就是导致的损害没有特定性;另一方面就算政务数据开放,其所要保护的也是一种反射利益。所谓反射利益,就是当某种法律制度或社会机制在确认、保护、促进公共利益的过程中,客观上为个人或团体带来的附加利益或好处,这意味着"当事人享有一种事实上的利益,在外观上表现为一种个人利益,但该个人利益有时具有'大数'形象——大量匿名的个人均享有之"[1]。据此政务数据开放并不是为了保护特定主体的个人利益,而是为了公共利益,个人从开放数据中受益,仅仅是一种事实上的反射利益,而"个人不能基于反射利益向国家请求法律保护"[2]。由此个人并不能从中取得起诉资格也就意味着政务数据开放行为不具有可诉性。此外,立基于保障公众发展权的政务数据开放行为不仅属于一

---

[1] 王本存:《论行政法上的反射利益》,载《重庆大学学报(社会科学版)》,2017年第1期。
[2] 龙非:《行政诉讼中"受害者"原告资格之反思——以德国法作为比较》,载《法律适用》(司法案例)2017年第22期。

种抽象性行政行为，而且并不赋予任何个人或企业以任何个体权利，最为关键的是，就算政务数据应予开放却不开放或者已开放却中断，由此导致的损失也属于纯粹经济损失，这是指"非因侵害受害人的人身、财产或者绝对权利等而产生的经济损失，具有间接性、经济性等特征。在民事侵权法上，对纯粹经济损失应采取'不赔偿为原则，赔偿为例外'的规则"[1]，而国家对于抽象行政行为以及间接损害不承担赔偿责任。

据此，政务数据不开放或中断开放的行为不属于法律上的"可诉性"行为，且因政务数据不开放的情形下而产生出现的纯粹经济损失，开放政务数据的相关政府部门也不应承担赔偿责任。

### 3.政务数据开放的专门化立法与促进型立法

第一，就制度建构的进路而言，针对政务数据开放应当以专门化立法予以规定。

尤其是政务数据开放的立法路径应与既有的政府信息公开加以区别。一方面，政府信息公开的制度逻辑是立足于行政合法性与政府透明度的监督问责机制，必须履行"以公开为常态，不公开为例外"的职责义务；而政务数据开放的制度逻辑则是基于释放数据再利用从而激发数据创新产生对经济、社会方面更大价值的创造，其目标是应推动数字经济发展需求及改善公共服务而展开的。所以，政务数据开放的范围尤其是开放重点的确定常常是基于数字经济社会发展需要，结合民生密切性指数、行业增值潜力甚至是产业转型战略调整等，进行"年度开放清单＋动态调整机制"而开展，这是与政府信息公开范围以主动"概括＋列举"方式事先规定的进路完全不同的。

另一方面，若将政务数据开放纳入政府信息公开的立法机制下，将会给相关政务部门带来数据开放过程中需要接受监督问责的政治考核指

---

[1] 张新宝、李倩：《纯粹经济损失赔偿规则：理论、实践及立法选择》，载《法学论坛》2009年第1期。

标，这在事实上是不利于政务数据开放的落实推进，势必弱化数据的公共性价值增长、有碍数字经济发展所需，也不利于政务数据治理的法治化目标实现。

第二，就制度实施的思路而言，针对政务数据开放应当以促进型立法予以推进。

放眼全球，有关政务数据开放的立法多是沿袭"政策先行，立法跟进，政策多于法律"[①]的实践脉络。目前少数国家如美国、德国以及韩国等设有专门的政务数据开放立法，其他国家大多是将有关倡导政务数据开放的政策性文件作为规范指导，这些政策文件中多以原则性、纲领性甚至是宣言性内容描述了政务数据的开放义务、开放标准以及相关政务部门的职责等，然后再将这些政策精神引入其他有关数据类型治理的法律法规之中。这种模式的优点在于，能从顶层设计上很好地予以指向与重视，但明显的缺点就是操作性较弱，在我国体现为各地方相关立法遍地开花而缺乏统一的上位法规范引导。当然，这与政务数据开放事宜与行为特质有关。有鉴于此，我国政务数据开放还应采用促进型立法思路构建其具体法规内容，则更符合当前中国法治实践。

从本质上讲，促进型立法实际上是政策与法律的一个中间形态，是政府治理与法治运行同向并举的交叉载体，其法理内核就是规范和保护关乎社会整体利益的"发展促进权"。法治主旨要求上是督促相关主体依法履行促进责任且不得滥用或放弃相关权力；法治调整手段上是强调通过正面的引导、鼓励、倡议、扶持和激励等措施来推动特定领域、产业和行业的发展与秩序规范；法治规范内容上常以标准性规则这类行为模式等内容部分或全部具有一定弹性且须经解释才可使用的抽象性特点鲜明的法律表述。同时，促进型立法多是关于政府责任的规定，在法律

---

① 邢会强：《政府数据开放的法律责任与救济机制》，载《行政法学研究》2021年第4期。

规范中多以"应当"表达对特定政府部门的强制义务,但并不明确规定义务不履行或非正确履行的相应法律后果及责任。20世纪中叶以来,通过促进型立法在将公共政策转化为法律的有益化思路已经成为国际上完善法治的一个通行做法。

显而易见,促进型立法的制度模式、调整机制、功能定位、规范内容等,都与政务数据开放的立法推进与有效落实等法治化治理需求不谋而合。尤其在现阶段,数字技术有用但又有限的实现基础上,对于政务数据开放的立法效能推进与落实过程中,采用政治性、政策性、宣示性和抽象性色彩的促进型立法,也是一种基于探索尝试而不断深入的思路。

## 7.2 公共数据治理的法治化

公共服务数据是指由公共机构或其他公共组织提供的服务过程中产生的数据,主要包括教育数据、医疗数据、交通数据、环保数据等。公共服务数据是提供公共服务的重要依据,对于优化公共服务的质量和效率具有重要意义。

国际上,公共数据的开放已经成为一种全球性的趋势和共识。许多国家和地区都制定了相关的政策和法律法规,推动公共数据的开放和共享。国内,公共数据的开放也得到了广泛的关注和推动。我国政府出台了一系列政策和文件,鼓励除政府之外的其他负有执行及提供社会公共服务与管理的社会化公共机构积极推动公共数据的开放和共享。

### 7.2.1 公共数据的具体类型

公共数据的具体类型包括以下几种:

#### 1. 教育数据

教育数据是指由教育机构或其他教育组织收集、生成或管理的数据,包括学生信息、教师信息、教育资源信息等。教育数据可以用于教育政策制定、教育资源配置、教育评估等方面，对于提高教育质量和公平性具有重要作用。教育数据的重要性不言而喻。教育是国家发展的基础，也是人才培养的关键环节。教育数据的收集和分析可以帮助政府和教育机构了解教育资源的分布情况、学生的学习状况和教师的教学水平，从而制定相应的教育政策和措施。教育数据还可以用于教育资源的合理配置，确保每个学生都能够获得公平的教育机会。此外，教育数据还可以用于评估教育质量和效果，为教育改革和提高教育质量提供科学依据。

### 2. 医疗数据

医疗数据是指由医疗机构或其他医疗组织收集、生成或管理的数据，包括病历数据、医疗费用数据、医疗资源数据等。医疗数据可以用于医疗资源配置、医疗质量评估、疾病监测等方面，对于提高医疗服务的质量和效率具有重要意义。医疗数据的重要性在于它可以提供医疗资源的分布情况、医疗服务的质量和效果等信息，为医疗资源的合理配置和医疗服务的优化提供科学依据。医疗数据也可以用于医疗质量评估，通过对医疗数据的分析，可以评估医疗机构和医生的医疗水平，为患者选择医疗服务提供参考。此外，医疗数据还可以用于疾病监测和预防，通过对医疗数据的分析，可以及时发现和控制疾病的传播，保障公众的健康安全。

### 3. 交通数据

交通数据是指由交通管理机构或其他交通组织收集、生成或管理的数据，包括交通流量数据、交通事故数据、交通设施数据等。交通数据可以用于交通规划、交通管理、交通安全等方面，对于提高交通运输的效能和安全性具有重要意义。交通数据的重要性在于它可以提供交通流量、交通事故和交通设施等信息，为交通规划和交通管理提供科学依据。交通数据可以帮助交通管理机构了解交通流量的分布情况和交通事故的发生原因，从而制定相应的交通管理措施，提高交通运输的效能和安全性。交通数据还可以用于交通规划，通过对交通数据的分析，可以确定交通设施的建设和改造需求，提高交通运输的效能和便利性。

### 4. 环保数据

环保数据是指由环保机构或其他环保组织收集、生成或管理的数据，包括环境监测数据、环境污染数据、环境保护数据等。环保数据可以用于环境监测、环境评估、环境治理等方面，对于保护生态环境和促进可持续发展具有重要意义。环保数据的重要性在于它可以提供环境质量、环境污染和环境保护等信息，为环境监测和环境治理提供科学依据。环保数据可以帮助环保机构了解环境质量的状况和环境污染的来源，从而制定相应的环境保护措施，保护生态环境和促进可持续发展。此外，环保数据还可以用于环境评估，通过对环保数据的分析，可以评估环境保护措施的效果，为环境治理和环境保护提供科学依据。

### 5. 社会化管理数据

社会化管理数据是指由社会管理机构或其他社会组织收集、生成或管理的数据，包括社会保障数据、社会调查数据、社会治安数据等。社会管理数据是社会管理和社会治理的重要依据，对于提高社会管理的科学性和精准性具有重要作用。社会管理数据的重要性在于它可以提供社会保障、社会调查和社会治安等信息，为社会管理和社会治理提供科学依据。社会管理数据可以帮助社会管理机构了解社会保障的需求和社会问题的状况，从而制定相应的社会政策和措施，提高社会管理的科学性和精准性。社会管理数据还可以用于社会调查，通过对社会管理数据的分析，可以了解社会状况和社会需求，为社会发展规划和社会问题研究提供科学依据。社会管理数据还可以用于社会治安，通过对社会管理数据的分析，可以及时发现和预防社会治安事件，维护社会稳定和公共安全。

### 6. 社会化保障数据

社会化保障数据是指由社会保障机构或其他社会组织收集、生成或管理的数据，包括社会保险数据、社会救助数据、社会福利数据等。社会保障数据可以用于社会保障政策制定、社会保障资源配置、社会保障评估等方面，对于提高社会保障的公平性和效率性具有重要意义。社会保障数据的重要性在于它可以提供社会保障的需求和资源分布等信息，为社会保障政策制定和资源配置提供科学依据。社会保障数据可以帮助社会保障机构了解社会保障的需求和资源的分布情况，从而制定相应的社会保障政策和措施，提高社会保障的公平性和效率性。社会保障数据还可以用于社会保障评估，通过对社会保障数据的分析，可以评估社会保障政策的效果，为社会保障的改革和提高社会保障的质量提供科学依据。

### 7. 社会调查数据

社会调查数据是指由社会调查机构或其他社会组织收集、生成或管理的数据，包括人口统计数据、社会经济数据、社会心态数据等。社会调查数据可以用于社会发展规划、社会问题研究、社会政策制定等方面，对于了解社会状况和社会需求具有重要意义。社会调查数据的重要性在于它可以提供人口统计、社会经济和社会心态等信息，为社会发展规划和社会问题研究提供科学依据。社会调查数据可以帮助社会调查机构了解人口的结构和分布情况、社会经济的发展状况和社会心态的变化趋势，从而制定相应的社会发展规划和社会政策，推动社会发展和解决社会问题。社会调查数据还可以用于社会问题研究，通过对社会调查数据的分析，可以了解社会问题的原因和影响因素，为社会问题的解决提供科学依据。

### 8. 公共基础设施数据

公共基础设施数据是指由公共机构或其他公共组织收集、生成或管理的数据，包括交通基础设施数据、能源基础设施数据、水利基础设施数据等。公共基础设施数据可以用于基础设施规划、基础设施建设、基础设施管理等方面，对于提高基础设施的质量和效能具有重要意义。公共基础设施数据的重要性在于它可以提供基础设施的分布情况、使用状况和维护情况等信息，为基础设施规划和基础设施建设提供科学依据。公共基础设施数据可以帮助公共机构了解基础设施的需求和分布情况，从而制定相应的基础设施规划和基础设施建设计划，提高基础设施的质量和效能。公共基础设施数据还可以用于基础设施管理，通过对公共基础设施数据的分析，可以了解基础设施的使用状况和维护情况，为基础设施的维护和管理提供科学依据。

公共数据的收集、管理和利用需要政府、公共机构和社会组织的共同努力，以提高公共数据的质量和效能，为社会发展和公众福祉做出贡献。

## 7.2.2 公共数据开放的法理基础

公共数据开放的法理基础是指公共数据开放的合法性和合理性的法律依据和理论基础。这里的公共数据开放是指除政府以外的其他公共机构将其所收集、生成或管理的数据向公众开放，供公众自由获取、使用和再利用。公共数据开放的法理基础主要包括信息公开原则、公共利益原则、知识共享原则和法治原则。

### 1. 信息公开原则

信息公开原则是指公共机构应当主动向公众公开其所收集、生成或管理的信息，以保障公众的知情权和参与权。信息公开原则是现代民主社会的基本原则之一，也是公共数据开放的法律依据。根据信息公开原则，公共机构应当将其所收集、生成或管理的数据向公众开放，以促进政府的透明度和公众的参与度。公共数据开放可以使公众了解多领域社会服务与公共管理中的工作情况和决策过程,提高社会公共服务与管理机构的责任感和公信力。信息公开原则的实施需要建立健全的法律制度和机制。各国都有相关的信息公开法律和制度,规定了公共机构应当公开的信息范围、方式和程序。例如,美国的《信息自由法》规定了公共机构应当公开的信息范围和程序,保障了公众的知情权和参与权。在中国,政府也颁布了《中华人民共和国政府信息公开条例》,不仅规定了政府信息公开的范围、方式和程序,而且对于除政府之外的社会公共组织与机构的数据信息公开问题也要求以参照适用,这就在促进了政府公信力的基础上,进一步提升整个社会公共管理领域运行的透明度及公众的参与度、知情度。

### 2. 公共利益原则

公共利益原则是指公共机构在决定是否开放公共数据时应当考虑公共利益的最大化。公共数据是公共机构所收集、生成或管理的数据,其目的是服务公众和促进社会发展。公共数据开放可以使公众更好地了解社会状况和公共事务,提高公众的参与度和满意度。公共数据开放还可以促进创新和经济发展,为社会提供更多的机会和选择。因此,公共数据开放符合公共利益原则,是公共机构应当履行的法律义务。公共利益原则的实施需要权衡不同利益的关系。在决定是否开放公共数据时,公共机构需要考虑到公众的知情权、个人隐私权、商业利益等多方面的利益平衡。公共机构应当根据具体情况,确定公共数据的开放范围和方式,保护公众的知情权和个人隐私权,同时促进创新和经济发展。例如,在开放个人健康数据时,公共机构可以采取匿名化处理和许可控制等措施,保护个人隐私,同时促进医疗研究和健康管理。

### 3. 知识共享原则

知识共享原则是指公共机构应当将其所收集、生成或管理的数据以开放的方式共享给公众,以促进知识的传播和创新的发展。公共数据是公共机构所收集、生成或管理的知识资源，其价值在于被公众共享和利用。公共数据开放可以使公众更好地获取和利用知识资源，促进创新和经济发展。知识共享原则是知识产权保护和知识创新的基本原则之一，也是公共数据开放的法律依据。知识共享原则的实施需要建立开放的知识共享机制和平台。公共机构可以通过建立开放的数据平台和共享机制，将公共数据共享给公众和其他机构。例如，欧洲的开放数据平台和美国的 Data.gov 网站，提供了大量的公共数据资源，促进了知识的传播和创新的发展。公共机构还可以与学术界、企业界等合作，共同开展数据共享和创新研究，推动社会的发展和进步。

### 4. 法治原则

法治原则是指公共数据开放应当依法进行，遵循法律的规定和程序。公共数据是公共机构所收集、生成或管理的数据，其开放应当符合法律的规定和程序。公共机构应当依法确定公共数据的开放范围和方式，保护公共数据的安全和隐私。公共数据开放还应当遵守《知识产权法》《个人信息保护法》等相关法律的规定，保护知识产权和个人隐私。法治原则是公共数据开放的基本原则之一，也是公共数据开放的法律依据。法治原则的实施需要建立健全的法律制度和机制。各国都有相关的法律和制度，规定了公共数据开放的范围、方式和程序。例如，欧洲的《通用数据保护条例》规定了个人数据的保护和开放的原则和要求，保障了个人隐私和公共数据的安全。在中国，政府也颁布了《个人信息保护法》，规定了个人信息的保护和开放的原则和要求，促进了个人隐私和公共数据的安全。

随着全能政府理论的势衰，越来越多具有公共管理与服务能力的社会组织与机构不断涌现，在其日渐丰富多样的业务活动与数字化信息科技联袂之际，其所负载的公共数据开放就成为新型社会化公共机构所需履行的数据信息公开义务、保障公共利益、促进知识共享和维护数据法治化的重要举措。公共数据开放的法理基础为公共数据开放提供了法律依据和理论支持，为公共数据开放的推进和实施提供了指导和保障，并推动数字化社会的健康发展和明显进步。

## 7.2.3 公共数据开放的法治化机制

### 1. 法律法规的制定和完善是公共数据开放的法治化机制的前提基础

公共数据开放需要依法进行，遵循法律的规定和程序。各国都有相关的法律和法规，规定了公共数据开放的范围、方式和程序。公共数据开放的法律法规应当明确公共机构的开放义务和公众的权利，规范公共数据的开放范围和方式，保护公共数据的安全和隐私。同时，法律法规的制定和完善需要政府的积极参与和社会的广泛参与，政府应当根据社会的需求和发展的需要，制定和完善公共数据开放的法律法规。政府可以通过立法、行政命令、规章制度等方式，明确公共数据开放的原则和要求，规范公共数据的开放范围和方式。政府还可以与学术界、企业界等合作，共同研究和制定公共数据开放的标准和规范，促进公共数据开放的法治化。在法律法规的制定和完善过程中，政府应当充分听取公众的意见和建议，确保公众的参与和监督。政府可以通过公开征求意见、举办听证会、开展专题调研等方式，广泛征集公众的意见和建议；通过建立专门的公众参与机构和平台，提供公众参与的渠道和平台；通过加强对公众的教育和培训，提高公众的数据素养和参与能力；通过加强对公众的宣传和教育，提高公众对公共数据开放的认识和理解。

### 2. 政府的责任和义务是公共数据开放的法治化机制的重要组成部分

政府的政务管理活动所产生的数据属于公共数据中最为典型的一类，但事实上，公共数据是不限于政府的政务数据的，还应包括其他社会公共机构所产生、使用或控制的数据，并且随着数字经济的进一步深化、数字社会的进一步成熟，新型社会组织或机构的公共化功能更是日益突出，从这一层面上讲，这些新型社会组织或机构就成为公共数据的实际控制着或占有者，但因为这些类别的公共数据信息公开的渠道、平台主要更多地是通过政府部门所搭建或直接引导执行。所以，在除政务数据之外的公共数据开放问题上，政府仍然是促进公共数据开放、共享的主导性管理者，应当履行促进其他新型社会组织开放公共数据的责任和义务。政府应当积极推动新型社会组织或机构向公众公开其所收集、生成或管理的数据，以保障公众的知情权和参与权。政府还应当督促相应新型社会组织建立健全相关的公共数据管理和开放机制，确保公共数据的安全和隐私保护。当然，政府也应同时扮演好"守门人"角色，加强对新型社会组织所控制公共数据安全使用与合理流动的监督，甚至要有必要的问责机制设置，及时处理公众的投诉和举报，保障公共数据开放的合法性和合规性。而这些都需要通过法律法规和制度机制来明确和落实。其中，政府可以通过颁布政策文件、建立数据管理机构、制定数据管理规定等方式，既明确政府的责任和义务边界，也要明确新型社会组织应尽的社会公共义务与公益化责任。政府还可以通过建立数据开放平台、推动数据标准化、加强数据安全保护等措施，促进公共数据开放的法治化。政府还应当加强对公共数据开放的监督和评估，及时发现和解决问题，提高公共数据开放的质量和效果。在履行责任和义务的过程中，政府应当加强对公共数据的管理和监督。政府可以通过建立数据管理机构和机制，加强对公共数据的管理和监督，还可以通过加强对公共数据的安全保护和隐私保护，提高公众对公共数据开放的信任和支持。同时，应当加强对公共数据开放的宣传和教育，提高公众对公共数据开放的认识和理解，加强对公共数据开放的监督和评估，及时发现和解决问题，提高公共数据开放的质量和效果。

### 3. 落实公众的参与和监督是公共数据开放的法治化机制的重要环节

公众是公共数据的使用者和受益者,应当积极参与公共数据的开放和利用。公众可以通过信息公开、参与决策、监督评估等方式,参与公共数据开放的决策和实施。公众还可以通过举报投诉、舆论监督、社会评价等方式,监督公共数据开放的合法性和合规性。公众的参与和监督可以促进公共数据开放的透明度和公正性,提高公共数据开放的质量和效果。公众的参与和监督需要政府的支持和保障。政府应当加强对公众的教育和培训,提高公众的数据素养和参与能力。政府以及相应新型社会组织不仅应当建立健全的公众参与机制和监督机制,保障公众的知情权和参与权,还应当及时回应公众的关切和诉求,解决公众的问题和困难,提高公众对公共数据开放的满意度和信任度。在公众参与和监督的过程中,政府应通过政策杠杆激励新型社会公共组织加强与公众的沟通和交流。此外,在这一过程中,政府可以通过举办公众听证会、开展公众调研、建立公众咨询机构等方式,与公众进行广泛的沟通和交流,还可以通过建立公众参与平台、开展公众教育活动等方式,提高公众的参与意识和能力。并且应当加强对公众的培训和指导,提高公众的数据素养和参与能力,加强对公众的宣传和教育,提高公众对公共数据开放的认识和理解。

### 4. 数据安全和隐私保护是公共数据开放的法治化机制的底线性坚守

公共数据的开放需要保护数据的安全和隐私。一方面,公共机构应当采取合理的措施,保护公共数据的安全和隐私;另一方面,公共机构可以采取数据脱敏、许可控制、安全加密等技术手段,保护公共数据的安全和隐私。公共机构还应当建立健全的数据安全管理制度和机制,加强对数据安全的监督和管理。数据的安全和隐私保护需要政府的支持和监督。相关数据监管部门既要加强对公共数据安全的监督和管理，建立健全的数据安全管理机构和机制，又要加强对公共机构的数据安全培训和指导，提高公共机构的数据安全意识和能力。同时，对于公众的数据安全教育和培训也应当强化，从而提高公众的数据安全意识和能力，还应当加强对数据安全技术的研究和应用，提高数据安全的水平和能力。在数据安全和隐私保护方面，政府应当加强对公共机构的监督和管理，要求相关新型社会公共组织或机构建立数据安全管理机构和机制，加强对公共机构的数据安全监督和管理。通过加强对公共机构的数据安全培训和指导，提高公共机构的数据安全意识和能力；加强对公共机构的数据安全评估和审计，及时发现和解决问题，提高公共数据的安全性和可信度；加强对公众的数据安全教育和培训，提高公众的数据安全意识和能力；加强对数据安全技术的研究和应用，提高数据安全的水平和能力。

### 5. 公共数据开放的法治化机制需要加强国际合作与交流、经验借鉴与共治

公共数据开放是全球性的问题，需要各国共同努力，加强合作和交流。各国可以通过建立国际组织和机制，加强对公共数据开放的合作和交流。各国还可以通过签订双边或多边协议，加强对公共数据开放的合作和交流。在国际合作和交流方面，政府应突出相关保障政策与规范机制的引导力效能，并大力支持通过国际会议举办、开展国际合作项目等方式，加强对公共数据开放的研究和交流。有效激励、加强新型社会公共组织或机构对公共数据开放的实践化能力和国际有益经验借鉴，从而实现公共数据领域的价值潜能挖掘与释放。与此同时，还应加强国际间技术支持和创新。公共数据开放是一个复杂的过程，不仅需要借助先进的技术手段和创新的方法，加强对公共数据开放的技术研究和应用的国际合作与国家交流，提高公共数据开放的效率和效果，而且应积极助推公共数据开放的技术标准统一化，这有助于实现公共数据的开放和共享，

制定的数据格式、接口、质量、安全和隐私保护等方面的标准协调。由此，进一步介绍公共数据开放的技术标准的主要内容。

总体而言，公共数据开放的法治化机制主要围绕，一方面，力求以健全落实如数据安全法、网络安全法、个人信息保护法等相关法规协调化应用的效能得以充分释放，进而加速建立国家为数据采集、存储、处理、交换、公开等各个环节明确的权利边界、法律责任及合规要求等系统化的法规完善，通过促进公共数据开放的法律框架为公共数据治理提供明确的法律依据和行为准则，确保公共数据的使用遵循中国特色社会主义的法治精神。另一方面，强化公共数据开放中的权益保护，特别是针对公民的数据隐私权益和个人信息权利为重点，通过细化数据治理中如何尊重和保护个人隐私、防止数据滥用，明确数据主体对其数据享有的访问、更正、删除等权利，并有设立严格的侵权责任制度为屏障的必要。另外，由于公共数据及其所带来的社会治理现代化变革的创新机遇与风险挑战，更需要以"事前监管与评估""事中研判与防范""事后规制与惩戒"等更加敏捷化的监管流程来予以保障，重点着眼于包括数据安全监管机构、数据保护官、第三方审计等，负责监督数据处理者的合规行为，查处违法行为，维护数据市场的秩序。

但必须注意的是，公共数据开放的法治化机制为公共数据的共享化利用提供制度框架性的规范引导的同时，更需要引入技术性标准作为治理公共数据的价值传递与效能再造的安全性、可操作化的实施保障。因此，筹措与配置公共数据开放的技术性标准体系既是数字经济社会治理现代化的题中应有之义，又是对数据治理法治化构建的系统性、力求的实效性、必要的工具性而言至关重要。

## 7.2.4 公共数据开放的技术性标准

技术性标准的公共数据开放治理层面的建构，应是为公共数据开放的法律规范治理的实效助力、目标落地而提供可行性方案和具体化手段。正是通过各个层级的技术指标、不同环节的技术手段，可以实现公共数据治理的精细化、自动化、安全化，确保数据处理活动符合法律法规要求，如实时监控数据流以检测违规操作、自动执行数据保留与销毁等。可见，面对公共数据将持续深入且广泛地应用于数字社会的现代化治理进程中的复杂数据治理问题，法治化机制与技术性标准更需要协同应对。法律制度的框架体系与规范内容为数据安全设定原则与标准，技术功能释放与设计理念则为公共数据治理价值的发挥与展示提供具体实现方法；法律制度的框架体系与规范内容指导和约束技术的应用方向，并防止技术滥用导致的权益侵犯、市场失序等隐患，技术则需在此框架下设计和实施相应的数据处理流程。简言之，公共数据治理的法治化机制与技术性标准是公共数据管理、利用过程中相互交织、相辅相成的两个重要方面，它们在保障公共数据安全开放、确保公共数据有效利用、促进数字经济发展的同时，共同致力于保障并创新以数据有序开放与安全开发、尊重公民隐私与维护公平正义之间的衡平化治理方案。那么，公共数据开放的技术性标准主要包括以下几个方面。

### 1. 数据格式标准

数据格式标准是指规定公共数据的存储和传输格式，以便公众和企业能够方便地获取和使用数据。常见的数据格式标准包括 CSV、JSON、XML 和 RDF 等。

CSV（Comma-Separated Values）是一种以逗号分隔的文本文件格式，常用于存储和传输表格数据。CSV 格式简单、易读、易写，适用于大部分数据类型。除了逗号分隔，CSV 还可以使用其他分隔符，如分号、制表符等。CSV 格式的优点是：易于处理和解析，可以使用各种编程语言和工具进行数据的导入和导出；缺点是：不支持复杂的数据结构和嵌套关系，适用于简单的数据表格。

JSON（Java Script Object Notation）是一种轻量级的数据交换格式，

常用于存储和传输结构化数据。JSON 格式具有良好的可读性和可扩展性，适用于 Web 应用程序和移动应用程序。JSON 格式使用键值对的方式表示数据，支持多层嵌套和复杂的数据结构。JSON 格式的优点是：易于理解和解析，可以使用各种编程语言和工具进行数据的处理和转换；缺点是相对于其他格式，数据量较大，不适合存储大规模的数据。

XML（eXtensible Markup Language）是一种可扩展的标记语言，常用于存储和传输半结构化数据。XML 格式具有良好的可读性和可扩展性，适用于跨平台和跨系统的数据交换。XML 格式使用标签和属性的方式表示数据，支持多层嵌套和复杂的数据结构。XML 格式的优点是：可以定义自定义的标签和数据类型，适用于复杂的数据模型和数据关系；缺点是：相对于其他格式，数据量较大，不适合存储大规模的数据。

RDF（Resource Description Framework）是一种用于描述资源的语义模型，常用于存储和传输语义数据。RDF 格式具有良好的可扩展性和语义表达能力，适用于知识图谱和语义网的应用。RDF 格式使用三元组的方式表示数据，包括主体、谓词和宾语。RDF 格式的优点是：可以描述复杂的数据关系和语义关联，适用于知识图谱和语义网的应用；缺点是：相对于其他格式，数据量较大，不适合存储大规模的数据。

### 2. 数据接口标准

数据接口标准是指规定公共数据的访问和调用接口，以便公众和企业能够通过接口获取和使用数据。常见的数据接口标准包括 RESTful API、SOAP 和 GraphQL 等。

RESTful API（Representational State Transfer）是一种基于 HTTP 协议的 Web 服务接口标准，常用于访问和调用公共数据。RESTful API 具有简单、灵活和可扩展的特点，适用于 Web 应用程序和移动应用程序。RESTful API 使用 HTTP 的 GET、POST、PUT 和 DELETE 等方法进行数据的读取、创建、更新和删除。RESTful API 的优点是：易于理解和使用，可以使用各种编程语言和工具进行接口的开发和调用；缺点是：相对于其他接口，功能相对简单，不适合复杂的业务逻辑和数据操作。

SOAP（Simple Object Access Protocol）是一种基于 XML 的 Web 服务接口标准，常用于访问和调用公共数据。SOAP 具有丰富的功能和强大的扩展性，适用于企业级应用程序和复杂系统。SOAP 使用 XML 格式进行数据的封装和传输，支持多种协议和安全机制。SOAP 的优点是：功能强大和扩展性好，可以支持复杂的业务逻辑和数据操作；缺点是：相对于其他接口，复杂度较高，使用起来相对复杂。

GraphQL 是一种用于查询和获取数据的查询语言和运行时系统，常用于访问和调用公共数据。GraphQL 具有灵活、高效和可扩展的特点，适用于客户端驱动的应用程序和大规模数据查询。GraphQL 使用自定义的查询语言进行数据的查询和过滤，支持多个查询和嵌套查询。GraphQL 的优点是：可以精确地获取所需的数据，减少数据的冗余和传输量；缺点是：相对于其他接口，学习成本较高，需要掌握其特定的查询语言和运行时系统。

### 3. 数据质量标准

数据质量标准是指规定公共数据的质量要求和评估方法，以确保数据的准确性、完整性和一致性。常见的数据质量标准包括数据准确性、数据完整性和数据一致性等。

数据准确性是指数据与实际情况的一致性和正确性。数据准确性可以通过数据验证、数据清洗和数据校验等方法进行评估和改进。其中，数据验证是指对数据进行逻辑和规则的验证，确保数据的正确性和合法性；数据清洗是指对数据进行去重、去噪和修复，提高数据的质量和准确性；数据校验是指对数据进行比对和验证，确保数据的一致性和正确性。

数据完整性是指数据的完整程度和完备性。数据完整性可以通过数据收集、数据整合和数据补充等方法进行评估和提高。其中，数据收集是指对数据进行全面和准确的收集，确保数据的完整性和可靠性；数据整合是指对数据进行合并和整合，消除数据的冗余和重复，提高数据的一致性和完整性；数据补充是指对数据进行补充和完善，填补数据的空缺和缺失，提高数据的完整性和可用性。

数据一致性是指数据在不同系统和环境中的一致性和统一性。数据一致性可以通过数据同步、数据标准化和数据集成等方法进行评估和保证。其中，数据同步是指对数据进行实时或定期的同步和更新，确保数据的一致性和同步性；数据标准化是指对数据进行统一的命名、格式和规范，提高数据的一致性和可比性；数据集成是指对数据进行整合和集成，消除数据的冗余和重复，提高数据的一致性和可用性。

### 4. 数据安全和隐私保护标准

数据安全和隐私保护标准是指规定公共数据的安全和隐私保护要求和措施，以确保数据的安全性和隐私性。常见的数据安全和隐私保护标准包括数据加密、访问控制和隐私脱敏等。

数据加密是指对数据进行加密和解密，以保护数据的机密性和防止数据泄露。常用的数据加密算法包括 AES（Advanced Encryption Standard）和 RSA（Rivest-Shamir-Adleman）等。数据加密可以分为对称加密和非对称加密。其中，对称加密是指使用相同的密钥进行加密和解密，适用于数据传输和存储的加密；非对称加密是指使用不同的密钥进行加密和解密，适用于数据传输和身份认证的加密。

访问控制是指对数据的访问进行授权和限制，以保护数据的可用性和防止非法访问。常用的访问控制方法包括身份认证、权限管理和审计跟踪等。其中，身份认证是指对用户身份进行验证和确认，确保用户的合法性和真实性；权限管理是指对用户进行权限的分配和管理，确保用户只能访问其具有权限的数据和功能；审计跟踪是指对用户的操作进行记录和追踪，确保用户的行为可追溯和可审计。

隐私脱敏是指对数据中的敏感信息进行脱敏处理，以保护个人隐私和防止个人信息泄露。常用的隐私脱敏方法包括数据匿名化、数据脱敏和数据掩码等。其中,数据匿名化是指对数据中的个人身份信息进行去标识化处理,使得个人信息无法被识别和关联;数据脱敏是指对数据中的敏感信息进行部分隐藏或替换,使得敏感信息无法被直接识别和获取;数据掩码是指对数据中的敏感信息进行部分隐藏或模糊,使得敏感信息的可读性和可识别性降低。

以上这些标准的制定和实施,可以规范和保障公共数据的开放和共享,促进公共数据的合法、安全和可持续利用。同时,需要不断研究和探索新的技术标准和方法,以适应不断变化的数据需求和应用场景。随着数据驱动的时代的到来,公共数据的开放和共享已经成为推动数字化转型和创新的重要助力,能够促进政府治理、社会公正、科技创新和经济发展等各方面的进步。因此,公共数据的开放和共享已经成为全球性的趋势和共识,越来越多的国家和地区开始加大公共数据的开放力度,推动数据创新和数据经济的发展。

在实践中,公共数据的开放和共享也存在一些挑战和困难,比如数据质量不一、数据安全性难以保障、数据所有权和隐私权的问题等。因此,需要综合运用政策、技术和监管等手段,完善公共数据的标准和规范,提高数据的质量和安全性,保护数据的合法和隐私,促进数据的可持续利用和共享。

# 第八章　企业数据及个人数据保护的法治化

## 8.1 企业数据保护的法治化

数字经济时代下，数据确权已成为理论界和实务界不可回避的重要议题，尤其是作为数字经济与数据交易市场中的领军主体企业的数据确权与保护问题。企业数据确权与保护的法律问题是源于信息科技的普及、数字经济的发展，所以就应立足于数字科技语境中遵循数据运转逻辑，去梳理并构建满足企业数据交易特质、降低数据交易成本、预控尽可能避免的数据风险等法律机制。尤其是要尽快形成有力、有效的平衡于企业数据利用与数据保护之间的企业私益和社会公益的张力，进而实现以数据要素价值的安全释放去促进数字经济的持续健康。显而易见，企业数据的确权与保护的法律问题不仅与激发数据交易持续活跃、保障数据要素安全流动等息息相关，而且对于数据治理法治化的目标推进与落地的整体性、系统性更是意义非凡。

## 8.1.1 企业数据保护的法律定位变奏

目前法学界仍有不少主张将企业数据保护问题依旧纳入传统法律体系中的相关权益范畴中，比较典型的是将企业数据视作相关信息的载体、信息才是企业数据的内容这一直观层面去理解企业数据确权问题，于是就很容易得出只要将信息归属问题予以解决，那么企业数据确权问题也就迎刃而解。这类理解与主张的合理性是在数字技术效能与数字经济发展还未达到能够并需要将数据本身作为独立要素的情况下，并满足于保护数据的目的就在于保护信息的价值而提供的法律规制与权属保障的路径选择，虽然具有维护法律稳定性、持续性的谨慎度，但在不断深入发展的数字经济实践中，特别是数据要素已经成为第五大生产要素的当下则不免显得过于保守，尤其是在企业数据治理与保护领域中更显得捉襟见肘。

### 1. 商业秘密：法益保护的定位

以商业秘密的模式保护企业数据，是传统法律体系中与企业数据治理目的最为接近的一种。因为企业数据在内容上最具市场价值的往往与传统法律中所指的商业秘密重合，在储存方式上又以平台服务器中私人空间这种客观上阻却他人大规模获取企业数据可能的保密措施为附加，在使用过程中从生成收集到归纳处理再到甄别利用也都要与企业相对应的特定业务环节或交易环境相吻合，企业数据的这些存在状态无形中支撑并产生了适用商业秘密规则的必要性与可能性。

但仅以此主张企业数据保护应采用商业秘密方式的理由仍不够充分。一方面，若对企业未公开且采取合理措施保证其秘密性的企业数据予以商业秘密的保护，即意味着这些数据首先应必须具备商业秘密的价值性，可现实中很多大型数据平台企业却会定期清理平台内的这些数据，那么企业数据具有保密性状态是否就证成其必然具有商业秘密价值、是否符合商业秘密保护的周延条件等，是值得进一步探讨与商榷的。另一方面，企业数据的产生及其数据集合的构成甚至其价值的有无与大小的评判，很多情况下都需要经由多方的分享、多环节的流转而得以体现与实现，这都与商业秘密保护中的"秘密"之义相互矛盾。此外，对企业数据予以商业秘密的法益保护还在《劳动法》《公司法》甚至《刑法》中都有所涉及，但在《劳动法》和《公司法》上只限于特定主体或以合同关系存在为前提，商业秘密保护的法益并不针对不特定的第三人，而在刑法上以商业秘密的法益保护企业数据的条件不仅仍须满足其为"商业秘密"之一本质标准，且还须满足结果上存在对"权利人造成重大损失"这一要件。简言之，商业秘密法益保护的法理逻辑与企业数据保护的法律需求之间存在一定的偏差，并非能够有效覆盖与达成企业数据确权的合理目的。

### 2. 反不正当竞争：行为保护的定位

以反不正当竞争行为的保护进路，其实针对的是企业公开与半公开的数据予以保护，这在既有的司法实践中较为多见。

诸如2016年末宣判的中国数据不正当竞争第一案——新浪微博诉脉脉案，就揭开了互联网平台企业之间就何种情况下在哪种条件上可以收集、共享、删除等数据利用问题的冰山一角。在该案中，"新浪微博"就脉脉公司利用数据爬虫非法抓取、使用"新浪微博"的用户数据问题提起诉讼，后经法院审理认为，脉脉公司的数据抓取行为已违反商业道德，构成不正当竞争行为[①]。此后，2018年的"淘宝诉美景公司大数据产品不正当竞争案"作为首家互联网法院数据产品第一案中，则显现出再次明确借用反不正当竞争行为的进路维持企业数据合理正当权益的司法实践[②]。该案中，经法院审理后认为美景公司是以"搭便车"的方式

---

[①] 参见北京淘友天下技术有限公司等与北京微梦创科网络技术有限公司不正当竞争纠纷二审民事判决书（2016）京73民终588号。
[②] 中国法院网：《2018年度人民法院十大民事行政案件——淘宝诉美景公司大数据产品不正当竞争案》，https://www.chinacourt.org/article/detail/2019/01/id/3707258.shtml。

获取淘宝公司的数据并从中获取利益，对于这类半公开的平台企业数据仍应按照竞争法上的规则予以保护，美景公司这一类数据利用行为属于明显有悖于商业道德的不正当竞争行为[1]。

但对于以反不正当竞争行为给予企业数据保护的法律定位，在司法实践中仍存在规则依据解释空间弹性有余，而确定性指引刚性不足的缺憾。在既有涉及数据不正当竞争的司法判例中，多数裁判是以《反不正当竞争法》中的第 2 条为依据，即要求企业"遵循自愿、平等、公平、诚信的原则，遵守法律和商业道德"，并将"扰乱市场竞争秩序，损害其他经营者或者消费者的合法权益的行为"视为不正当竞争。很明显，《反不正当竞争法》第 2 条具有极大的不确定性，不能完全覆盖数据保护的独特要求[2]。这是因为，按照法理学中有关法律规则的分类而言，该法条属于标准性规则，该规则的特点就是部分内容或全部内容具有一定弹性，须经解释才可使用并可适当自由裁量，标准性规则所发挥的只是一般条款的规范力。这就说明，依据《反不正当竞争法》的一般条款虽然对各种类型的企业数据能够提供部分范围或一定程度上的法律保护，但在法理上"一般条款的保护方式是立法上的次优选择，削弱了司法的正当性和安定性，回避了对企业数据的法律定位"[3]，在实践中也往往可能会因对于何谓"商业道德"、如何具体定性"扰乱市场竞争秩序"等尚存异议的问题造成各方困惑，如此不免导致为了保证企业数据合规而阻却新开辟的数据业务，或者顾虑企业数据无法获得有力的法律保护而拒绝开放其本意欲开放的数据。显而易见，这不仅使企业数据利用因徘徊于合规、合法的实践成本增大，而且难以有效助推并满足企业

---

[1] 参见淘宝（中国）软件有限公司诉安徽美景信息科技有限公司不正当竞争案（2017）浙 8601 民初 4034 号。

[2] 徐实：《企业数据保护的知识产权路径及其突破》，载《东方法学》2018 年第 5 期。

[3] 许可：《数据保护的三重进路——评新浪微博诉脉脉不正当竞争案》，载《上海大学学报（社会科学版）》2017 年第 6 期。

数据通过活跃流动而实现市场价值的现实需求。

### 3. 数据的财产化：权利保护的定位

赋予企业数据财产权既是数字经济时代下数据资产化有序、有力、有效地释放更大潜能价值的客观要求，又是建立数据交易规则和市场秩序的必要前提，更是深入推动数据产业生态化发展的系统基础。这是因为若"赋予企业数据财产权可以激励企业生产、收集、分析、交易数据"[1]，尤其是作为凭借数据创造价值的新业态经济组织的各类企业、平台更是推动数字经济发展的中坚力量，他们的数据权益能否得到充分、合理和有效的法律保护将决定着其对下一轮数据生产、运营、维护等整体新业态机制投入的积极性。很明显这是一种定位于激励理论之上的功利主义取向，其核心就在于通过企业数据财产化权利的确认，强化企业数据控制者以权利私益结构的利益取得，激发其对数据收集、处理和利用的有效性、积极化的主动投入，从而维持并增进数据经济和社会福利整体化的繁荣。

但当回归数字经济的发展逻辑时就会发现，企业数据财产化权利的确认不仅与数字经济的动态运转逻辑相悖，而且与数据企业事实性地自觉维护数据体量多样化、丰富性的动机错位。

一方面，企业数据在本质上具有数据的非竞争性和非排他性特质，正如著名经济学家萨缪尔森的观点，"非竞争性意味着一个人对它的消费不会减损其他人的消费，其新增消费者使用产品的边际成本为零；非排他性则是指一个人无法排除他人对产品进行消费，即使可以排除他人从该产品中获取利益也需要付出极高的成本，亦即社会效益极低"[2]。加之企业数据的价值不仅在于对自身具有重要价值，更在于对其他市场

---

[1] 孟涛：《基于"丰鸟数据之争"的数据财产的法律属性与保护路径》，载《大连理工大学学报（社会科学版）》2019年第2期。

[2] 黄恒学主编：《公共经济学》，北京大学出版社2009年版，第93-94页。

参与者也具有重要价值，甚至更多情况下企业之间是必须经过涉足分散化的跨数据领域的合作或访问不同渠道的数据源，才能有效获得基于数据潜能的价值创造与业务创新。而赋予企业数据财产权，则是一种专有性、排他性的绝对权，这不仅"意味着在该权利范围内为他人行为设置了绝对的禁区"①，从而客观上导致市场准入壁垒，而且阻碍了其他企业正常、合理地从数据中发现或获得新的市场潜能甚至更易于出现"数据垄断"，这明显有违数字经济的良性竞争和活跃创新。

另一方面，数字科技燃爆人们在社交、电商、出行、娱乐、教育、生产等立体化、全方位、丰富性、多样化的应用需求，数据价值的存在与否、范围大小不仅处于动态调整中甚至还在于是否能疾速捕捉、反映市场转瞬即逝的利益需求，据此出于盈利目的以及维护正常运营需要的企业都会更主动、积极地去循环往复地收集、汇总、筛选、分析相应数据集合中的既有数据或纳入新数据的有效信息内容，以此确保所控制与使用的数据仍处于有价值的状态中。可见，正是因为"大数据不是关于稳定的数据集，而是关于高度动态的、以'流'的形式存在的、成片的、活的数据"②，所以企业数据确权的初衷动机本应是确保自身数据的价值性，为此不仅需要周期性地筛选已经控制与使用中的数据，还要不断地收集吸纳新的数据，这样才能为自身发展以及数字经济整体发展创造持续健康的数据应用生态环境，这即是数字经济时代企业的安身立命之本。况且，依据经济学逻辑，只要数据生成、收集和交易的边际收益超过数据企业的边际成本，企业就会继续生成、收集和交易数据。这就需要进一步强调的是，"数据的价值不在于建立其所依赖的成本，而是更

---

① 王镭：《电子数据财产利益的侵权法保护——以侵害数据完整性为视角》，载《法律科学（西北政法大学学报）》2019 年第 1 期。
② 涂子沛：《大数据》，广西师范大学出版社 2015 年第 3 版，第 9 页。

多地体现为公众使用过程中潜在的社会和经济效益的逐步释放"①。鉴于此,企业数据的价值释放同样有赖于经过社会化的分享或利用过程中实现,这又是企业数据其商业价值形成的源泉之一。所以说,以确认企业数据财产化权利的法律定位并非激励企业生成、收集和交易数据的必要条件,即使没有企业数据财产权的激励,企业基于自身业务的维系和发展、商业价值的沉淀和释放也会积极主动地去不断生产和持续收集数据。

### 4. 非法入侵数据的有罪化：刑法规制的定位

我国《刑法》第285条第2款规定了"非法获取计算机信息系统数据罪",即违反国家规定,侵入前款规定（国家事务、国防建设、尖端科学技术领域的计算机信息系统）以外的计算机信息系统或者采用其他技术手段,获取该计算机信息系统中存储、处理或者传输的数据,或者对该计算机信息系统实施非法控制,情节严重的,处三年以下有期徒刑或者拘役,并处或者单处罚金；情节特别严重的,处三年以上七年以下有期徒刑,并处罚金。这是将企业数据归于非权利化的法益而采取相应"保护性法律"的方式之一,以此确保有关企业数据的安全,这也是以公法规制为主的典型。对此,早在域外法律中就有类似规定,如美国所适用的法律保护中以《1986年计算机欺诈与滥用法》（CFAA）体现最为充分,该法明确规定,"未经授权"故意访问计算机或超过授权访问权限,从任何受保护的计算机获取信息或者"故意造成程序传输,并且对未经授权且受保护的计算机造成损害"均构成违法行为。②

由此可见,无论是基于法律的规定还是现实操作的实例显示,其实

---

① 《开放数据资产估值白皮书》,普华永道会计师事务所2021年7月10日召开的2021世界人工智能大会"数据新要素,转型新未来"论坛上发布,载微信公众号"168大数据CDO研习社",2021年7月14日。
② 梅夏英：《企业数据权益原论：从财产到控制》,载《中外法学》2021年第5期。

不少企业数据纠纷都只与他人的不当访问相关，这就意味着，对企业数据保护更具直接性关联的应是如何合理设定数据访问的正当性规则。何况以刑法的有罪化对企业数据予以保护也有违刑法的谦抑性原则，毕竟在法理上只有当私法与行政法上的保护穷尽之时，才能采用所有法律制裁手段中最为严厉的刑法惩罚，尤其是在访问规则不明确、底线标准不清晰的状况下，直接以刑法对企业数据权益进行保护、以有罪化规制企业数据的侵权行为，虽具有强大的威慑作用但也不免过于严苛，不利于展现法治模式对数据经济包容有度的制度理性。

### 8.1.2 企业数据保护的多维路径再塑

如前所述，既有的法律机制对企业数据的确权与保护并非完全无益而是体现为更突出的疲软、乏力等不足，这是由于既有的规则设计仍然延续工业经济的资源稀缺及独占为先的运行模式，并未换道于数字经济的资源共享与流转增量的发展轨迹上，所以在厘清企业数据的属性特质及价值生成的实践逻辑基础之上，更需要结合数字经济运转的动态机制与市场需求，是有必要思考对企业数据保护机制的再塑造。否则，随着数据产业的迭代升级、数字经济的深入复杂，既有传统法律调整的思路不可避免地形成与数据潜能价值意义相去甚远乃至矛盾之处，而当前力主将企业数据予以财产化的权利确认与保护问题就已备受争议。

当然，有不足、存争议并非意味着企业数据无须确权或不应受到法律保护，明智之举则是应立足于契合数字经济发展之所需、数据自由流动之所求的基础上，建立满足于依托数据资源应用而开创社会新业态的新型经济组织安全有效、合理正当的使用、访问和共享数据资源的多维保障机制，这其中既要扭转企业数据保护的路径从侧重于财产权的确认到倾向于使用权的保障，又要提供多层次、分类化的综合性配套机制。

## 1. 以授权性合同保障企业数据的使用权

之所以对确认企业数据财产权的争议较多，主要集中在其仍套用传统"产权保护"思路下而于数字化时代的社会实践要求格格不入，不仅可能直接导致市场用户的"自然出局"，而且长远来看也并不利于数据企业圈层的整体发展与数据交易的价值创造。况且，产权概念本身就是一组权利的统称，包括财产的所有权、占有权、支配权、使用权、收益权和处置权。数据具有财产性利益的属性不予质疑，但数据价值的形成与实现既不是单个数据得以体现，更不是静态或固化的某个数据集就能承载，数据的非排他性与非竞争性本身就决定了其具有因分享而得以迭代、充实，由此数据的价值才能增殖、优化以至兑现与再创造。尤其是在数字化经济下的企业数据交易领域中，数据在互联互通的流转过程中更凸显出共建共享的特征，因而不能以传统的法律保护思路套用企业数据保护。当然，对企业数据的利用问题无论是"一禁了之"还是无条件开放，都既不符合产权保护的法理基础并对各关联方利益熟视无睹，也无法有效满足数字经济有序性、持续化的发展要求，更不能实现既要激发数据的潜能价值释放又要规避影响数据安全交易的风险隐患。所以，基于产权概念本身所蕴含的权利集合内容，加之数据特性本身所要求的流动产生价值，可以尝试对企业数据使用权层面进行创新性的有益探索，应该更有助于实现企业数据作为生产要素能够顺利参与生产流通。那么，应该怎样具体确立并实现企业数据的使用权呢？

实践中，企业数据既是企业数字化转型和信息化发展重要的组成部分之一，也是企业信息资产化、价值化的重要载体，所以确立并维护企业数据的使用权更是保障并实现企业数据资产的合法性、安全性、价值性的重要路径，而具体手段则可以采用授权性合同作为确立企业数据使用权的解决方案。

一是确立企业数据使用权的法律内涵。

从定义上讲，企业数据使用权应是指企业数据的实际控制者或占有者与其相关利益主体之间，以自主使用数据或许可他人使用数据的方式，就包括企业数据的采集、存储、加工、发掘、分析以及共享等全过程权能如何得以利用，而享有禁止实际控制或占有的企业数据被非法访问、滥用、偷窃、发布甚至出售等的权利。

从属性上看，相较于企业数据财产权是一种绝对权而言，企业数据使用权则是一种相对权，一方面其生成来源是通过由具有利益关系的主体之间以合同拟定与创设的方式，进而形成有关企业数据利用的权利边界与义务分配等；另一方面其数据类型是要受到个人数据权和隐私权的限制，毕竟多数企业数据中都包含着用户或客户的个人数据乃至涉及隐私信息，那么，对个人数据的充分尊重与保护就不仅是有效维护用户的相关权益，更是清晰划定了企业合理收集与运用个人数据的法律边界，以此既增强用户对企业的信任，又为企业数据使用权提供合法性底线，所以个人数据在法律保护上的优先性与正当性，要求企业数据使用权的相对化；另外，由于数字经济的开放性与数据价值创造的分享性，决定企业数据使用权的设立会基于数据业务链条的上下游关系而综合考虑不同利益关系各方的数据创建、保存、使用等因素，在合同中会随着具体业务推进去调整企业数据使用权的具体享有者与结合业务的特定使用范围，由此企业数据使用权也不可能是固化、绝对的专有。

从目的上看，企业数据使用权设定是在搭建有关企业数据的合理化流动范围与合法化访问规则的法律桥梁，但由于在实践中，数字经济涉及的行业领域繁多、新兴产业复杂，并常常会叠加诸如电力、能源、交通、制造业等传统领域的行业活动与交易主体，这就需要转变设立企业数据使用权规则的法律创制路径，秉持既要有利于降低数据价值潜能变现的交易成本立场，又要有利于提高企业数据保护与应用之平衡的法律效益保障目标。因此，可以尝试将数据使用规则的设定权留给直面如何用、怎么样这些企业数据的运营主体或商业主体自身更为适宜，这就是主要采用私法领域中的合同意定机制。

二是以授权性合同实现企业数据使用权。

以实现企业数据使用权为目的的授权性合同，是指实际控制或现实占有企业数据的主体作为授权人，与作为被授权人的其他利益相关主体之间，就在何种情况下可以使用、怎么样使用这些数据资源的相应权利与义务、范围与程度，通过自愿合意而达成的共守协议。

对于这类授权性合同在具体要求上至少应包括如下四个方面：第一，明确授权使用的数据类型、内容和范围。在签署授权合同之前，企业不仅应明确要授权数据的内容和范围，并且还应明确双方的权益和义务，以确保合同中的条款和细则被准确地执行。第二，设定保密性条款且明示保密内容。保密是授权合同中的重要内容。在授权合同中应当明确保密内容及保护措施，明确每个被授权人需遵守的保密义务。同时，应针对发生频率较高的可能违约或侵权情况下所进行的事前紧急防御性终止合同的特殊条款，包括因自然灾害、硬件故障、人员事故等出现需要进行的紧急处理措施，以确保企业数据中涉密信息的安全可靠。第三，合理化设定企业数据资源限制和使用约束的明确边界。在授权合同中，授权主体可以明确限制其他利益相关体对数据的使用必要边界，也可以限定数据使用的方式、范围，以确保授权资源的使用是符合法律规定的。同时，被授权主体可就所使用数据的类型、内容、程度、范围等确实可以保障在合法范围内且不影响授权人基本数据权益的条件下，具有要求授权人应予以合理开放的请求权。第四，明确义务履行与责任承担方式。在授权合同中，基于自愿合意的前提下应明确双方的义务履行和责任承担的具体方式，包括被授权方在数据使用过程中遇到的法律责任和时间、空间有关的计划和细节问题，便于一旦出现违约或侵权问题，尤其是在法律规定较为模糊甚至空白的情况下，以合同成立时的意思自治为准，当然不得有违公序良俗与诚实信用的原则，也不得违反相关法律法规的禁止性条款。

## 2. 以申请特殊保护激励企业数据的共享

对于企业数据而言，其实无论是站位于整个数字社会的经济整体推动、公共福祉增强，还是作为某一商业主体或其他新兴经济组织的正常运转与持续营利，其开放性、共享化的利用本应都是其根本，这是由数据价值生成与实现的本质所决定的。所以，在多维度的法律路径中，虽然既可以视具体情况而仍沿用既有传统法律方式予以部分地干预或威慑企业数据侵权损害风险，也可以创新设置以授权性合同的权益保障方案促进企业数据更大可能地基于协议约定开放而实现数据交换利用，但问题的关键则在于，企业数据的实际控制者或现实占有者是否存在开放于他人尤其还是利益相关者予以共享使用的自主意愿。因为，从内部而言，基于数据的积累或占有的数量、质量、范围、种类等确实是数字经济发展中企业竞争的重要资源，从外部而言，开放化利用数据虽然是实现数据潜能的价值创造所必需，但若与开放利用过程中所需处理或应对的风险成本进行得失核算、利弊权衡，尤其是企业数据一旦公开却没有针对性的法律有力保护，或者被其他竞争对手不正当利用，这就很有可能出现相关企业数据控制者的裹足不前甚至形成阻却进一步深化开展数据创新业务的"寒蝉效应"。因此，如何激发企业数据共享的内部动力、打消企业数据开放的外部顾虑，并为企业自愿、主动的开放数据提供合理保护，也是需要予以配套化的法律设计而给予制度激励。

因此，可以尝试"申请特殊保护"这一法律制度设计，由此激励企业数据的共享动机和具备对应性的法制保障。

对于企业数据使用权实现的过程中，针对企业数据控授权方建立"申请特殊保护"制度，旨在鼓励企业之间共享数据，并通过特殊保护措施保障企业数据的安全开放以及关涉到商业秘密或用户隐私的相应权益保护。这项制度对于推动数字经济发展、促进企业间协同合作、保障数据信息安全具有积极的作用。

这种"申请特殊保护"的制度要求是，一方面，当企业数据是以自愿主动开放分享的使用过程中，法律就应当接受为这样的企业数据设置一定的排他性权利的申请，并允许和支持该企业数据的实际控制者对访问此类数据的主体设置基于资格身份、经营背景、使用范围、权限级别等方面的黑名单与白名单的罗列，由此为自愿主动开放的企业数据提供针对具体对象来具体决定是否对其开放使用的"排他权"。这是源于保障企业数据可以更合理、安全地被匹配到更为适当地加以开放利用的资源需求上，同时保护了个人信息不被滥用、商业秘密不被泄露的效果，从而获得更多的共同发展福利。另一方面，为了满足不同领域的企业之间利用大数据技术，挖掘数据资源的共性和关联，提高企业数据资源的优化利用效率，法律又应将这种企业数据开放"排他权"设定为相对性权利。因为在现实中，不仅存在着坐拥海量巨型数据资源的"头部"企业，出于维护自身在数字经济中的绝对优势地位，从而排他性地不允许其他企业访问其数据的现象，而且存在着一般企业经营主体也常常因自身数据资源实力不足而难以保障平等化协商，就出现自愿交易数据的成本较高进而客观上形成拒绝其他利益相关主体使用其数据的结果，但数据资源配置是有效率性的、数据资源价值是有期限性的。在这种情况下，若出现其他数据使用者先使用了相关数据，法律则应允许引入第三方评估机制对先行使用的这些数据及其市场价值予以估价，然后再让数据使用者支付合理价格给原数据企业，则是更为有效率、重价值的做法。这种"排他权"的相对性设置既可以促进并拓展不同领域的业务更新或结构转型，而且带动并盘活了数字经济产业的升级和发展，但一般更适用于为了促进科学研究或者对于实现某类公共利益而言，该企业数据对此具有唯一效用性或目标达成的专属性，法律才可以允许相关利益方以搜索引擎进行合理的数据爬虫，当然这些都应以不损害企业数据本身价值以及企业数据控制者直接利益为前提。

### 3. 以数据加密实现企业数据的事实控制

无论是以授权性合同的合意实现对企业数据的使用权，还是尝试以

"申请特殊保护"的制度去激励企业数据的自愿开放，实际上都需要通过数据加密技术对其予以保障。从数据事实控制的角度来看，只有确保企业实际有效地掌控着相关数据资源，才能为企业数据的使用权实现提供基础前提，才能是"申请特殊保护"存在的必要性。从数据价值意义的角度看，只有确保企业数据的安全性、真实性、合规性、可溯源性，才能增强数据控制者或占有者与其他利益相关主体就数据交互、交易等使用与流转过程中的信任度与安全感。

数据加密技术在企业数据权益保障方面的具体应用包括：

（1）传输安全。企业通常需要在公共网络上传输敏感数据，如付款信息、客户信息、合同信息等。这些信息在传输过程中，可能受到黑客的攻击和窃听，传输的数据易被篡改、窥视和窃取。针对这一问题，加密技术可以有效保护企业的数据传输安全。例如，企业可采用 SSL/TLS 等协议，在数据传输过程中使用对称密钥加密和非对称密钥加密，以确保数据真实性、完整性和机密性。

（2）储存安全。企业数据可能会被存在各种介质上，如硬盘、U 盘、移动硬盘、云存储等。然而，这些数据储存介质可能会遭到黑客攻击或者设备损坏，导致数据丢失和泄露。此时，加密技术可以帮助企业保护储存数据的安全。例如，企业可采用对称密钥加密技术对储存的数据进行加密，采用非对称密钥加密技术保护私钥的安全性，以确保数据在存储过程中的安全。

（3）访问控制。企业内部访问控制是保证数据安全的必要手段。企业可以通过数据加密技术，针对不同的用户角色和访问需求，采取不同的访问控制策略和密钥管理策略，从而确保数据访问。例如，企业对于访问敏感数据的员工需要进行身份认证和授权核实，只有通过授权的员工才能获得访问敏感数据的权限。

（4）数据备份。对于重要的数据，企业通常需要进行备份。然而，传统的备份方式会导致数据备份过期和数据存储位置难以监控等问题。

加密技术可以解决这些问题。例如，企业可以将加密数据存储到云端，并进行定期备份，将加密算法和密钥分离存储，这样一旦原数据出现问题，就可以重新获取需要的数据。

总之，数据加密技术在企业数据使用权保障方面具有非常重要的作用。在企业安全管理领域，加密技术需要使用合适的密钥管理策略、密码强度检测策略、密码更新策略等方法，以确保加密技术本身不成为瓶颈。在企业的数据处理流程和使用场景中，加密技术可以被广泛应用，如在病历、心电图、化学分析、物流等多个行业场景中。随着人工智能的不断发展和互联网技术的普及，数据安全问题将更加受到关注，数据加密技术的使用也将进一步得到推广和发展。此外，对于企业数据权益保障的技术层面的措施，还可以借助区块链技术。区块链技术是一种分布式多节点数据管理技术，它采用去中心化和分布式存储的方式，保护数据的隐私和安全。在企业应用中，区块链技术可以使企业建立分布式数据管理和共享机制，从而减少了虚假授权和数据修改等数据风险。例如，联盟链建设过程中，企业可以建立自己的区块链节点，将管理和授权权利下放到每个节点，并对规则进行分组和维护。实际上无论是保护企业内部数据，还是商业机密的数据分配授权，都可以采用区块链技术将科技与数据安全牢固相连。

### 4. 以发挥市场主体作用、压实企业数据治理责任

首先，企业作为数据要素市场的主体，是数据治理的实践者和获益人，更需要以主人翁精神参与数据治理机制的探索。企业应当积极参与数据治理，发挥自身的主动性和创造力，推动数据要素的应用和创新。为此，企业可以发展各种不同职能的数据商和第三方专业服务机构，形成一个完善的数商创新生态。这些数据商和第三方专业服务机构应当自觉承担数据治理的责任，建立协同机制，相互约束，相互信任。例如，可以建立数据流通交易的声明和承诺制度，明确数据来源、产权、质量和使用等方面的规范，促进数据商和第三方专业服务机构的合理行为，

推动数商创新生态的构建。

其次,企业在利用数据资源时应当注重合规性和公平竞争。数据资源具有垄断性,企业基于大量的用户行为数据进行精准营销,可以带来巨大的利益。然而,不规范使用数据和算法可能对市场公平竞争、用户权益和国家安全等方面造成威胁,甚至抑制后续创新的产出。因此,企业应当树立责任意识和自律意识,正视数据危机的存在。企业应当将数据规范使用和数字红利公平分配融入企业文化中,积极应对数字创新可能存在的偏见、不公平和伦理等负面影响,实现经济效益和社会效益的均衡。同时,企业要严格遵守相关法律法规,不利用数据和算法优势排除、限制竞争,而是从数商创新生态发展的角度促进整体创新,以获得长期发展优势。在数据治理中,企业应当积极参与数据标准的制定和推广。数据标准是数据治理的基础,是保障数据流通和共享的重要手段。企业应当积极参与数据标准的制定过程,发挥自身的专业知识和经验,为数据标准的制定提供有益的建议和意见。同时,企业应当积极推广和应用数据标准,促进数据的互操作性和共享性。通过遵循统一的数据标准,企业可以更好地实现数据的整合和共享,提高数据的利用效率和价值。此外,企业还可以通过参与数据标准的制定和推广,树立自身的品牌形象和行业地位,提升企业的竞争力和影响力。

再次,企业还应当加强数据安全和隐私保护。随着数据的快速增长和广泛应用,数据安全和隐私保护成为一个重要的问题。企业应当加强对数据的保护,采取有效的措施防止数据泄露和滥用。企业应当建立健全的数据安全管理体系,加强对数据的加密、备份和监控,确保数据的安全性和完整性。同时,企业应当尊重用户的隐私权,遵守相关法律法规,明确用户数据的收集和使用范围,保护用户的个人信息不被滥用和泄露。通过加强数据安全和隐私保护,企业可以增强用户的信任和忠诚度,提升企业的品牌形象和市场竞争力。

最后,企业还应当加强数据伦理和社会责任的建设。数据伦理是指在数据治理过程中遵循的道德和伦理原则,包括数据的公正、透明、可解释性和可控性等方面。企业应当树立数据伦理意识,遵循数据伦理原则,确保数据的合法、合规和合理使用。同时,企业应当承担社会责任,关注数据治理对社会的影响,积极参与社会公益事业,推动数据治理与社会发展的良性互动。通过加强数据伦理和社会责任的建设,企业可以树立良好的企业形象,赢得社会的认可和支持。

企业要发挥市场主体作用、压实数据治理责任,需要积极参与数据治理机制的探索,发展各种不同职能的数据商和第三方专业服务机构,建立协同机制,相互约束,相互信任。同时,企业要注重合规性和公平竞争,树立责任意识和自律意识,将数据规范使用和数字红利公平分配融入企业文化中,严格遵守相关法律法规,促进整体创新,实现经济效益和社会效益的均衡发展。此外,企业还应当积极参与数据标准的制定和推广,加强数据安全和隐私保护,加强数据伦理和社会责任的建设,以推动数据治理的健康发展,实现数据的价值最大化和社会的可持续发展。

## 8.2 个人数据保护的法治化

### 8.2.1 个人数据保护的法律定位演变

#### 1. 个人数据保护的起源

个人数据保护的起源可以追溯到 20 世纪 60 年代,当时主要是针对计算机技术的发展而提出的。随着计算机技术的迅猛发展,个人数据的收集和处理成为一个重要问题。计算机的出现使得个人数据的处理变得更加高效和便捷,但同时带来了个人隐私和数据安全的风险。为了保护个人数据的隐私和权益,一些国家开始出台相关的法律和政策。20 世纪 70 年代,美国出现了第一部个人数据保护法案——《个人数据保护法案》(Privacy Act),该法案主要针对政府机构的个人数据处理活动进行了规范。该法案要求政府机构在收集、使用和传输个人数据时必须遵守一定的原则和规定，如数据用途限制、数据安全保护和个人数据主体的权利保护等。此后，欧洲国家也相继出台了个人数据保护法律，如德国的《联邦数据保护法》（BDSG）。

### 2. 个人数据保护的发展

随着互联网的普及和全球化的发展，个人数据的收集和处理活动变得更加复杂和广泛。在这一背景下，个人数据保护的发展逐渐成为全球范围内的关注焦点。个人数据保护的发展主要经历了三个阶段：个人数据保护的初级阶段、个人数据权利的强调阶段和个人数据治理的全面阶段。

（1）个人数据保护的初级阶段主要关注个人数据的隐私和安全问题，旨在规范个人数据的收集、使用和传输活动，保护个人数据主体的权益。在这一阶段，个人数据保护法律主要强调数据处理者的责任和义务，要求其采取合适的安全措施，保护个人数据的安全性和隐私性。例如，个人数据保护法律要求数据处理者必须获得个人数据主体的同意，明确告知数据处理的目的和方式，并采取合适的技术和组织措施，确保个人数据的安全性和保密性。

（2）个人数据权利的强调阶段主要关注个人数据主体的权利和自主决定权，强调个人数据主体对其个人数据的控制和管理权。在这一阶段，个人数据保护法律开始强调个人数据主体的知情权、访问权、更正权、删除权等，要求数据处理者尊重和保护个人数据主体的权益。例如，个人数据保护法律要求数据处理者必须向个人数据主体提供透明的信息，告知其个人数据的收集和使用情况，并允许个人数据主体行使相应的权利，如访问、更正和删除个人数据等。

（3）个人数据治理的全面阶段主要关注个人数据的合理使用和价值实现，强调个人数据的合法、公正和透明的使用。在这一阶段，个人数据保护法律开始关注数据的伦理和道德问题，要求数据处理者在个人数据的收集、使用和传输过程中遵守特定的规范和标准,确保个人数据的合法性和公正性。例如,个人数据保护法律要求数据处理者必须遵守数据最小化原则,只收集和使用必要的个人数据,并确保个人数据的准确性和完整性。此外,个人数据保护法律还要求数据处理者采取合适的技术和组织措施,保护个人数据的安全性和保密性。

### 3. 个人数据保护的法律定位

个人数据治理的法律定位的演变可以分为三个阶段:个人数据保护、个人数据权利和个人数据治理。

(1)个人数据保护阶段主要关注个人数据的隐私和安全问题,旨在规范个人数据的收集、使用和传输活动,保护个人数据主体的权益。在这一阶段,个人数据保护法律主要强调数据处理者的责任和义务,要求其采取合适的安全措施,保护个人数据的安全性和隐私性。例如,个人数据保护法律要求数据处理者必须获得个人数据主体的同意,明确告知数据处理的目的和方式,并采取合适的技术和组织措施,确保个人数据的安全性和保密性。

(2)个人数据权利阶段主要关注个人数据主体的权利和自主决定权,强调个人数据主体对其个人数据的控制和管理权。在这一阶段,个人数据保护法律开始强调个人数据主体的知情权、访问权、更正权、删除权等,要求数据处理者尊重和保护个人数据主体的权益。例如,个人数据保护法律要求数据处理者必须向个人数据主体提供透明的信息,告知其个人数据的收集和使用情况,并允许个人数据主体行使相应的权利,如访问、更正和删除个人数据等。

(3)个人数据治理阶段主要关注个人数据的合理使用和价值实现,强调个人数据的合法、公正和透明的使用。在这一阶段,个人数据保护法律开始关注数据的伦理和道德问题,要求数据处理者在个人数据的收集、使用和传输过程中遵守特定的规范和标准,确保个人数据的合法性和公正性。例如,个人数据保护法律要求数据处理者必须遵守数据最小化原则，只收集和使用必要的个人数据，并确保个人数据的准确性和完整性。此外，个人数据保护法律还要求数据处理者采取合适的技术和组织措施，保护个人数据的安全性和保密性。

个人数据治理的法律定位经历了从个人数据保护到个人数据权利再到个人数据治理的演变过程。随着个人数据的快速增长和广泛应用，个人数据治理的法律定位将继续发展和完善，以适应新的技术和社会变革的需求。在未来，个人数据保护法律将更加注重个人数据主体的权利和自主决定权，同时将更加关注数据的合理使用和价值实现，以促进个人数据的合法、公正和透明的治理。

## 8.2.2 个人数据保护的主要路径

### 8.2.2.1 法律和政策的路径

个人数据保护的路径中，法律和政策起到了重要的作用。各国和地区都制定了相关的个人数据保护法律和政策，以规范个人数据的收集、使用和传输活动，保护个人数据主体的权益。这些法律和政策的路径主要包括以下几个方面：

**1. 法律框架的建立**

各国和地区都建立了个人数据保护的法律框架，明确了个人数据的定义、个人数据主体的权利和数据处理者的义务等。例如，欧洲的GDPR和美国的CCPA（《加州消费者隐私法》）等。这些法律框架为个人数据保护提供了法律依据和指导，确保个人数据的合法、公正和透明处理。在欧洲，GDPR是个人数据保护的重要法律框架。该法规于2018年5月25日生效，适用于欧洲经济区内的所有组织和个人数据处理者。GDPR明确了个人数据的定义，包括任何与自然人有关的信息，如姓名、地址、电子邮件地址、电话号码等。此外，GDPR还规定了个人数据主体的权利，包括知情权、访问权、更正权、删除权等。数据处理者必须遵守GDPR的规定，保护个人数据主体的权益。在美国，

CCPA 是个人数据保护的重要法律框架。该法律于 2020 年 1 月 1 日生效，适用于加利福尼亚州的组织和个人数据处理者。CCPA 规定了个人数据的定义，包括与消费者有关的信息，如姓名、地址、电子邮件地址、电话号码等。此外，CCPA 还规定了消费者的权利，包括知情权、访问权、更正权、删除权等。数据处理者必须遵守 CCPA 的规定，保护消费者的权益。

**2. 数据保护原则的确立**

个人数据保护法律和政策通常会确立一些基本的数据保护原则，如数据用途限制、数据安全保护和个人数据主体的权利保护等。这些原则为个人数据的收集、使用和传输提供了指导和规范。首先，数据用途限制原则要求数据处理者只能按照事先明确的目的和方式处理个人数据，不得超出合理范围使用个人数据。数据用途限制原则是个人数据保护的核心原则之一。根据这一原则，数据处理者只能在明确的目的和方式下处理个人数据，不得超出合理范围使用个人数据。数据处理者必须明确告知个人数据主体数据处理的目的和方式，并获得其同意。例如，当个人数据主体在网上购物时，网站需要明确告知个人数据的收集目的，如用于订单处理和配送等。个人数据主体有权拒绝提供个人数据，或者要求删除个人数据，如果数据处理者超出了合理范围使用个人数据。其次，个人数据保护法律和政策规定了数据安全保护的原则。数据处理者必须采取合适的安全措施，保护个人数据的安全性和隐私性。例如，数据处理者需要采取技术和组织措施，确保个人数据的机密性、完整性和可用性，防止个人数据的丢失、泄露和损坏。最后，数据处理者还需要对个人数据的访问和使用进行监控和审计，及时发现和防止个人数据的安全事件和风险。

**3. 数据处理者的责任和义务**

个人数据保护法律和政策要求数据处理者必须采取合适的安全措施，保护个人数据的安全性和隐私性。同时，数据处理者需要明确告知个人数据主体数据处理的目的和方式，并获得其同意。例如，数据处理者需要采取技术和组织措施，确保个人数据的机密性、完整性和可用性，防止个人数据的丢失、泄露和损坏。数据处理者的责任和义务是个人数据保护的核心要求之一。根据个人数据保护法律和政策的规定，数据处理者必须采取合适的安全措施，保护个人数据的安全性和隐私性。数据处理者需要对个人数据的访问和使用进行监控和审计，及时发现和防止个人数据的安全事件和风险。数据处理者还需要明确告知个人数据主体数据处理的目的和方式，并获得其同意。例如，当个人数据主体在网上注册账号时，网站需要明确告知个人数据的收集目的，如用于账号管理和服务提供等。个人数据主体有权拒绝提供个人数据，或者要求删除个人数据，如果数据处理者超出了合理范围使用个人数据。

### 4. 个人数据主体的权利保护

个人数据保护法律和政策强调个人数据主体的知情权、访问权、更正权、删除权等，要求数据处理者尊重和保护个人数据主体的权益。个人数据主体可以行使这些权利，保护自己的个人数据。例如，个人数据主体有权要求数据处理者提供其个人数据的副本，有权要求更正错误的个人数据，有权要求删除个人数据等。个人数据主体的权利保护是个人数据保护的核心要求之一。根据个人数据保护法律和政策的规定，个人数据主体有权要求数据处理者提供其个人数据的副本，以便了解个人数据的处理情况。同时个人数据主体有权要求更正错误的个人数据，以确保个人数据的准确性和完整性。此外，个人数据主体还有权要求删除个人数据，如果个人数据处理的目的已经实现，或者个人数据处理违反了法律和政策的规定。数据处理者必须尊重和保护个人数据主体的权益，及时回应个人数据主体的请求，并采取相应的措施进行处理。

### 5. 跨境数据传输的规定

随着全球化的发展，个人数据的跨境传输成为一个重要问题。个人数据保护法律和政策通常会规定个人数据的跨境传输必须符合特定的条件和要求,以保护个人数据的安全性和隐私性。例如,欧洲的 GDPR 规定,个人数据的跨境传输必须符合欧洲委员会认可的适当保护措施,如标准合同条款、企业内部规则和认证机构的认证等。数据处理者必须遵守这些保护措施,确保个人数据的安全性和隐私性。

对此,我国也陆续出台相关法律法规予以专门性、针对性地对个人数据予以保护。

一方面,已于 2021 年 11 月 1 日施行《个人信息保护法》,就已经对向境外提供个人信息做出了一系列规定,第 38 条规定了"通过国家网信部门组织的安全评估""按照国家网信部门的规定经专业机构进行个人信息保护认证""按照国家网信部门制定的标准合同与境外接收方订立合同"等个人信息跨境合规路径。

另一方面,国家互联网信息办公室已于 2022 年 5 月 19 日审议通过《数据出境安全评估办法》并予以公布,自 2022 年 9 月 1 日起施行。该办法第 1 条就开宗明义地提出,"为了规范数据出境活动,保护个人信息权益,维护国家安全和社会公共利益,促进数据跨境安全、自由流动,根据《中华人民共和国网络安全法》《中华人民共和国数据安全法》《中华人民共和国个人信息保护法》等法律法规,制定本办法"。可见,数据跨境传输不仅事关个人数据信息的权益,而且深刻地影响着国家安全与社会公共利益,而一旦出现数据权益危害,直接受损且对侵害抵抗最为被动的往往就是个人,所以为了国家安全、社会公益,个人数据的跨境传输保护既是对个人数据权益的保障,也是对由无数个人数据信息构成的国家安全以及社会公共利益的维护。也就是说,《数据出境安全评估办法》是对《个人信息保护法》中有关个人数据跨境传输保护的进一步具体化与细化。

另外,国家互联网信息办公室又于 2023 年 2 月 24 日公布《个人信息出境标准合同办法》,明确了个人信息出境标准合同(以下简称"标准合同")的订立、备案等要求,这就为《个人信息保护法》视域下的个人信息跨境方式之一的"标准合同"提供了落地蓝本与中国方案。特别需要提出的是，对于我国个人信息出境的标准合同是在充分考虑我国法律本土化精神主旨与价值追求的基础上，不仅在任务目标上坚持以人民为中心，把维护个人信息主体合法权益放在首要位置，保持《个人信息出境标准合同办法》与《个人信息保护法》等法律法规要求保持一致，而且在内容上突出简明性，标准合同范本注重易于市场应用主体理解、实践和应用，更是在导向上展示了开放性与包容性。在形式上参考了国际上较常见的标准合同条款模板，从而形成标准合同范本内容与国际通用规则的理念相兼容，这就便于市场交易主体尤其是数据型企业对外开展对等的商业合作。由此，展现了我国在平衡个人数据权益保护与安全流动利用等领域的法规政策创建与实施的优越性。

### 8.2.2.2 技术和工具的路径

**1. 数据加密和安全传输是个人数据保护的基础**

数据加密是将个人数据转化为密文，只有掌握密钥的人才能解密并获取原始数据。通过数据加密，即使个人数据在传输过程中被窃取，也无法被解读和使用。数据加密技术可以分为对称加密和非对称加密两种方式。其中，对称加密是指加密和解密使用相同的密钥，加密和解密的过程都在同一个设备上进行。对称加密算法的特点是加密速度快，但密钥的安全性需要保证。常见的对称加密算法有 DES、AES 等。在个人数据保护中，对称加密可以用于保护个人数据在传输过程中的安全性。例如，在网上银行的交易过程中，个人数据需要通过网络传输，使用对称加密算法对个人数据进行加密，可以有效防止个人数据在传输过程中被窃取和篡改。非对称加密是指加密和解密使用不同的密钥，加密和解密的过程可以在不同的设备上进行。非对称加密算法的特点是密钥的安全性较高，但加密和解密的速度较慢。常见的非对称加密算法有 RSA、DSA 等。在个人数据保护中，非对称加密可以用于保护个人数据的安全性和隐私性。例如，在电子邮件的传输过程中，个人数据需要通过网络传输，使用非对称加密算法对个人数据进行加密，可以保证个人数据在传输过程中的安全性和隐私性。

除了数据加密，安全传输也是个人数据保护的重要手段。安全传输是指在数据传输过程中采用安全协议和加密技术，保证数据的机密性、完整性和可靠性。常见的安全传输协议有 HTTPS、SSL/TLS 等。通过安全传输协议，可以保证个人数据在传输过程中的安全性，防止数据被篡改或窃取。例如，在网上购物的过程中，个人数据需要通过网络传输，使用安全传输协议可以保证个人数据的安全性和可靠性。

通过数据加密和安全传输技术，可以保证个人数据在传输过程中的安全性和隐私性。在实际应用中，需要根据具体情况选择合适的加密算法和安全传输协议，并结合其他技术和工具，构建个人数据保护的综合体系。

**2. 匿名化和脱敏技术可以保护个人数据的隐私**

匿名化是指将个人数据中的身份信息去除或替换，使得个人数据无法与特定个体关联。脱敏是指将个人数据中的敏感信息进行替换或删除，以保护个人隐私。通过匿名化和脱敏技术，个人数据可以在保持可用性的同时，降低个人隐私泄露的风险。匿名化技术可以分为静态匿名化和动态匿名化两种方式。其中，静态匿名化是指在数据收集和存储阶段对个人数据进行匿名化处理，使得个人数据无法与特定个体关联。常见的静态匿名化技术有数据脱敏、数据泛化、数据屏蔽等。例如，在医疗健康领域，研究人员需要使用大量的个人数据进行研究分析，但又不能泄露个人隐私。通过对个人数据进行静态匿名化处理，可以保护个人隐私，同时满足研究的需求。动态匿名化是指在数据使用和共享阶段对个人数据进行匿名化处理，使得个人数据在使用和共享过程中无法与特定个体关联。常见的动态匿名化技术有数据掩码、数据加密等。例如，在金融行业，银行需要共享个人数据给第三方机构进行风险评估，但又不能泄露个人隐私。通过对个人数据进行动态匿名化处理，可以保护个人隐私，同时满足数据共享的需求。

　　脱敏技术是指将个人数据中的敏感信息进行替换或删除，以保护个人隐私。常见的脱敏技术有数据替换、数据删除等。例如，在社交媒体平台，用户需要填写个人资料，但又不希望泄露个人隐私。通过对个人数据中的敏感信息进行脱敏处理，可以保护个人隐私，同时满足用户的需求。

　　通过匿名化和脱敏技术，可以降低个人隐私泄露的风险，保护个人数据主体的权益和隐私。在实际应用中，需要根据具体情况选择合适的匿名化和脱敏技术，并结合其他技术和工具，构建个人数据保护的综合体系。

### 3. 数据访问和使用控制是个人数据保护的重要手段

　　通过访问控制技术，可以限制个人数据的访问权限，只有经过授权的人员才能访问和使用个人数据。同时，使用控制技术可以限制个人数据的使用范围和目的，防止个人数据被滥用。访问控制技术可以分为身份认证和访问授权两个方面。其中，身份认证是指验证用户的身份信息，确保用户的合法性和真实性。常见的身份认证技术有用户名和密码、指纹识别、人脸识别等。访问授权是指授予用户访问和使用个人数据的权限。常见的访问授权技术有访问控制列表、角色权限管理等。例如，在企业内部，员工需要访问和使用个人数据，但又不能滥用个人数据。通过身份认证和访问授权技术，可以限制员工的访问权限，防止个人数据被滥用。

　　使用控制技术可以分为数据使用目的限制和数据使用范围限制两个方面。其中，数据使用目的限制是指限制个人数据的使用目的，确保个人数据的合法使用。常见的数据使用目的限制技术有数据使用协议、数据使用规范等。数据使用范围限制是指限制个人数据的使用范围，确保个人数据的安全性和隐私性。常见的数据使用范围限制技术有数据使用审计、数据使用策略等。例如，在医疗健康领域，研究人员需要使用个人数据进行研究分析，但又不能超出研究的范围。通过数据使用目的限制和数据使用范围限制技术，可以保证个人数据的安全性和隐私性。

通过访问控制技术和使用控制技术，可以限制个人数据的访问权限和使用范围，防止个人数据被滥用。在实际应用中，需要根据具体情况选择合适的访问控制技术和使用控制技术，并结合其他技术和工具，构建个人数据保护的综合体系。

**4. 数据备份和恢复是个人数据保护的重要措施**

数据备份可以保证个人数据的可用性和完整性，防止因意外事件导致个人数据的丢失。同时，数据恢复技术可以在个人数据丢失或损坏时，快速恢复个人数据的完整性和可用性。数据备份是指将个人数据复制到其他存储介质中，以防止个人数据的丢失。常见的数据备份技术有磁盘备份、云备份等。通过定期进行数据备份，可以保证个人数据的可用性和完整性。例如，在企业内部，员工的个人数据需要备份到服务器中，以防止个人数据的丢失。通过数据备份技术，可以保证个人数据的可用性和完整性。数据恢复技术是指在个人数据丢失或损坏时，通过恢复操作将个人数据恢复到原始状态。常见的数据恢复技术有数据恢复软件、数据恢复服务等。通过数据恢复技术，可以快速恢复个人数据的完整性和可用性。例如，在个人计算机上，个人数据可能因为病毒攻击或硬件故障而丢失或损坏。通过数据恢复技术，可以将个人数据恢复到原始状态，保证个人数据的完整性和可用性。

通过数据备份和恢复技术，可以保证个人数据的可用性和完整性，防止个人数据的丢失。在实际应用中，需要根据具体情况选择合适的数据备份和恢复技术，并结合其他技术和工具，构建个人数据保护的综合体系。

**5. 数据安全监控和审计是个人数据保护的重要保障**

通过数据安全监控技术，可以实时监测个人数据的访问和使用情况，及时发现和阻止个人数据的滥用和泄露。数据审计技术可以记录个人数据的访问和使用日志，以便追溯和审查个人数据的使用情况。数据安全监控技术可以分为实时监测和异常检测两个方面。其中，实时监测是指对个人数据的访问和使用情况进行实时监测，及时发现和阻止个人数据的滥用和泄露。常见的实时监测技术有入侵检测系统、数据泄露防护系统等。异常检测是指对个人数据的访问和使用情况进行异常检测，发现个人数据的异常访问和使用行为。常见的异常检测技术有行为分析系统、机器学习等。例如，在企业内部，员工的个人数据需要受到严格的监控和控制，以防止个人数据的滥用和泄露。通过数据安全监控技术，可以实时监测员工对个人数据的访问和使用情况，及时发现和阻止个人数据的滥用和泄露。

数据审计技术是指记录个人数据的访问和使用日志，以便追溯和审查个人数据的使用情况。常见的数据审计技术有日志记录、审计跟踪等。通过数据审计技术，可以追溯和审查个人数据的使用情况，发现个人数据的滥用和泄露行为。例如，在金融行业，银行需要对个人数据的访问和使用情况进行审计，以确保个人数据的安全性和隐私性。通过数据审计技术，可以记录个人数据的访问和使用日志，追溯和审查个人数据的使用情况。

通过数据安全监控和数据审计技术，可以实时监测个人数据的访问和使用情况，及时发现和阻止个人数据的滥用和泄露。在实际应用中，需要根据具体情况选择合适的数据安全监控和数据审计技术，并结合其他技术和工具，构建个人数据保护的综合体系。

### 6. 综合应对策略是个人数据保护的重要渠道

个人数据保护需要综合运用多种技术和工具，构建一个全面的保护体系。综合应对策略包括技术措施、管理措施两个方面。其中，技术措施是指通过技术手段保护个人数据的安全性和隐私性。常见的技术措施包括数据加密、安全传输、匿名化和脱敏、数据访问和使用控制、数据备份和恢复、数据安全监控和审计等。通过综合运用这些技术措施，可以全面保护个人数据的安全性和隐私性。管理措施是指通过管理手段保护个人数据的安全性和隐私性。常见的管理措施包括制定和执行个人数据保护政策、建立个人数据保护组织和流程、进行个人数据保护培训和意识提升等。通过综合运用这些管理措施，可以确保个人数据保护工作的有效实施。

综合应对策略需要综合运用技术措施、管理措施和法律措施，构建一个全面的个人数据保护体系。在实际应用中，需要根据具体情况制定和执行相应的个人数据保护策略，并不断完善和优化个人数据保护体系，以保护个人数据的安全性和隐私性。

# 第九章　构建技术化与社会化的协同治理机制

  2022年12月中共中央、国务院发布的《数据二十条》中指出，充分发挥社会力量多方参与的协同治理作用。数据作为新型生产要素，其价值挖掘和有效利用已成为提升治理效能的关键所在。然而，算法霸权、数据伦理失衡以及公民数字素养缺失等问题日益凸显，对社会治理带来了严峻挑战。本章旨在深入探讨如何通过优化算法向善策略，遏制"算法霸权"的伦理失衡；依托区块链赋能，形塑基于"价值互信"的数据生态链；并强化公民数据素养教育，弥合"数字人权"意识缺失，从而实现技术发展与社会治理的深度融合，共同推动社会治理现代化进程迈向新的高度。

## 9.1 优化算法向善策略 遏制"算法霸权"的伦理失衡

### 9.1.1 算法霸权的伦理失衡

算法在社会中的广泛应用，使得算法霸权的问题逐渐浮现，可能导致伦理失衡。当前，算法在社会中拥有霸权地位，主要体现在：少数大型科技公司拥有大量用户数据和算法技术，从而掌握了算法的主导权；算法的决策和推荐往往对个体产生重大影响，但个体对算法的运行机制和决策过程缺乏透明度和可解释性；算法的设计和训练往往存在偏见和歧视，可能对某些群体造成不公平的待遇。

**1. 算法的偏见和歧视问题是当前算法霸权可能导致的伦理失衡的重要方面**

由于算法的训练数据往往存在偏见，例如对某些群体的数据收集不足或者数据样本不平衡，导致算法在决策和推荐过程中存在偏见和歧视。这种偏见和歧视可能对某些群体造成不公平的待遇，进一步加剧社会的不平等现象。例如，在招聘领域，一些算法在筛选简历时可能会对某些群体存在偏见，导致这些群体的就业机会受到限制。此外，在社交媒体和搜索引擎等领域，算法的推荐和排序也可能存在偏见和歧视，导致信息的过滤和传播存在偏向性。为了解决这个问题，需要加强对算法训练数据的监督和审查，确保数据的多样性和平衡性。同时，需要开发公平性算法，通过调整算法的权重和参数，减少偏见和歧视的可能性。

**2. 算法的隐私侵犯问题是当前算法霸权可能导致的伦理失衡的重要方面**

随着算法在社会中的广泛应用，个人数据的收集和处理变得普遍，而个人数据的隐私保护成为一个重要的议题。最新的数据和相关案例可以进一步说明算法霸权可能导致的伦理失衡问题。例如，根据一项研究，美国一些招聘网站上使用的算法在筛选简历时存在性别偏见，更倾向于选择男性申请者。这种偏见可能导致女性申请者的就业机会受到限制，进一步加剧性别不平等问题。然而，由于算法的主导权掌握在少数大型科技公司手中，这些公司往往拥有大量用户数据，个人数据的隐私安全面临着严重的威胁。一些科技公司可能会将用户的个人数据用于商业目的，甚至将个人数据泄露给第三方，导致个人隐私权受到侵犯。为了解决这一问题，需要加强对个人数据的保护措施，例如加强数据加密和脱敏技术的应用，限制个人数据的收集和使用范围，加强对科技公司的监管和处罚力度。根据一项调查，超过80%的美国人表示担心他们的个人数据被科技公司滥用。一些科技公司曾因个人数据泄露事件而受到严厉批评，如Facebook的剑桥分析丑闻。这些事件引发了对个人数据隐私保护的呼声，促使政府和监管机构加强对科技公司的监管和处罚。

### 3. 算法决策不可解释性也是当前算法霸权可能导致的伦理失衡的重要方面

由于算法的复杂性和黑盒性，个体往往无法理解算法的决策过程和推荐依据，缺乏对算法决策的知情权和参与权。例如，某社交媒体平台上的算法推荐问题。根据一项研究，一些社交媒体平台的算法更倾向于向用户推荐与其观点相似的内容，导致信息的过滤和传播存在偏向性。这种偏向性可能加剧社会的分裂和极化，削弱社会的凝聚力和共识。这种不可解释性可能导致个体对算法决策的不信任和不满。再如，在金融领域，一些算法用于信用评估和风险控制，但个体往往无法理解算法是如何评估信用和决策风险的，导致个体对算法决策的不信任和不满。为了解决这个问题，需要开发可解释性算法，使个体能够理解算法的决策过程和推荐依据。同时，需要加强对算法决策的透明度，公开算法的运行机制和决策过程，让个体能够参与到算法决策中。根据另外一项研究表明，超过60%的美国人表示他们对算法决策的不可解释性感到担忧。例如，在医疗领域，一些算法用于辅助医生做出诊断和治疗决策，但医生往往无法理解算法是如何做出这些决策的，导致医生对算法的不信任和不满。

## 9.1.2 优化算法向善的重要性

优化算法的善良性策略的重要性在于确保算法决策的公正性、透明性和可解释性。

首先，公正性是优化算法向善的重要目标之一。算法决策对于个人和社会具有重大影响，因此公正性是至关重要的。通过优化算法向善，可以避免算法中的偏见和歧视，确保不同群体在决策中受到公平对待。这对于构建一个公正的社会是非常重要的。公正性是现代社会中的核心价值观之一，因为它涉及每个人的权益和尊严。优化算法向善的策略可以确保算法决策不受个人偏见、种族歧视或其他不公正因素的影响。通过消除这些偏见和歧视，优化算法向善可以帮助建立一个更加公正和平等的社会。

其次，透明度是评估算法决策可行性和效果的重要标准。通过优化算法向善，可以增加算法决策的透明度，使用户和相关方能够理解算法的工作原理和决策依据。透明度可以帮助用户了解算法是如何做出决策的，从而增加对算法的信任和接受度。透明度还可以帮助排除算法中的错误和偏见，提高决策的准确性和可信性。透明度是建立信任的基础，因为它使用户和相关方能够了解算法决策的过程和结果。通过优化算法向善，可以提供决策过程的透明度，使用户能够追溯和验证决策的合理性。这有助于建立用户对算法决策的信任，从而提高算法的可接受性和可靠性。

最后，可解释性在某些关键领域中是不可或缺的。例如，在医疗诊断和金融风险评估等领域，决策的可解释性对于用户和相关方来说是非常重要的。通过优化算法向善，可以使决策过程更具可解释性，使用户和相关方能够理解算法的决策过程和结果。这有助于用户更好地使用和接受这些算法，并在决策过程中提供更好的参考。可解释性是建立信任和接受度的关键因素。通过优化算法向善，可以提供决策结果的解释和理由，使用户能够理解算法为什么做出某个决策。这有助于提高用户对算法的信任和接受度。

此外，建立公共信任是在人工智能时代中非常重要的。公众对于算法决策的信任和支持是推动算法广泛应用的基础，也是推动算法进一步发展和改进的动力。通过优化算法向善，可以建立公众对于算法决策的信任，从而保持社会的稳定和可持续发展。公众对于算法决策的信任可以促进算法的广泛应用。如果公众对于算法决策缺乏信任，可能会对算法的决策结果产生怀疑和抵触情绪，从而对算法的应用产生阻碍。然而，通过优化算法向善，可以确保算法决策的公正性、透明性和可解释性，从而增加公众对算法决策的信任。这有助于推动算法在各个领域的广泛应用，从而促进社会的发展和进步。

### 9.1.3 算法向善策略的原则

#### 1. 公平性是优化算法向善的基础性原则

公平性要求算法决策对不同群体和个体都要公平对待，不偏袒任何一方。为了实现公平性，算法应该避免使用与敏感属性相关的特征，如种族、性别、年龄等。此外，算法应该通过合理的权衡和调整，确保不同群体在决策中受到公平对待。公平性是一个复杂的概念，因为不同的人对公平的理解和期望可能有所不同。在算法决策中，公平性可以通过不同的方法来实现。一种常见的方法是使用无偏的特征和数据，以避免对某一特定群体或个体的偏见。例如，在招聘过程中，算法可以避免使用与性别、种族或年龄相关的特征，以确保招聘过程的公平性。另一种方法是通过调整算法的权重和参数，以确保不同群体在决策中受到公平对待。例如，在贷款审批过程中，算法可以根据不同群体的历史数据和风险评估，调整贷款的利率和额度，以确保不同群体在贷款审批中受到公平对待。

除了避免偏见和调整权重外，公平性还可以通过监控和评估算法的决策结果来实现。例如，在法律判决过程中，可以对算法的决策结果进行审查和评估，以确保决策结果的公平性和合理性。为了实现公平性，算法应该避免使用与敏感属性相关的特征，通过调整权重和参数，以及监控和评估决策结果，确保不同群体在决策中受到公平对待。

### 2. 多样性是优化算法向善的必要性原则

多样性要求算法决策应该考虑到不同群体和个体的多样性需求和权益。算法应该尽量避免对某一特定群体或个体的过度关注，而忽视其他群体或个体的需求。为了实现多样性，算法应该采用多样的数据和特征，考虑到不同群体和个体的差异性。多样性是一个必要性的原则，因为不同群体和个体有不同的需求和权益。在算法决策中，多样性可以通过多样的数据和特征来实现。例如，在推荐系统中，算法可以考虑到用户的兴趣和偏好的多样性，以提供更加个性化和多样化的推荐结果。

除了数据和特征的多样性外，多样性还可以通过公众参与来实现。公众参与可以帮助算法决策更好地考虑到不同群体和个体的需求和权益。例如，在政策制定过程中，可以邀请公众参与讨论和决策，以确保政策的多样性和包容性。为了实现多样性，算法应该采用多样的数据和特征，考虑到不同群体和个体的差异性，平衡不同群体和个体的权益，以及通过公众参与来实现多样性和包容性。

### 3. 透明度是评估算法决策可行性和效果的重要性标准

透明度要求算法的决策过程和依据应该是可解释的和可理解的。为了实现透明度，算法应该提供决策的解释和依据，以及决策的可视化和可追溯性。首先，算法应该提供决策的解释和依据。用户和相关方应该能够理解算法是如何根据输入数据和特征做出决策的。例如，在医疗诊断中，算法可以提供决策的解释和依据，以帮助医生和患者理解诊断结果的依据和可靠性。其次，算法决策应该具有可视化和可追溯性。用户和相关方应该能够通过可视化界面或工具来查看算法的决策过程和结果。例如，在金融风险评估中，算法可以提供风险评估的可视化界面，以帮助用户了解风险评估的过程和结果。最后，算法决策的可追溯性也是透明度的重要方面。用户和相关方应该能够追溯算法决策的历史和演变过程。例如，在法律判决中，算法可以提供决策的历史记录和演变过程，以帮助用户了解判决结果的合理性和可靠性。为了实现透明度，算法应该提供决策的解释和依据，以及决策的可视化和可追溯性，这将帮助用户和相关方理解算法决策的过程和结果，增加对算法的信任和接受度。

### 4. 隐私保护是优化算法向善的关键性原则

隐私保护要求算法在处理个人数据时要遵守相关的隐私法规和政策，保护用户的个人隐私和数据安全是极为关键的。算法应该采取合适的数据脱敏、数据匿名化和数据加密等技术手段，确保个人数据的安全和隐私。隐私保护是一个关键性的原则，因为个人数据的泄露和滥用可能会对用户的权益和社会的稳定性造成严重影响。在算法决策中，隐私保护可以通过多种方式来实现。首先，算法应该采取合适的数据脱敏和数据匿名化技术，以减少个人数据的敏感性和可识别性。例如，在医疗研究中，算法可以对患者的个人数据进行脱敏和匿名化处理，以保护患者的隐私和数据安全。其次，算法应该采取数据加密和安全传输技术，以确保个人数据在传输和存储过程中的安全性。例如，在金融交易中，算法可以采用加密技术，对用户的交易数据进行加密和安全传输，以保护用户的隐私和数据安全。最后，算法决策的过程和结果也应该受到隐私保护的考虑。算法应该避免将个人数据用于不必要的决策过程和结果的公开。例如，在社交媒体推荐中，算法可以避免将用户的个人数据用于推荐结果的公开，以保护用户的隐私和数据安全。为了实现隐私保护，算法应该采取合适的数据脱敏、数据匿名化和数据加密等技术手段，确保个人数据的安全和隐私。这将帮助保护用户的权益和社会的稳定性，增加对算法的信任和接受度。

### 5. 可解释性是优化算法向善的轴心性原则

可解释性要求算法的决策过程和结果应该是可解释的和可理解的。用户和相关方应该能够理解算法是如何做出决策的，从而提供更好的参考和决策依据。为了实现可解释性，算法应该提供决策的解释和依据，以及决策的可视化和可追溯性。可解释性是一个轴心性原则，因为用户和相关方都需要围绕算法是如何做出决策的，以便能够了解评估决策的合理性和可行性。在算法决策中，可解释性可以通过多种方式来实现。首先，算法应该提供决策的解释和依据。用户和相关方应该能够理解算法是如何根据输入数据和特征做出决策的。例如，在医疗诊断中，算法可以提供决策的解释和依据，以帮助医生和患者理解诊断结果的依据和可靠性。其次，算法决策应该具有可视化和可追溯性。用户和相关方应该能够通过可视化界面或工具来查看算法的决策过程和结果。例如，在金融风险评估中，算法可以提供风险评估的可视化界面，以帮助用户了解风险评估的过程和结果。最后，算法决策的可追溯性也是可解释性的重要方面。用户和相关方应该能够追溯算法决策的历史和演变过程。例如，在法律判决中，算法可以提供决策的历史记录和演变过程，以帮助用户了解判决结果的合理性和可靠性。为了实现可解释性，算法应该提供决策的解释和依据，以及决策的可视化和可追溯性。这将帮助用户和相关方理解算法决策的过程和结果，提供更好的参考和决策依据。

### 6. 可控性是优化算法向善的保障性原则

可控性要求算法的决策过程和结果应该是可控的和可调整的。用户和相关方应该能够对算法的决策进行干预和调整，以满足不同的需求和权益。为了实现可控性，算法应该提供决策的调整和优化机制，以及用户参与和反馈机制。可控性是一个关键的原则,因为用户和相关方需要能够对算法的决策进行干预和调整,以满足不同的需求和权益。在算法决策中,可控性可以通过多种方式来实现。首先,算法应该提供决策的调整和优化机制。用户和相关方应该能够根据自己的需求和权益,对算法的决策进行调整和优化。例如,在个性化推荐中,用户可以根据自己的兴趣和偏好,调整推荐结果的权重和排序。其次,算法应该提供用户参与和反馈机制。用户和相关方应该参与到算法的决策过程中,提供反馈和建议。例如,在社交媒体推荐中,用户可以通过点赞、评论和分享等方式,参与到推荐结果的生成和优化过程中。最后,算法决策的可控性还可以通过监控和评估机制来实现。用户和相关方应该能够监控和评估算法的决策过程和结果,以确保决策的合理性和可行性。例如,在金融风险评估中,用户可以监控和评估风险评估的过程和结果,以确保风险评估的准确性和可靠性。为了实现可控性,算法应该提供决策的调整和优化机制,以及用户参与和反馈机制,这将帮助用户和相关方对算法的决策进行干预和调整,满足不同的需求和权益。

### 9.1.4 算法向善策略和方法

算法向善是指通过一系列方法和技术,使算法更加符合社会和用户的需求和权益。在算法向善的过程中,数据要素治理起着重要的作用。数据要素治理包括数据收集和预处理、模型选择和训练、评估和监控等一系列措施,旨在确保数据的准确性、完整性和可信度。

#### 1. 数据收集和预处理

数据收集是算法向善的第一步,正确、全面、可信的数据是算法决策的基础。在数据收集过程中,需要遵循隐私保护原则,确保用户的个人信息得到合法、合规的处理。随着互联网和移动互联网的快速发展,个人数据的收集变得越来越普遍和广泛。然而,个人数据的滥用和泄露问题也日益突出,给用户的隐私权和信息安全带来了很大的挑战。因此,在数据收集过程中,需要采取一系列措施来保护用户的隐私权和信息安全。首先,需要明确数据收集的目的和范围。数据收集的目的是满足特定的需求和目标,如提供个性化的推荐服务、改善产品的质量和性能等。数据收集的范围是指收集哪些类型的数据和哪些个人信息。在明确目的和范围的基础上,可以制定相应的数据收集策略和措施。其次,需要获得用户的明确同意。用户的个人数据属于个人隐私,只有在用户明确同意的情况下才能收集和使用。因此,在数据收集过程中,需要向用户明确告知数据收集的目的、范围和使用方式,并征得用户的明确同意。用户可以通过点击"同意"按钮或勾选"我同意"选项来表示同意。最后,需要采取合适的技术和措施来保护用户的个人数据。个人数据的安全性是数据收集的重要保障。在数据收集过程中,需要采取一些技术和措施来保护用户的个人数据,如数据加密、访问控制、数据备份等。这些技术和措施可以帮助我们防止个人数据的泄露和滥用,保护用户的隐私权和信息安全。

数据预处理是数据要素治理的重要环节,包括数据清洗、数据集成、数据变换等步骤。数据清洗主要是处理数据中的噪声、缺失值和异常值,确保数据的准确性和完整性。数据集成是将多个数据源的数据进行整合,消除数据的冗余和重复。数据变换是将原始数据转化为适合算法处理的形式,如特征选择、特征变换等。在数据预处理过程中,需要注意公平性和可解释性。其中,公平性要求算法在数据预处理过程中不偏不倚地对待所有个体或群体,避免基于个人特征做出不公平的决策。为了提高数据预处理的公平性,可以采用一些公平性约束和技术,如公平性优化、公平性评估等。公平性约束可以通过设置合适的约束条件,确保数据预处理的结果是公平的。公平性评估可以通过评估数据预处理的结果在不同个体或群体上的性能差异,发现和解决潜在的不公平问题。可解释性要求数据预处理的结果能够被理解和解释。为了提高数据预处理的可解释性，可以采用一些可解释性技术，如特征重要性分析、决策规则提取等。这些技术可以帮助用户和相关方理解数据预处理的结果，提供更好的参考和决策依据。

### 2. 模型选择和训练

模型选择是算法向善的关键环节，选择合适的模型能够更好地满足用户和社会的需求和权益。在模型选择过程中，需要考虑模型的效能性、公平性和可解释性。效能性是指模型能够在给定的任务和数据上取得良好的性能。为了提高模型的效能性，可以采用一些优化方法和技术，如特征选择、特征变换、模型调参等。其中，特征选择是选择对模型性能有重要影响的特征；特征变换是将原始特征转化为更有利于模型学习的特征；模型调参是调整模型的参数，使模型能够更好地拟合数据。通过这些优化方法和技术，可以提高模型的效能性，使模型在给定的任务和数据上取得更好的性能。公平性是指模型在决策过程中不偏不倚地对待所有个体或群体，避免基于个人特征做出不公平的决策。为了提高模型的公平性，可以采用一些公平性约束和技术，如公平性优化、公平性评估等。其中，公平性约束可以通过设置合适的约束条件，确保模型的决策过程和结果是公平的；公平性评估可以通过评估模型在不同个体或群体上的性能差异，发现和解决潜在的不公平问题。可解释性是指模型的决策过程和结果能够被理解和解释。为了提高模型的可解释性，可以采用一些可解释性技术，如特征重要性分析、决策规则提取等。这些技术可以帮助用户和相关方理解模型的决策过程和结果，从而提供更好的参考和决策依据。

在模型选择和训练过程中，还需要考虑模型的鲁棒性和可扩展性。鲁棒性是指模型对输入数据的变化和扰动的稳定性；可扩展性是指模型在处理大规模数据和复杂任务时的能力。为了提高模型的鲁棒性和可扩展性，可以采用一些鲁棒性和可扩展性技术，如数据增强、模型蒸馏等。这些技术可以帮助我们提高模型的鲁棒性和可扩展性，使模型能够更好地适应不同的数据和任务。

### 3. 评估和监控

评估和监控是算法向善的持续过程，可以帮助我们了解算法的性能和效果，及时发现和解决潜在的问题。在评估和监控过程中，需要考虑公平性和可解释性。公平性评估是评估算法在不同个体或群体上的性能差异，发现和解决潜在的不公平问题。公平性评估可以通过一些公平性指标和方法来实现，如平等机会、平等对待和平等结果。这些指标和方法可以帮助评估算法的公平性，发现和解决潜在的不公平问题。可解释性评估是评估算法的决策过程和结果的可解释性。可解释性评估可以通过一些可解释性指标和方法来实现，如决策解释、决策可视化等。这些指标和方法可以帮助我们评估算法的可解释性，了解算法的决策过程和结果。

监控是持续评估和监控算法的性能和效果，及时发现和解决潜在的问题。监控可以通过一些监控指标和方法来实现，如性能指标监控、异常检测等。这些指标和方法可以帮助监控算法的性能和效果，及时发现和解决潜在的问题。在评估和监控过程中，还需要考虑用户的反馈和意见。用户的反馈和意见可以帮助我们了解用户的需求和反馈，及时调整和优化算法。因此，在评估和监控过程中，需要积极收集用户的反馈和意见，及时进行调整和优化。

总之，算法向善的策略包括数据收集和预处理、模型选择和训练、评估和监控等一系列方法和技术。在这些过程中，需要考虑公平性和可解释性，确保算法的决策过程和结果是公平的和可解释的。数据要素治理起着重要的作用，它可以帮助我们确保数据的准确性、完整性和可信度，为算法向善提供可靠的数据基础。模型选择和训练是算法向善的核心环节，需要考虑模型的效能性、公平性和可解释性。评估和监控是算法向善的持续过程，可以帮助我们了解算法的性能和效果，及时发现和解决潜在的问题。

与此同时，在算法向善的过程中，还需要考虑一些伦理和法律问题。例如，算法决策的公平性和合法性，以及算法对个人隐私的保护等。为了解决这些问题，可以采取一些伦理和法律措施，如制定合适的算法伦理准则、遵守相关的法律法规等。当然，算法向善还需要社会各方的共同努力。政府、企业、学术界和社会组织等各方应共同参与算法向善的过程，共同制定和执行相关的政策和规范，共同推动算法向善的发展。

## 9.2 依托于区块链赋能 型塑"价值互信"的数据生态链

数据要素治理的核心是建立一个可信、安全、高效的数据生态，使数据能够被广泛应用和共享。而区块链作为一种分布式、不可篡改的技术，具有去中心化、透明、可追溯等特点，为数据生态的建设提供了新的可能性。

### 9.2.1 数据安全与隐私保护

**1. 区块链技术在数据安全与隐私保护方面具有许多应用**

第一，区块链的去中心化和加密特性可以确保数据的安全性和隐私保护。

区块链是一个分布式的数据库，数据存储在多个节点上，并通过密码学算法进行加密和验证。这意味着数据不会集中存储在单个中心化的服务器上，从而降低了数据被攻击或篡改的风险。同时，区块链中的数据是通过密码学算法进行加密和验证的，只有拥有相应私钥的用户才能访问和修改数据，确保了数据的安全性和完整性。

第二，区块链的去中心化特性是其数据安全性和隐私保护的关键所在。传统的数据管理系统往往依赖于中心化的服务器来存储和管理数据，这使得数据容易成为攻击者的目标。一旦攻击者成功入侵服务器,就可以获取和篡改存储在服务器上的数据。而区块链的去中心化特性意味着数据存储在多个节点上,没有单点故障的风险,即使某个节点被攻击或故障,其他节点仍然可以继续存储和验证数据,确保数据的安全性和可用性。此外,区块链中的数据是通过密码学算法进行加密和验证的,每个数据块都包含一个哈希值,用于验证数据的完整性。当数据被修改时,哈希值也会发生变化,从而使得数据的篡改变得不可能。同时,区块链中的数据是通过非对称加密算法进行加密的,只有拥有相应私钥的用户才能解密和访问数据。这意味着即使数据被攻击者获取,也无法解密和使用数据,确保了数据的安全性和隐私保护。

### 2. 区块链可以建立基于区块链的身份认证和访问控制机制,实现数据的可控和可信任

在传统的数据管理系统中,身份认证和访问控制往往由中心化的机构或服务器控制,存在着单点故障和数据泄露的风险;而在基于区块链的身份认证和访问控制机制中,每个用户都有一个唯一的身份标识,并通过私钥和公钥的加密算法进行身份验证。只有经过身份验证的用户才能访问和修改数据,确保了数据的可控和可信任。区块链的身份认证和访问控制机制可以有效地防止未经授权的用户访问和修改数据。每个用户在区块链上都有一个唯一的身份标识,该标识由私钥和公钥的加密算法生成,当用户想要访问或修改数据时,需要使用私钥进行身份验证。只有通过身份验证的用户才能获得访问和修改数据的权限。这种基于区块链的身份认证和访问控制机制可以有效地防止未经授权的用户访问和修改数据,确保数据的可控和可信任。区块链的身份认证和访问控制机制还可以实现数据的可追溯性和可审计性。在传统的数据管理系统中,数据的来源和修改往往难以追溯和审计,容易导致数据的篡改和不可信。而在基于区块链的身份认证和访问控制机制中,每个数据交易都会被记录在区块链上,并通过密码学算法进行验证。这意味着数据的来源和修

改可以被追溯和审计，确保了数据的可追溯性和可审计性。

### 3. 区块链可以提供数据的加密和匿名化技术，保护个人隐私和敏感信息

在传统的数据管理系统中，个人隐私和敏感信息往往存储在中心化的服务器上，容易被攻击者获取和滥用；而在基于区块链的数据管理系统中，个人隐私和敏感信息可以通过加密算法进行加密，并通过匿名化技术隐藏用户的身份信息。只有授权的用户才能解密和访问数据，保护了个人隐私和敏感信息的安全性。区块链的数据加密和匿名化技术可以有效地保护个人隐私和敏感信息。在区块链中，个人隐私和敏感信息被加密存储，只有授权的用户才能解密和访问数据。这意味着即使数据被攻击者获取，也无法解密和使用数据，保护了个人隐私和敏感信息的安全性。同时，区块链提供了匿名化技术，可以隐藏用户的身份信息。用户在区块链上使用的是一个唯一的身份标识，而不是真实的身份信息。这使得用户的身份信息不容易被攻击者获取和滥用，保护了个人隐私和敏感信息的安全性。

### 4. 区块链可以提供数据溯源和审计功能，确保数据的可追溯性和可审计性

在传统的数据管理系统中，数据的来源和修改往往难以追溯和审计，容易导致数据的篡改和不可信；而在基于区块链的数据管理系统中，每个数据交易都会被记录在区块链上，并通过密码学算法进行验证。这意味着数据的来源和修改可以被追溯和审计，确保了数据的可追溯性和可审计性。区块链的数据溯源和审计功能可以有效地防止数据的篡改和不可信。在区块链中，每个数据交易都会被记录在区块链上，并通过密码学算法进行验证。这意味着数据的来源和修改可以被追溯和审计，确保了数据的可追溯性和可审计性。当数据发生篡改或不可信时，可以通过区块链的记录和验证机制进行追溯和审计，找出数据的来源和修改，

保证数据的可信度和完整性。区块链的数据溯源和审计功能可以应用于许多领域。例如，在食品安全领域，区块链可以记录食品的生产和流通过程，确保食品的安全和可追溯；在金融领域，区块链可以记录交易的发生和变化，确保交易的可信和可审计；在知识产权领域，区块链可以记录知识产权的产生和变化，确保知识产权的可追溯和可审计。这些应用使得区块链成为一种重要的技术手段，用于保护数据的安全性和隐私保护。通过利用区块链的去中心化和加密特性，可以确保数据的安全性和隐私保护；通过建立基于区块链的身份认证和访问控制机制，可以实现数据的可控和可信任；通过提供数据的加密和匿名化技术，可以保护个人隐私和敏感信息；通过提供数据溯源和审计的功能，可以确保数据的可追溯性和可审计性。这些应用使得区块链成为一种重要的技术手段，用于保护数据的安全性和隐私保护。随着区块链技术的不断发展和成熟，相信它将在数据安全与隐私保护领域发挥越来越重要的作用。

## 9.2.2 数据共享与交换

### 1. 基于区块链的智能合约和分布式账本可以建立数据共享和交换的机制

智能合约是一种自动执行的合约，其中包含了数据共享和交换的规则和条件。当满足这些规则和条件时，智能合约会自动执行相应的操作，实现数据的共享和交换。智能合约的执行是基于区块链的分布式网络，其中的节点通过共识算法来验证和记录交易。这意味着数据的共享和交换是基于网络的共识，而不是依赖于中心化的机构或第三方的信任。这种基于区块链的数据共享和交换机制可以提高数据的安全性和可信度，降低数据的风险和成本。分布式账本是一个分布式的数据库，数据存储在多个节点上，并通过密码学算法进行加密和验证。这意味着数据不会集中存储在单个中心化的服务器上，从而降低了数据被攻击或篡改的风险。每个节点都有完整的数据副本，并通过共识算法来验证和记录交易。当有新的数据交易发生时，所有的节点都会进行验证和记录，确保数据的一致性和可信任性。这种分布式的数据存储和验证机制可以提高数据的安全性和可靠性，防止数据的篡改和不可信。

### 2. 区块链可提供数据交换的标准和规范，确保数据的一致性和可信任性

在传统的数据共享和交换中，数据的格式和结构往往不一致，导致数据的不可兼容和不可信。而区块链可以提供一套标准和规范，定义数据的格式和结构，确保数据的一致性和可信任性。通过遵循这些标准和规范，数据提供方和数据使用方可以实现数据的互操作和共享，促进数据的流动和利用。此外，区块链还可以提供数据的验证和验证机制，确保数据的真实性和可信度。通过区块链的验证机制，数据使用方可以验证数据的来源和修改，确保数据的可信度和完整性。这种基于区块链的数据共享和交换机制可以提高数据的一致性和可信度，促进数据的流动和利用。

### 3. 区块链可以鼓励各方参与数据共享和交换，促进数据的聚合和整合

在传统的数据共享和交换中，数据提供方往往担心数据被滥用或泄露，而数据使用方则担心数据的真实性和可信度。而基于区块链的数据共享和交换机制可以解决这些问题。通过建立一个安全、可信任和自动执行的数据共享和交换机制，可以鼓励各方参与数据共享和交换，促进数据的聚合和整合。数据提供方可以通过智能合约和分布式账本保护数据的安全性和隐私，而数据使用方可以通过区块链的验证机制确保数据的真实性和可信度。这种基于区块链的数据共享和交换机制可以实现数据的安全共享和可信交换，促进数据的流动和利用。

通过基于区块链的智能合约和分布式账本，可以建立一个安全、可

信任和自动执行的数据共享和交换机制；通过提供数据交换的标准和规范，可以确保数据的一致性和可信任性；通过鼓励各方参与数据共享和交换，可以促进数据的聚合和整合；通过提供数据溯源和审计的功能，可以确保数据的可追溯性和可审计性；通过提供数据的加密和匿名化技术，可以保护个人隐私和敏感信息的安全性。随着区块链技术的不断发展和成熟，相信它将在数据共享与交换领域发挥越来越重要的作用。

## 9.2.3 可信度验证

区块链技术在数据可信度验证方面具有显著的应用潜力。通过利用区块链的不可篡改和可追溯特性，可以实现数据的溯源和可信度验证。具体来说，区块链可以建立数据的链式存储和验证机制，确保数据的真实性和可信度。同时，区块链可以提供数据溯源和可信度验证的工具和技术，让用户能够自主验证数据的来源和真实性。

第一，区块链可以通过建立数据的链式存储和验证机制，确保数据的真实性和可信度。在传统的数据存储和验证中，数据往往存储在中心化的服务器上，容易被篡改和不可信；而在基于区块链的数据可信度验证中，每个数据交易都会被记录在区块链上，并通过密码学算法进行验证。这意味着数据的来源和修改可以被追溯和审计，保证了数据的可追溯性和可审计性。当数据发生篡改或不可信时，可以通过区块链的记录和验证机制进行追溯和审计，找出数据的来源和修改，保证数据的可信度和完整性。区块链的链式存储和验证机制是通过将数据交易记录在区块链上来实现的，每个数据交易都会被打包成一个区块，并通过密码学算法与前一个区块链接在一起，形成一个不可篡改的链式结构。这种链式结构保证了数据的完整性和可信度。当数据发生篡改时，由于区块链的不可篡改特性，篡改后的数据将与之前的数据不一致，从而被识别出来。此外，区块链的验证机制也可以通过密码学算法对数据进行验证，确保数据的真实性和可信度。通过这种链式存储和验证机制，区块链可以有效地保护数据的可信度和完整性。

第二，区块链可以提供数据溯源和可信度验证的工具和技术，让用户能够自主验证数据的来源和真实性。在传统的数据共享和交换中，数据的来源和真实性往往难以验证，容易导致数据的篡改和不可信；而在基于区块链的数据可信度验证中，用户可以通过区块链的验证机制，验证数据的来源和真实性。通过区块链的记录和验证机制，用户可以追溯数据的来源和修改，确保数据的可信度和完整性。这种基于区块链的数据溯源和可信度验证的工具和技术可以让用户能够自主验证数据的来源和真实性，提高数据的可信度和可靠性。区块链的数据溯源和可信度验证工具和技术包括公开可查的交易记录、智能合约和去中心化的验证机制。其中，公开可查的交易记录是指区块链上的交易记录是公开可查的，任何人都可以查看和验证。这样一来，用户可以通过查看交易记录来验证数据的来源和真实性。智能合约是一种在区块链上执行的自动化合约，可以根据预先设定的规则和条件自动执行交易。通过智能合约，用户可以在交易发生时自动验证数据的来源和真实性。去中心化的验证机制是指区块链上的验证由多个节点共同完成，而不是由单个中心化的机构完成。这样一来，即使有个别节点出现问题，整个验证系统仍然可以正常运行，保证了数据的可信度和可靠性。

通过建立数据的链式存储和验证机制，可以确保数据的真实性和可信度；通过提供数据溯源和可信度验证的工具和技术，可以让用户能够自主验证数据的来源和真实性。随着区块链技术的不断发展和成熟，相信它将在数据可信度验证领域发挥越来越重要的作用。区块链的应用将为数据的可信度验证提供更加安全、可靠和高效的解决方案，推动数据的可信度验证技术的发展和应用。

## 9.2.4 基于区块链的去中心化和自治特性

区块链技术在数据要素治理中的作用显著，可以通过建立基于区块链的去中心化和自治特性的机制，实现数据治理和自治。基于区块链的去中心化和自治特性，可以鼓励社区参与数据治理和自治，促进数据决策的透明和民主。同时，区块链技术可以提供数据治理和自治的指导和支持，确保数据生态的健康和可持续发展。

第一，基于区块链的去中心化和自治特性可以鼓励社区参与数据治理和自治，促进数据决策的透明和民主。传统的数据治理往往由中心化的机构或组织来决策和管理，容易导致数据的滥用和不公平；而基于区块链的去中心化和自治特性，可以将数据治理的权力下放到社区中，让社区成员共同参与数据决策和管理。通过区块链的智能合约和共识机制，可以实现社区成员之间的协作和共识，确保数据决策的透明和民主。社区成员可以通过投票和提案等方式参与数据治理和自治，共同决策数据的使用和管理。这种基于区块链的去中心化和自治特性可以有效地鼓励社区参与数据治理和自治，促进数据决策的透明和民主。

第二，基于区块链的去中心化和自治特性可以提供数据治理和自治的指导和支持，确保数据生态的健康和可持续发展。数据治理和自治需要有一套规则和机制来指导和支持，以确保数据的合理使用和管理。基于区块链的去中心化和自治特性，可以通过智能合约和共识机制来建立数据治理和自治的规则和机制。智能合约可以根据预先设定的规则和条件自动执行数据决策和管理，确保数据的合理使用和管理。共识机制可以通过社区成员之间的协作和共识，确保数据决策和管理的公正和公平。这种基于区块链的去中心化和自治特性，可以提供数据治理和自治的指导和支持，确保数据生态的健康和可持续发展。

基于区块链的去中心化和自治特性，可以建立包括数据共享和交换的机制、数据隐私和安全的机制、数据质量和可信度的机制、数据使用和访问的机制、数据治理和自治的机制等。

## 1. 建立数据共享和交换的机制

传统的数据共享和交换往往由中心化的机构或组织来决策和管理，容易导致数据的滥用和不公平；而基于区块链的去中心化和自治特性，可以将数据共享和交换的权力下放到社区中，让社区成员共同参与数据共享和交换。通过区块链的智能合约和共识机制，可以实现社区成员之间的协作和共识，确保数据共享和交换的公正和公平。社区成员可以通过投票和提案等方式参与数据共享和交换的决策和管理，共同决策数据的共享和交换方式。这种基于区块链的去中心化和自治特性可以有效地建立数据共享和交换的机制，促进数据的合理使用和管理。

## 2. 建立数据隐私和安全的机制

数据隐私和安全是数据治理和自治的重要方面，需要有一套规则和机制来保护数据的隐私和安全。基于区块链的去中心化和自治特性，可以通过智能合约和密码学算法来保护数据的隐私和安全。其中，智能合约可以根据预先设定的规则和条件自动执行数据隐私和安全的措施，确保数据的隐私和安全；密码学算法可以对数据进行加密和解密，保护数据的隐私和安全。通过这种基于区块链的去中心化和自治特性，可以建立数据隐私和安全的机制，保护数据的隐私和安全。

## 3. 建立数据质量和可信度的机制

数据质量和可信度是数据治理和自治的重要方面，需要有一套规则和机制来保证数据的质量和可信度。基于区块链的去中心化和自治特性，可以通过智能合约和共识机制来建立数据质量和可信度的机制。智能合约可以根据预先设定的规则和条件自动执行数据质量和可信度的措施，确保数据的质量和可信度。共识机制可以通过社区成员之间的协作和共识，确保数据质量和可信度的公正和公平。通过这种基于区块链的去中心化和自治特性，可以建立数据质量和可信度的机制，保证数据的质量和可信度。

### 4. 建立数据使用和访问的机制

数据使用和访问是数据治理和自治的重要方面，需要有一套规则和机制来管理数据的使用和访问。基于区块链的去中心化和自治特性，可以通过智能合约和共识机制来建立数据使用和访问的机制。智能合约可以根据预先设定的规则和条件自动执行数据使用和访问的措施，确保数据的合理使用和访问。共识机制可以通过社区成员之间的协作和共识，确保数据使用和访问的公正和公平。通过这种基于区块链的去中心化和自治特性，可以建立数据使用和访问的机制，促进数据的合理使用和管理。

### 5. 建立数据治理和自治的机制

这些机制包括数据共享和交换的机制、数据隐私和安全的机制、数据质量和可信度的机制、数据使用和访问的机制等。通过这些机制，可以鼓励社区参与数据治理和自治，促进数据决策的透明和民主。同时，可以提供数据治理和自治的指导和支持，确保数据生态的健康和可持续发展。随着区块链技术的不断发展和成熟，相信它将在数据要素治理中发挥越来越重要的作用。区块链的应用将为数据治理和自治提供更加安全、可靠和高效的解决方案，推动数据要素治理和自治的发展和应用。

## 9.3 强化公民数据素养 弥合"数字人权"的意识缺失

### 9.3.1 增强数据意识教育

#### 1. 提升全民数字素养与技能行动纲要

随着信息化时代的到来，人们在生活和工作中产生了大量的个人和企业数据。但相对于数字技术的种类、数量、应用场景的不断丰富、复杂而言，公民对数字技术的认识速度和知识更新则较为迟缓甚至被动。

这不仅对公民的个人数据安全保护和数字知识的获取造成了很大的影响，而且对于营造良好的数字社会的"数字文化"氛围而言也是不利的。因此，需要重视数据教育来增强全社会的数据素养，强化公民群体对自身数据保护的意识和能力。教育者可以通过介绍个人数据的保护、数字洞察、数据解读等方面信息来强化公民的数字人权和数字道德，增强其在数字时代的社交技能。2021年11月，中央网络安全和信息化委员会印发《提升全民数字素养与技能行动纲要》提出，到2025年，公众对数字化的适应力、操作能力和创新思维将得到显著增强，全民的数字素养和技能将达到发达国家的标准。数字素养与技能提升的环境将得到显著改善，实现数字资源的丰富多样、开放共享和优质普及。初步的全民终身数字学习体系将得以建立，确保包括老年人和残疾人在内的特殊群体也能稳步提升数字技能，从而迅速弥补数字鸿沟。劳动者的数字技能运用能力将明显提升，高端数字人才队伍将进一步扩大。全民将能够运用数字技能实现智慧共享、和睦共治的数字生活，数字安全保障将更加严密，全民的数字道德伦理水平将得到大幅提升。这将为社会的数字化进程提供强大的支撑和保障，推动社会的数字化转型更加深入、全面和可持续。

### 2. 数字人权是数字时代的基石

数字人权，是数字时代个人保护隐私和数据安全的基石，必须得到强化。所谓数字人权，是指个人在数字化时代享有的基本权利和自由。随着科技的发展和互联网的普及，个人的生活和社会交往越来越依赖于数字技术和网络平台。数字人权的概念涵盖了个人隐私、言论自由、信息自由、数据保护、网络安全等方面的权利。其具体内涵主要包括但不限于以下方面：

首先，数字人权包括个人隐私权。在数字化时代，个人的隐私面临着前所未有的挑战。个人的通信、位置、偏好等信息被广泛收集和利用，个人的隐私权受到侵犯的风险增加。数字人权要求个人有权决定自己的个人信息被如何收集、使用和共享，以及有权保护个人信息的安全。个人应该有权选择是否提供个人信息，以及有权知道自己的个人信息被如何使用和共享。

其次，数字人权还包括言论自由和信息自由。在数字化时代，个人通过互联网和社交媒体等平台表达自己的观点和意见。一方面，数字人权要求个人有权自由表达自己的意见，包括批评政府、参与公共讨论等；个人应该有权利在互联网上发布和访问信息，包括新闻、学术研究、文化作品等。另一方面，数字人权要求政府和互联网平台提供一个开放、包容和多样化的信息环境，保护个人的言论自由和信息自由。此外，数字人权还涉及数据保护。在数字化时代，个人的数据被广泛收集和利用，包括个人偏好、消费习惯、社交关系等。数字人权要求个人有权控制自己的数据，包括知道自己的数据被如何使用和共享，以及有权决定自己的数据被删除或更正。个人应该有权利选择是否提供个人数据，以及有权利知道个人数据被如何使用和共享。同时，个人应该有权利要求数据控制者删除或更正错误的个人数据。

最后，数字人权还涉及网络安全。在数字化时代，个人面临着网络攻击、数据泄露等风险。数字人权要求个人有权享有网络安全，包括个人数据的保护、网络服务的可靠性和安全性等。政府和互联网平台应该采取措施保护个人的网络安全，包括加强网络安全技术、打击网络犯罪、保护个人数据的安全等。

简言之，数字人权是指个人在数字化时代享有的基本权利和自由，包括个人隐私、言论自由、信息自由、数据保护、网络安全等方面的权利。数字人权的保护是保障个人在数字化时代的尊严和自由的重要保障，需要政府、企业和个人共同努力。政府应该制定相关法律和政策，保护个人的数字人权；企业应该遵守相关法律和规定，保护个人的隐私和数据安全；个人应该增强自我保护意识，合理使用数字技术和网络平台。只有通过多方合作，才能实现数字人权的全面保护。

## 9.3.2 数据保护技能培养

在信息化时代,个人数据的保护变得尤为重要。公民需要了解如何保护自己的个人数据,包括隐私设置、密码安全等方面。通过教育公民如何保护自己的个人数据,可以提升公民的数据意识,增强公民对自己数据保护的意识和能力。《提升全民数字素养与技能行动纲要》提出,提高数字安全保护能力。通过举办网络安全专题讲座和培训班、制作印发宣传册、线上视频宣讲等方式,增强全民对网络谣言、电信诈骗、信息窃取等不法行为的辨别能力和安全防护技能。通过举办网络安全专题讲座和培训班、制作印发宣传册、线上视频宣讲等方式,增强全民对网络谣言、电信诈骗、信息窃取等不法行为的辨别能力和安全防护技能。

### 1. 公民需要了解个人数据的重要性和价值

个人数据是属于一个人的信息资产,包括个人信息、账号、通信记录、浏览历史、在线购物记录等。个人数据的重要性在于它可以帮助企业或者政府进行个性化的定制,可以通过数据分析来了解用户的消费习惯,实现精准推荐。然而,这也可能会带来一些风险,如个人隐私的泄露、诈骗等。公民需要认识到个人数据的价值和风险,增强保护自己数据的意识。

### 2. 公民需要了解个人数据的保护方法和技巧

个人数据的保护包括隐私设置、密码安全等方面。首先,公民可以通过隐私设置来保护个人数据。例如,在社交媒体平台上,公民可以设置谁可以看到自己的个人信息和动态,避免个人信息被不相关的人获取。其次,公民需要注意密码安全。密码是保护个人数据的重要手段,公民应该设置强密码,并定期更换密码。最后,公民还可以启用双重身份验证,增加账号的安全性。通过教育公民如何保护自己的个人数据,可以提升公民的数据意识,增强公民对自己数据保护的意识和能力。

### 3. 公民需要了解个人数据的价值和风险

一方面，个人数据的价值可以从多个方面进行阐述。首先，个人数据可以帮助企业和政府了解个人的需求和偏好，从而提供更加个性化的产品和服务。例如，通过分析用户的购物记录和浏览历史，电商平台可以为用户推荐符合其兴趣和需求的商品，提高用户的购物体验和满意度。其次，个人数据可以用于科学研究和社会调查。例如，通过分析大量的个人数据，研究人员可以了解人们的生活习惯、健康状况、消费行为等，从而为社会提供更好的公共服务和政策制定。最后，个人数据可以用于个人的自我管理和提升。例如，通过记录个人的运动数据和饮食习惯，个人可以了解自己的健康状况，制定相应的健康计划和目标。另一方面，个人数据的收集和使用也存在一定的风险。首先，个人数据可能会被滥用和泄露，导致个人隐私的泄露和个人权益的受损。例如，一些不良商家和黑客可能通过非法手段获取个人数据，用于商业推销、诈骗等目的。其次，个人数据可能会被用于个人定位和监控。例如，一些应用程序可能会收集用户的地理位置信息，用于个性化推荐和广告投放，但也可能会被滥用用于追踪用户的行踪和活动。最后，个人数据可能会被用于歧视和不公平对待。例如，一些保险公司可能会根据个人的健康数据来决定保费和保险赔付，导致不公平的待遇。因此，公民需要认识到个人数据的价值和风险，增强保护自己数据的意识。

### 4. 公民需要采取措施来保护个人数据

首先，公民可以通过设置隐私设置来限制个人数据的访问。在使用各种应用和平台时，公民应该仔细阅读隐私政策，并根据自己的需求和偏好设置相应的隐私选项。其次，公民应该使用强密码来保护个人账号的安全。密码应该包含字母、数字和特殊字符，并且不应该使用常见的密码。再次，公民还可以启用双重身份验证，增加账号的安全性。公民应该定期更新密码，并避免在多个平台使用相同的密码。公民还可以使用加密技术来保护个人数据的传输和存储。例如，使用 HTTPS 协议来加密网站的数据传输，使用加密软件来保护个人文件和文件夹。最后，公民还应该保持警惕，避免点击可疑的链接和下载不明来源的文件，以防止个人数据被恶意软件和病毒感染。

### 5. 公民需要明白他们在使用数据时所承担的责任

首先，教育公民应该提供关于数据伦理和合规性的基本知识。公民需要了解数据伦理的基本原则，如隐私保护、数据安全、数据准确性和数据可用性等。公民还需要了解数据使用的法律法规，如《个人信息保护法》《数据安全法》和《网络安全法》等。通过提供这些基本知识，公民可以更好地理解数据使用的伦理和合规性要求。其次，教育公民应该强调数据使用的伦理责任。公民需要明白在使用数据时所承担的责任；应该明白数据使用可能对他人造成的影响，并且应该尽力避免对他人造成伤害。例如，在使用社交媒体时，公民应该遵守社交媒体平台的规则，不发布虚假信息或恶意攻击他人。最后，公民还应该尊重他人的隐私权，不滥用他人的个人数据。

个人数据的保护是每个公民的责任。通过教育公民如何保护自己的个人数据，可以提升公民的数据意识，增强公民对自己数据保护的意识和能力。公民需要了解个人数据的重要性和价值，了解个人数据的保护方法和技巧，并采取相应的措施来保护个人数据。只有公民自己积极参与和努力，才能真正实现个人数据的保护和隐私的安全。

## 9.3.3 构建数据要素协同治理机制

构建政府、教育机构、企业和社会组织之间以及公民个人之间的数据要素协同治理机制，是一项旨在促进数据资源合理利用、保护数据安全和隐私、提升全社会数据素养的系统性工程。

## 1. 政府主导与政策法规建设

政府在数据要素协同治理中扮演着核心角色，负责制定宏观战略规划和法规框架。首先，需出台一系列法律法规，明确数据所有权、使用权、流通权等权益边界，建立完善的数据产权制度。同时，政府应设立专门的数据管理机构，对数据收集、处理、存储和使用过程进行有效监管，确保数据流通环节的透明度和公正性。其次，政府应推动制定国家层面的数据安全和隐私保护政策，强化数据全生命周期的安全管理，并通过法律手段严惩侵犯数据安全和公民隐私的行为。最后，政府还应鼓励各行业标准体系的建立和完善，推进数据开放共享平台建设，为跨领域数据要素协同治理提供基础设施支持。

## 2. 教育机构的知识普及与人才培养

教育机构是提升全民数据素养的关键载体，应深化数据科学与信息技术在各级各类教育中的渗透。一方面，在基础教育阶段增设相关课程，培养学生的基础数据认知能力和初步的数据分析技能；另一方面，在高等教育和职业教育中设置更深层次的数据科学专业课程，培养具备高级数据处理和分析能力的专业人才。同时，教育机构可与企业、政府和社会组织共同开展实训项目和实习基地建设，让学生能够在实践中增强数据应用能力，以适应社会需求。此外，面向公众举办数据素养讲座、培训活动，提高全体公民的数据意识和基本操作能力。

## 3. 企业的技术研发与市场导向作用

企业在数据要素协同治理中承担技术创新和市场实践的责任。首先，企业应投入研发力量，开发出更加高效、安全的数据采集、处理和分析工具，降低数据使用的门槛，方便更多用户参与到数据驱动的社会创新活动中来。其次，企业要积极响应并执行政府的法律法规，自觉遵守数据伦理，保障消费者和用户的个人信息安全。最后，企业可通过公益行动或社会责任项目，向公众传播数据知识，提高其数据保护意识。

### 4. 社会组织的桥梁纽带与监督功能

社会组织作为连接政府、企业和公众的桥梁纽带，在数据要素协同治理中发挥着重要的协调沟通作用。社会组织可以通过举办研讨会、论坛等活动，搭建多元主体对话交流的平台，推动各方就数据治理问题达成共识。另外，社会组织可以独立或联合其他机构开展数据治理研究，对政府政策实施效果、企业数据行为以及公民数据素养水平进行评估和监督，为社会治理决策提供参考依据，并倡导形成公平、公正、透明的数据治理文化。

### 5. 公民个人的参与与自我保护

公民个人既是数据的创造者也是使用者，他们在数据要素协同治理中扮演重要角色。政府、教育机构和社会组织应加强公民数据素养教育，引导公民了解自身数据权益，学会合理合法地获取、使用和分享数据，同时掌握保护个人数据安全的基本方法。公民应积极参与数据治理活动，对不合规的数据收集和使用行为表达关注并提出质疑，通过行使知情权、选择权和申诉权，维护自身的数据权益。此外，公民个人还可以借助社交媒体、网络社区等平台，传播数据伦理观念，推动形成良好的社会风尚。

综上所述，构建政府、教育机构、企业和社会组织之间以及公民个人之间的数据要素协同治理机制，需要各主体明确职责分工、强化协作联动、充分调动社会资源，共同推进数据治理体系和治理能力现代化，实现数据资源的价值最大化和社会效益最优化。